JN087566

学校経営と学校図書館

（改訂二版）学校経営と学校図書館（'23）

©2023　野口武悟・前田　稔

装丁デザイン：牧野剛士
本文デザイン：畑中　猛

s-39

まえがき

　放送大学では，2000（平成12）年に「司書教諭資格取得に資する科目」を開講した。1997（平成 9 ）年の「学校図書館法」改正によって，12学級以上の規模の学校に司書教諭の設置が義務づけられ，そのために司書教諭の養成が急がれたことに対応してのことである。

　「学校経営と学校図書館」は，文部科学省令で定める司書教諭資格取得に必要な 5 科目のうちの 1 つである。この科目は，学校図書館の教育的な意義や学校図書館の経営など，学校図書館全般に関する基本的な理解を図ることをねらいとする。いわば"学校図書館概論"というべき性格の科目である。したがって，5 科目の履修順序を指定してはいないが，司書教諭資格取得に必要な他の 4 科目（「学校図書館メディアの構成」「学習指導と学校図書館」「読書と豊かな人間性」「情報メディアの活用」）の履修に先立ってこの科目を履修することをお勧めしたい。

　2000（平成12）年に初版を刊行したこの科目の印刷教材（本書）は，その後，社会状況の変化，学校教育のあり方や児童生徒をとりまく環境の変化，学習指導要領の改訂などに対応するために，4 度の改訂を行ってきた。この間，主任講師（編著者）の交代もあった。5 度目の改訂となる今回は，学校司書の法制化などの新たな動きを受けて，大幅に内容・構成の見直しを行った。

　この「学校経営と学校図書館」は，前述のように，学校図書館全般に関する基本的な理解を図ることをねらいとしている。ゆえに，本書も，学校図書館の全般の事項を網羅的に取り上げる形で章を構成している。各章の概要は以下の通りである。

　第 1 章の「学校教育の教育的意義と機能」では，生涯学習社会・高度

情報通信社会における学校教育のあり方，その中における学校図書館の意義などを検討し，今日の学校教育における学校図書館の果たす機能を明らかにする。

　第2章の「学校図書館の歴史：日本を中心に」では，学校図書館の発展過程について，主に日本を中心に論じる。とりわけ，第二次世界大戦後の「学校図書館法」の成立とその後の展開を中心に取り上げる。

　第3章の「教育法制・行政と学校図書館」では，学校図書館を取り巻く法制上，行政上の仕組みなどについて，それらの基本的な理念や法解釈を中心に論じる。

　第4章の「教育課程・方法と学校図書館」では，学校の教育課程の展開に寄与する学校図書館とはどうあるべきなのか，学習指導要領とのかかわりに触れながら把握する。また，アクティブラーニングといった能動的な教育方法が注目される中で，学校図書館がそこにどのように位置づけられるかについて論じていく。

　第5章の「校内体制の構築と教職員との協働」では，学校図書館の経営や利用・活用を進めるために必要となる校務分掌のあり方，司書教諭と学校司書や他の教職員，さらにはボランティアなどとの協働について取り上げる。

　第6章の「学校図書館の経営」では，学校図書館の経営についてマネジメントサイクルを参照しながら，企業経営と比較しつつ把握する。その上で，経営方針，経営計画の立案と実施，予算など，学校図書館の経営に欠かせない基本事項を概観する。

　第7章の「学校図書館の評価と改善」では，学校図書館の経営をどのように評価し，その結果をもとにどのように改善に結び付けていくかについて論じる。

　第8章の「学校図書館の施設，設備」では，学校図書館の施設・設備

の基本的な考え方を述べるとともに，具体例を紹介する。

第9章の「学校図書館のメディア・情報資源」では，学校図書館メディア・情報資源の意義と種類，選択と提供について概観する。また，教育の情報化という方向の中での学校図書館の未来についても言及する。

第10章の「学校図書館の活動①：概論」では，学校図書館活動の具体的な内容と方法について論じるとともに，関連する著作権の運用についても触れる。

第11章の「学校図書館の活動②：小学校の事例」，第12章の「学校図書館の活動③：中学校・高等学校の事例」，第13章「学校図書館の活動④：特別支援学校の事例」では，第10章の内容を受けて，学校種別に学校図書館活動の実際について具体的な事例を通して学ぶ。第13章では，特別支援教育の現状と読書バリアフリー推進施策についても確認する。

第14章の「図書館協力とネットワーク」では，図書館協力とネットワーク化の理念と重要性を論じるとともに，具体的な取組を紹介する。

第15章の「学校図書館に関する研修・研究と展望」では，司書教諭として学校図書館の研修と研究に取り組む意義と必要性，その領域や方法について述べる。また，研究に必要となる基本的な文献等も紹介する。

これからの学校教育において司書教諭の果たす役割はますます大きくなっていくだろう。受講者のみなさんが，本書及び放送授業を活用して司書教諭資格を取得し，将来，司書教諭として活躍していただけることを期待している。

2022年10月

野口　武悟

前田　稔

目次

1 学校図書館の教育的意義と機能

野口 武悟

《**目標＆ポイント**》 学校図書館の教育的意義と機能などを明らかにするとともに，学校図書館の範囲と構成要素などの学校図書館に関する基礎的な理解を深める。

《**キーワード**》 学校教育，学校図書館の意義，学校図書館の機能

1．学校教育とは何か

　人間が他の動物と異なる点はどこであろうか。直立二足歩行すること，言葉を持っていることなど，さまざまな答えが挙げられよう。しかし，最大の違いは，カント（Kant, Immanuel 1724-1804）が言ったように，「人間は教育を受けることによってはじめて人間になることができる」ということであろう。他の動物は，生きていくために必要な知恵や技術が遺伝子に組み込まれ，生まれながらに身につけている（生得的行動）。これに対して，人間には，生得的行動はほとんど存在せず，生まれてから学習することによって生活に必要な知識や技術を身につけていくのである[1]。「人間」という言葉が示す通り，「人」と「人」との相互の関係性の中で学ぶことによって，人間は人間となっていくのである。このことを証明する一事例が，アヴェロンの野生児である。19世紀初頭に南フランスで，11～12歳ごろの少年が保護された。彼は，発見されるまで森の中で人間と隔絶した孤独な環境下で生活していたとみられ，言葉はおろか人間らしい行動様式をほとんど身につけていなかった[2]。こ

1　大森正ほか著『教育研究入門』梓出版社，1993年，p.3-5.
2　イタール著；古武彌正訳『アヴェロンの野生児』福村出版，1975年に詳しい。

のように，人間にとって学ぶこと，すなわち教育は欠くべからざるものなのである。

　教育には，家庭教育，学校教育，社会教育という3領域がある。人間の歴史を振り返ると，もともとは家庭での教育が中心であったが，次第に学校という場でも教育が行われるようになっていった。社会が発展し，複雑化してくると，人間の生活に必要な知識や技術をすべて家庭だけで教えることが困難になったからである。とりわけ，文字の発明以降，文字の読み書きの習得には特別な教育が必要となったのである。しかし，今日のように公教育としての学校制度が整えられるようになるのは，18世紀から19世紀にかけて近代的な「国家」が成立して以降のことである。例えば，アメリカでは19世紀のことであるし，日本でも1872（明治5）年の学制発布以降のことである。

　学校教育は，大きくは「陶冶」と「訓育」を目的とした活動から構成される[3]。前者は，授業を通して人間の生活にとって不可欠な知識や技術を先人が生み出した多種多様な文化財（の中から厳選された素材）を用いて伝達する活動であり，後者は，授業外の場面において人間としてのより望ましい行動様式，価値観，性格・信念などの形成，換言すれば，人間性（人格）を形成する活動である。「陶冶」と「訓育」が互いに関連し合って学校教育は展開され，児童生徒の総体としての発達が促されていく。

　これまで，学校教育は肥大化を続け，ややもすると，人間の教育は学校教育のみで完結するかの如く捉えられるきらいがあった。しかし，変化の激しい今日の社会にあっては，学校で学んだ知識や技術はすぐに古いものとなってしまう可能性が高くなった。このような社会で長い間[4]生活を営んでいくためには，変化に応じて絶えず新しい知識や技術を学習し，身につけることが欠かせない。つまり，教育は学校卒業の時点で

3　山﨑英則・片上宗二編『教育用語辞典』ミネルヴァ書房，2003年，p.399-400.
4　日本人の平均寿命は，1950年には約60歳であったものが，いまや80歳の時代である。

完結するものではなく，人間の生涯にわたって必要なものなのである。
1960年代にポール・ラングラン（Lengrand, Paul 1910-2003）が「生涯
教育」（Life-long Education）という概念を提起した背景にはこうした
社会の変化があった。わが国でも，1980年代後半に臨時教育審議会が「生
涯学習体系への移行」を答申し，家庭教育，学校教育，社会教育が生涯
学習の観点のもとに互いに連携していくべきことが示された。その
後，1990（平成 2 ）年には「生涯学習の振興のための施策の推進体制等
の整備に関する法律」（生涯学習振興法）が制定され，また，2006（平
成18）年12月に改正された「教育基本法」では，第 3 条に「国民一人一
人が，自己の人格を磨き，豊かな人生を送ることができるよう，その生
涯にわたって，あらゆる機会に，あらゆる場所において学習することが
でき，その成果を適切に生かすことのできる社会の実現が図られなけれ
ばならない」と生涯学習の理念が盛り込まれた。しかし，現状の学校教
育では，生涯学習の観点が定着しているとは言い難い。今後の学校教育
では，既存の知識や技術の伝達にとどまらず，生涯学習の観点に立って，
生涯にわたって主体的に新たな知識や技術を学びとっていく意欲や態
度，スキルを，教育課程全体を通して児童生徒に育んでいかなければな
らない。

　ところで，今日の社会の変化の激しさをもたらす背景の 1 つとして，
情報化の急速な進展を挙げることができる（高度情報社会）。この高度
情報社会を生きていくためには，情報リテラシー（information literacy）
が不可欠であると考えられている。わが国でも，1980年代から情報活用
能力を育成することの必要性が提起されるようになったが，ここでいう
情報活用能力は情報リテラシーと重なるところが多い。では，情報活用
能力の中身とは何なのであろうか。1997（平成 9 ）年に文部省（現・文
部科学省）に設置された「情報化の進展に対応した初等中等教育におけ

る情報教育の推進等に関する調査研究協力者会議」では，情報活用能力の中身として，次の３つを示している[5]。

①　情報活用の実践力

　課題や目的に応じて情報手段を適切に活用することを含めて，必要な情報を主体的に収集・判断・表現・処理・創造し，受け手の状況などを踏まえて発信・伝達できる能力。

②　情報の科学的な理解

　情報活用の基礎となる情報手段の特性の理解と，情報を適切に扱ったり，自らの情報活用を評価・改善するための基礎的な理論や方法の理解。

③　情報社会に参画する態度

　社会生活の中で情報や情報技術が果たしている役割や及ぼしている影響を理解し，情報モラルの必要性や情報に対する責任についての考え，望ましい情報社会の創造に参画しようとする態度。

　その後，情報活用能力の内実については何度かの見直しがあり，現在では上記３つの観点のもとに８つの要素を配置した「３観点８要素」で捉えられている[6]。

①　情報活用の実践力

・課題や目的に応じた情報手段の適切な活用
・必要な情報の主体的な収集・判断・表現・処理・創造
・受け手の状況などを踏まえた発信・伝達

②　情報の科学的な理解

5　文部省情報化の進展に対応した初等中等教育における情報教育の推進等に関する調査研究協力者会議『情報化の進展に対応した教育環境の実現に向けて（最終報告）』文部省，1998年.

6　文部科学省『教育の情報化に関する手引（追補版）』，2020年，p. 20.

・情報活用の基礎となる情報手段の特性の理解
・情報を適切に扱ったり，自らの情報活用を評価・改善するための基礎的な理論や方法の理解

③　情報社会に参画する態度
・社会生活の中で情報や情報技術が果たしている役割や及ぼしている影響の理解
・情報のモラルの必要性や情報に対する責任
・望ましい情報社会の創造に参画しようとする態度

　先述した生涯にわたって主体的に新たな知識や技術を学びとっていく意欲や態度，スキルの核心を占めるのは，まさにこの情報活用能力であると言ってよい。また，これらの意欲や態度，スキルは"生きる力"の形成に欠くことのできないものである。

2.　学校教育におけるメディア，学校図書館の意義

　学校教育において授業が成立するためには，「教える人」（教師），「学ぶ人」（児童生徒），「教育内容」（教材）の3要素が欠かせない。教育内容は，先人が生み出した多種多様な文化財の中から厳選して教科書というメディア（Media）に整理されていることが多い。

　ところで，人間が文字を発明して以降，文字（＝情報）を記録する媒体としてメディアが必要となった。当初は，洞窟の壁面や石，岩などがメディアであった（ロゼッタ・ストーンなどが好例）が，紙が発明されると，主要なメディアは紙に代わった。そして，図書が生まれた。15世紀にヨーロッパで活版印刷の技術が開発されて以降は，流通する図書の量も大幅に増えていった。世の中に存在する無数の図書には，実に多種多様なオリジナルな情報（＝先人の叡知）が記録されている。その中か

ら，国家や教育者が重要だと思われる一部分を厳選して教科という枠組みのもとに再編成して作られたものが教科書である。

　教科書は，大人数の児童生徒を対象として効率よく授業を行うためには，実に便利なメディアである。そのため，ややもすると，教科書の内容を教師が児童生徒に一方的に伝達するという知識注入型，かつ受け身型の授業に陥ることも少なくなかった。わが国では，明治時代に近代的な学校制度が登場してから近年に至るまでの間，大正時代や第二次世界大戦後の一時期を除くと，伝統的にこのパターンの授業が続いてきたといってよい。まさに，「過去の日本においては，教科書の学習に全力が注がれ」てきたのである[7]（詳しくは第 2 章参照）。

　しかし，前節ですでに述べたように，今日は実に変化の激しい社会となった。そこで生きていかねばならない児童生徒には，基礎学力とともに，生涯にわたって主体的に新たな知識や技術を学びとっていく意欲や態度，スキルの獲得が欠かせないのである。そのためには，上述したようなステレオタイプな授業のパターンからの脱却が重要である。教科書を基本としつつも，そこに載っている内容に関連するオリジナルな情報に自らアクセスして調べて発表するなどといった授業づくりが求められている（主体的・対話的で深い学び）。すなわち，児童生徒が主体的に参加でき，"生きる力"を育むような授業である。学習に有益なオリジナルな情報（学習情報）は，今日では，図書だけでなく，視聴覚メディアや電子メディアなど多種多様なメディアに記録されている。そうした学習情報が記録された多種多様なメディアを組織的に収集，整理，保存，提供し，児童生徒の主体的な学びを支援してくれる場所が校内には不可欠なのである。その場所が学校図書館である。教科書のない「総合的な学習（探究）の時間」の授業では，取り上げるテーマによっては，学校図書館そのものが教材であるといってもよい。

7　文部省『学校図書館の手引』師範学校教科書 K.K., 1948年，p.3.

　これまでの学校図書館は，静かに読書をするだけの場所と思われがちであった。読書は読書力（言語力）を涵養するとともに，人間性の形成に大きく寄与するものであるから，その重要性は今後もまったく変わるものではない。しかし，これからは，読書活動だけでなく授業でもフル活用できる学校図書館に生まれ変わらなければならない。司書教諭には，そのための資質と力量が求められているのである。

3. 学校図書館の範囲と構成要素

　では，学校図書館とは何なのであろうか。学校図書館とは，字のごとく，学校に設けられた図書館または図書室を指す。第二次世界大戦前のわが国では，大学などの高等教育機関に設けられた図書館のことも学校図書館と呼ぶことがあったが，戦後は，1953（昭和28）年 8 月に制定された「学校図書館法」第 2 条に規定されるように，小学校，中学校，高等学校，義務教育学校（前期課程，後期課程），中等教育学校（前期課程，後期課程），特別支援学校（小学部，中学部，高等部）の 6 つの校種の学校に設けられた図書館または図書室のみを学校図書館と呼んでいる。

　図書館の種類には，学校図書館の他に，国立図書館，公共図書館，大学図書館，専門図書館がある。国立図書館は，わが国では，国立国会図書館のみが設置されており，その支部図書館として，2002（平成14）年 5 月に東京・上野公園に国際子ども図書館が全面開館している。同館では，学校図書館に対して児童書等のセット貸出などの学校図書館支援も行っている。公共図書館は，その大部分が公立図書館であり，公立図書館には都道府県立図書館と市町村立図書館がある。学校図書館では，近年これまで以上に，メディアの相互貸借，レファレンスサービスへの支援など，公立図書館との連携・協力が盛んになっている。なお，公共図書館には，私立図書館も少数ながら存在しており，東京子ども図書館な

どがこれに当たる。大学図書館は，大学，短期大学，高等専門学校といっ
た高等教育機関に設けられた図書館の総称である。学術専門書を中心に
コレクションを構築していることが特徴の1つである。専門図書館は，
研究機関や民間企業等に設けられた図書館または図書室のことである。
図書館または図書室を設置する研究機関や民間企業等の専門分野を反映
したコレクションを構成している。

　図書館が図書館としての機能を成り立たせるためには，次の4つの要
素が必須であるとされる。すなわち，（1）メディア，（2）施設，（3）職
員，（4）利用者である。このことは，当然，学校図書館にも当てはまる。

（1）メディア

　学校図書館における伝統的かつ中心的なメディアは，図書館（「図書」
の館）という名称からも分かるように図書であった。しかし，20世紀に
入ってから，視聴覚メディアのフィルム，レコードなどが登場し，いま
やDVDやCDが一般的な時代となった。また，ここ数十年のうちに，
CD-ROMなどのパッケージ系電子メディアやインターネットを介して
アクセスするオンラインデータベース，電子書籍サービスなどのネット
ワーク情報資源も登場し，これらも急速に普及した。いまや学校での児
童生徒の学びに不可欠なさまざまな学習情報は，図書以外のメディアに
も記録され，流通するようになっているのである。こうした状況から，
アメリカの学校図書館では，1970年代ごろから，図書だけではなく，こ
れら多種多様なメディアを収集する「メディアセンター」（Media Cen-
ter）へと変貌を遂げている。わが国では，いまだに図書中心の学校図
書館が多数派であるが，児童生徒1人1台端末時代（GIGAスクール構
想）へも対応できる学校図書館となるべく，今後は，アナログからデジ
タルまで多種多様なメディアを収集してメディアセンターとなっていく

ことが求められる。

（2）施設

　多くの学校では，校舎内の一室を「図書室」という形で充てていることが多い。中には，独立した図書館の施設を有するところもあるが，多くはない。いずれの場合でも，文部科学省による小学校，中学校，高等学校，特別支援学校の「学校施設整備指針」や，全国学校図書館協議会による「学校図書館施設基準」等を参考にして，適切なスペース等の確保に努めることが必要である。

（3）職員

　職員は，「図書館の働きにとって不可欠」[8]な存在である。わが国では，「学校図書館法」第 5 条に「学校図書館の専門的職務」を掌る司書教諭が規定されているが，2003（平成15）年 3 月までは「当分の間」設置が猶予されてきた。現在では，12学級以上の規模の学校（義務教育学校及び中等教育学校にあっては課程，特別支援学校にあっては学部。以下，同じ。）に設置が義務づけられたが，大半が兼任発令での設置であり，司書教諭の職務に専念する時間の確保[9]や専任化などが課題となっている。また，11学級以下の規模の学校にも設置を促す施策が求められる。

　さらに，2015（平成27）年 4 月から「学校図書館の運営の改善及び向上を図り，児童又は生徒及び教員による学校図書館の利用の一層の促進に資するため」，学校司書の配置に努めることが「学校図書館法」第 6

8　塩見昇『学校図書館職員論：司書教諭と学校司書の協同による新たな学びの創造』教育史料出版会，2000年，p. 3.

9　文部科学省が2021年 7 月に公表した「令和 2 年度学校図書館の現状に関する調査」（https://www.mext.go.jp/a_menu/shotou/dokusho/link/1410430_00001.htm 最終アクセス：2022年 3 月 1 日）の結果によると，12学級以上の規模の学校で司書教諭の設置のある学校のうち，司書教諭の職務に専念できる時間を確保するために受け持つ授業時数等を軽減する措置を講じている学校の割合は，小学校11. 1 ％，中学校12. 0 ％，高等学校16. 0 ％にとどまっている。

条に新たに規定された。この規定の成立前から，地方公共団体等によっ
ては，学校司書の配置を進めてきたところもあるが，非常勤や嘱託など
の不安定な雇用の者が大半を占めるなど，解決すべき課題は多い。

（4）利用者

　学校図書館の利用者の中心は，児童生徒と教職員である。このほか，
地域開放を行っている学校図書館では，地域の市民も利用者に含まれる
ことになる。

4．学校図書館の機能

　「学校図書館法」第2条には，学校図書館は「図書，視覚聴覚教育の
資料その他学校教育に必要な資料（以下「図書館資料」という。）を収
集し，整理し，及び保存し，これを児童又は生徒及び教員の利用に供す
ることによつて，学校の教育課程の展開に寄与するとともに，児童又は
生徒の健全な教養を育成することを目的として」いることが述べられて
いる。

（1）図書館としての基本的機能

　ここに述べられているように，学校図書館の果たすべき基本的機能と
しては，図書館資料（＝メディア）とそのコレクションを軸に見れば，
メディアの収集機能，整理機能，保存機能，提供機能の4つが挙げられ
る。これら4つの機能は，学校図書館に限らずすべての図書館に共通す
るものであるが，以下，それぞれについて学校図書館に即して簡潔に説
明しよう。

①収集機能

　学校図書館が学校図書館として機能するためには，まずは，そこに「学

校の教育課程の展開に寄与」し，「児童又は生徒の健全な教養を育成する」ことに資する図書館メディアのコレクションが構築されていなければならない。したがって，司書教諭は，図書だけでなく，視聴覚メディア，電子メディアなどのさまざまメディアの中から「学校の教育課程の展開に寄与」し，「児童又は生徒の健全な教養を育成する」ことに資するメディアを自校の教育課程や在籍する児童生徒，教職員のニーズ等を考慮して選択，収集し，コレクションを構築する必要がある。このメディアの選択，収集という活動を円滑に遂行するために，司書教諭は各種メディアの出版流通事情，児童生徒のニーズ，発達段階などに関する幅広い知識やスキルを有していなければならない。

②整理機能

収集したメディアを児童生徒や教職員が利用しやすいように，また，維持・管理しやすいように整理することが必要である。この整理のことをメディアの組織化という。新たに収集したメディアをコレクションの中に組み込む作業と言ってもよい。具体的には，分類記号の付与や目録の作成などがこれに当たる。

③保存機能

国立国会図書館では，収集したメディアは基本的に永久保存される。しかし，学校図書館はそうではない。一部の貴重書等を除けば，内容が古くなったり，利用頻度が落ちたりしたメディアは，積極的に更新しなければならない。保存書庫もなく排架スペースが限られている学校図書館でコレクションの更新を行わなかったとしたら，新たに収集したメディアの排架にも困ることになるし，そもそも，内容が古くなったり，利用頻度が落ちたりしたメディアばかりが並んでいても，授業等で活用されることも児童生徒の読書意欲を掻き立てることも期待できない。もちろん，更新により除籍するまでは，メディアを大切に維持・管理する

ことは重要である。必要に応じて補修も行わなければならない。しかし，他の図書館に比すれば，学校図書館においては，保存機能はかなり限定的であるといってよいだろう。

④提供機能

学校図書館が何のためにメディアを収集，整理，保存するのかといえば，児童生徒や教職員に提供し，利活用してもらうためである。具体的には，閲覧や貸出，レファレンスサービスなどの諸活動がこれに当たる。なお，児童生徒，教職員の利用を盛んにするためには，提供方法や館内環境の工夫，改善も重要であるが，その基礎となっている収集，整理，保存のプロセスがしっかり行われていることが何よりも重要であることは言うまでもない。

学校図書館はこのような基本的機能を通して，学校の中において「教育課程の展開に寄与」し，「児童又は生徒の健全な教養を育成する」ことが可能となるのである。利活用を軸に見たとき，学校図書館の主に「教育課程の展開に寄与する」側面を「学習センター機能」及び「情報センター機能」，「児童又は生徒の健全な教養を育成する」側面を「読書センター機能」と捉えることができる。加えて，近年は，「教員サポート機能」（レファレンスサービスによる教材研究のサポートなど）や児童生徒の「心の居場所」としての機能も学校図書館には求められている。

（2）学習センター及び情報センターとしての学校図書館

文部科学省が2016（平成28）年11月に定めた「学校図書館ガイドライン」では，学習センター機能と情報センター機能について，次のように説明している。学校図書館の学習センター機能は「児童生徒の学習活動を支援したり，授業の内容を豊かにしてその理解を深めたりする」機能

であり，情報センター機能は「児童生徒や教職員の情報ニーズに対応したり，児童生徒の情報の収集・選択・活用能力を育成したりする」機能である。

　これからの授業では，教科書を基本としつつも，そこに載っている内容に関連するさまざまな学習情報を活用して，調べ学習，探究学習などの児童生徒の主体的な学びを育む教育方法が重要となる。学習情報は，図書だけでなく，視聴覚メディアや電子メディアなど多種多様なメディアに記録されていることはすでに述べた通りである。

　中央教育審議会が1996（平成8）年に発表した「21世紀を展望した我が国の教育の在り方について」（第一次答申）では，次のように述べている。「学校の施設の中で，特に学校図書館については，学校教育に欠くことのできない役割をはたしているとの認識に立って，図書資料の充実のほか，様々なソフトウェアや情報機器の整備を進め，高度情報通信社会における学習情報センターとしての機能の充実を図っていく必要があることを指摘しておきたい」[10]。また，文部科学省が2011（平成23）年に発表した「教育の情報化ビジョン」でも，「子どもたちの情報の収集，取捨選択等，多様なメディアを活用した学習・情報センターとしての学校図書館の機能を，司書教諭を中心に一層強化していくことも求められる」[11]としている。

　しかし，これまでの学校図書館は，図書中心，しかも，文学書中心というところが多かった。こうした旧態依然とした学校図書館では，国語科以外の授業では活用できない。したがって，全国学校図書館協議会の「学校図書館メディア基準」（2021年改訂）などを参考にして，学習センター及び情報センターとしての機能を十分に発揮できるような学校図書館メディアの構成に見直していかなければならない。

10　中央教育審議会『21世紀を展望した我が国の教育の在り方について（第一次答申）』，1996年.

11　文部科学省『教育の情報化ビジョン〜21世紀にふさわしい学びと学校の創造を目指して〜』，2011年.

（3） 読書センターとしての学校図書館

　学校図書館の読書センター機能については，文部科学省の「学校図書館ガイドライン」では，「児童生徒の読書活動や児童生徒への読書指導」を担う機能であると説明している。

　読書は，児童生徒のその後の長い人生において生活の質（Quality of Life）を豊かなものとするためには欠かすことができないものである。ところが，昨今，随所で指摘されているように，児童生徒の読書離れ，活字離れが進行している（特に高校生において顕著）。また，経済協力開発機構（OECD）の実施した国際的な「生徒の学習到達度調査」（PISA 2003）の結果が2004（平成16）年に公表された際には，わが国の児童生徒の読解力が3年前の同調査（PISA2000）の結果より6位も下がって14位になったことが，教育界に大きな衝撃を持って受け止められた。現在までに「子どもの読書活動の推進に関する法律」（2001年12月制定），「文字・活字文化振興法」（2005年7月制定）が相次いで制定されているが，その背景にあるのは，こうした読書離れ，活字離れや読解力低下への危機感といえる。

　読解力を含む読書力（言語力）は，すべての学びの基礎となるものである。では，読書力（言語力）を涵養するにはどうすればよいのだろうか。やはり読書による他はない。しかし，読書は極めて個人的な行為であるため，「馬を水辺に連れて行くことはできても，水を飲ませることはできない」のことわざの如く，読書への動機づけや意欲を高めることなく無理強いしても読書嫌いが増すばかりである。

　したがって，司書教諭は他の教職員とも協力して，学校図書館に児童生徒の発達段階や読書興味に適した読書材を豊富に揃えるとともに，読書したくなるような明るく落ち着いた館内環境を整えることが欠かせない。また，学校図書館内外で読書への動機づけや読書意欲を高めるよう

な各種の活動（読み聞かせ，ストーリテリング，ブックトーク，ビブリ
オバトルなど）を積極的かつ継続的に行い，すべての児童生徒を読書の
世界に誘うことが肝要である。

参考文献

- ●古賀節子編著『学校経営と学校図書館』（樹村房　2002）
- ●文部科学省『読解力向上に関する指導資料：PISA 調査（読解力）の結果分析と改善の方向（6版）』（東洋館出版社　2007）
- ●西村晧・鈴木慎一編著『教育の探究：この未知なるもの（再版）』（ぎょうせい　1992）
- ●大森正ほか著『教育研究入門』（梓出版社　1993）
- ●塩見昇ほか著『学習社会・情報社会における学校図書館』（風間書房　2004）
- ●全国学校図書館協議会「新学校図書館学」編集委員会編『学校経営と学校図書館』（全国学校図書館協議会　2006）

2 | 学校図書館の歴史：日本を中心に

野口　武悟

《**目標＆ポイント**》　学校図書館の発展過程について日本を中心に学ぶ。具体的には，戦前，戦後，近年の動向にわけて説明し，歴史的な流れを把握する。
《**キーワード**》　学校図書館史，学校図書館法の成立と改正

1．戦前の学校図書館

わが国において，学校図書館は，第二次世界大戦終結後の戦後教育改革において法的に設置が義務化され，全国の小学校，中学校，高等学校，盲学校，ろう学校，養護学校（現在の特別支援学校）に整備されていく。しかし，それ以前にはこれらの学校に学校図書館の設置が全くなかったのかというと，そうではない。一部の学校では，学校図書館を設け，その機能を児童生徒の教育に活かしていこうとする試みも行われていた。本節では，まず，戦前の学校図書館の歴史を見ておこう。

1872（明治5）年，学制が発布され，近代的な学校教育制度が始まった。当時，わが国は富国強兵政策をとり，欧米列強諸国に追いつき追い越すためには国家に役立つ人材を効率的に養成することが必要であった。そこで，学校では，江戸時代の寺子屋で採られていた個別教育のスタイルを排し，学年別に教科書を用いて一斉教育を行うというスタイルを採った。また，教授法も，教科書の内容をひたすら暗記させるような知識注入型であった。

1873（明治6）年には，文部省が「小学校建設図」を制定し，小学校

の校舎建築のモデルを示した。その中で，書籍室（図書室）の設置を奨励していたことが注目される。しかし，初期の小学校は，寺院や民家を借用したものが大半を占めていた。そのため，「小学校建設図」に示されたモデルを完全に実現した校舎はごく少数にとどまっており，書籍室（図書室）の設置にいたっては皆無に近かったものと考えられる。

　大正時代になると，欧米の新教育運動の影響を受けて，大正自由教育と呼ばれる新教育の実践が成蹊小学校や成城小学校などの私立小学校や千葉師範学校附属小学校や奈良女子高等師範学校附属小学校などの師範学校附属小学校を中心に盛んになった。新教育の実践では，教科書中心の知識注入型の伝統的な教育のあり方を批判し，児童生徒の個性を尊重して，児童生徒自らの興味・関心や問題意識に基づく自発的・創造的な学習活動を重視した。児童生徒の興味・関心や問題意識に基づく自発的な学びを実現するためには，教科書だけでは不十分であり，さまざまな興味・関心，問題意識に応えていけるだけの多種多様な図書などのメディアを学校に用意しておくことが必要となってくる。そのため，新教育の実践では，学校図書館の存在が不可欠とされたのである。アメリカの教育学者ジョン・デューイ（Dewey, John　1859－1952）は，シカゴ大学附属実験学校（小学校）での自らの新教育の実践を踏まえて1899年に発表した『学校と社会』（原題：“The school and society”）において，学校図書館を学校の中心に据えた学校の概念図を示した（**図 2 - 1**）。

　わが国では，新教育の実践は，私立小学校や師範学校附属小学校を中心に取り組まれたと述べたが，例えば，成城小学校には1923（大正12）年の時点で蔵書約600冊，月刊誌数種，内外の画集，写真，肖像画などを集めた図書館[1]が，千葉師範学校附属小学校には1922（大正11）年の時点で参考図書，標本掛図，児童用図書数百冊を備えた図書館[2]が設けられていたという。また，中には，公立小学校での取組も少数ではある

1　塩見昇著『日本学校図書館史』全国学校図書館協議会，1986年，p.71.
2　前掲書，p.60.

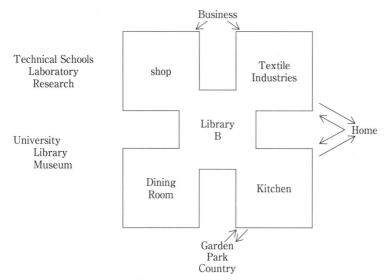

図2−1　学校図書館を中心に据えた学校概念図
〔出典：dewey, john "The School and society being three lectures"
University Chicago press, 1899年, p95〕

が見られた。例えば，東京市立余丁町尋常小学校では，1921（大正10）年の校舎の増改築に当たり，教育学者川本宇之介（1888−1960）の助言によりデューイの『学校と社会』に述べられた実例などを基本として，学校図書館を中心に据えた新校舎を整備している（図2−2）[3]。

　しかしながら，1924（大正13）年には，「近来小学校ニ於テ教科書ノ解説書若クハ教科書類似ノ図書ヲ副教科書又ハ参考書ト称シテ使用セシムル向有之ヤノ趣右ハ教育上尠カラザル弊害ヲ来スモノト存ゼラルルニ付厳重ニ御取締相成度依命此段通牒ス」[4]という文部次官通牒が出された。国定教科書中心の教育の徹底を求めたものといえる。昭和にはいると，軍国主義の足音の中で，大正自由教育に対する文部省などからの批判や弾圧は一層強まり，「自由」という言葉を用いることも憚られる状

3　川本宇之介著『デモクラシーと新公民教育』中文館，1921年, p.567-569.
4　「大正13年5月11日文部次官通牒」『文部時報』第136号，1924年, p.9.

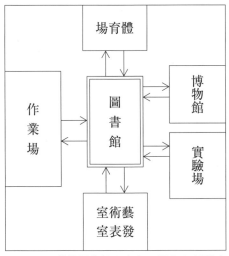

図2-2　学校図書館を中心に据えた新校舎の概念図
〔出典：川本宇之介『デモクラシーと新公民教育』中分館，1921年，p.568〕

況となっていった。また，1937（昭和12）年に日中戦争が勃発し，戦時色が強くなると，内務省による「児童読物改善ニ関スル指示要綱」（1938年），文部省による「児童図書推薦事業」（1939年）など，児童用図書に関する統制も厳しさを増していった。こうして，大正時代に芽生えた学校図書館の息吹は，停滞を余儀なくされてしまったのである。

2. 戦後の学校図書館

　1945（昭和20）年8月に第二次世界大戦が終結すると，わが国は，連合国軍総司令部（GHQ）の占領下におかれ，さまざまな分野で改革が進められた。教育の分野では，GHQ の民間情報教育局（CIE）の指示のもとに制度改革が進められた（戦後教育改革）。1947（昭和22）年3月には，「教育基本法」と「学校教育法」が制定され，学校制度は現行の六・三・三・四制に改められた。また，教育行政の安定性，中立性を確保する観点から，教育委員会制度も新設された。戦後教育改革では，制度面のみならず，教育課程や教育内容，教育方法についても改革された。モデルとされたのは，すでにわが国では大正時代に大正自由教育と

して一部の学校で実践された新教育の考え方と実践であった。文部省
は，1947（昭和22）年3月に初の「学習指導要領（試案）」を示したが，
これは，試案という言葉が示すように学習指導の手引書としての性格が
強く，教育課程も全国一律ではなく各学校が自由裁量で編成できるとさ
れた。今日のような法的拘束力を有する教育課程編成の大綱的基準とし
ての「学習指導要領」とは性格を大きく異にしていたのである。なお，
新教育転換後の戦後初期の教育実践を物語る資料としては，無着成恭
（1927- ）の『山びこ学校』（青銅社，1951年）が有名であり，参考に
なる。

　すでに本章の第1節でも述べたように，新教育の実践では，児童生徒
自らの興味・関心や問題意識に基づく自発的・創造的な学習活動を重視
しており，こうした教育には学校図書館の存在が不可欠であった。1947
（昭和22）年5月に制定された「学校教育法施行規則」では，その第1
条において「学校には，別に定める設置基準に従い，その学校の目的を
実現するために必要な校地，校舎，校具，運動場，図書館又は図書室，
保健室その他の設備を設けなければならない」と規定され，わが国で初
めて学校図書館が法的に規定され，かつその設置が義務化された。

　また，1948（昭和23）年12月には，文部省によって初の学校図書館指
導書となる『学校図書館の手引』（師範学校教科書 K.K.，1948年）が刊
行された。同書では学校図書館の意義や役割，学校図書館の具体的な運
営方法等が分かりやすく解説されており，中でも，新教育における学校
図書館の役割として次の9つを挙げている。すなわち，(1) 学校図書館
は生徒の個性を伸張して行く上に役立つ，(2) 学校図書館は多くの方面
や活動において生徒の興味を刺激し豊かにする，(3) 学校図書館の利用
によって人間関係や他の人々の社会的，文化的生活を観察させ，さらに
批判的判断や理解の態度を養って行くことができる，(4) 学校図書館は

自由な活動の手段を与える，(5) 学校図書館は専門的な研究への意欲を刺激する，(6) 学校図書館の蔵書は生徒の持つ問題に対していろいろの考え方や答を提供する，(7) 学校図書館は生徒に望ましい社会的態度を身につけさせる機会を与えることによって共同生活の訓練の場所として役立つ，(8) 学校図書館を利用することによって生徒たちに読書を終生の楽しみと考えさせるようにすることができる，(9) 学校図書館は少ない図書を公共的に活用させ，現在を通して，未来の文化的建設を助けることができる，という9つである[5]。70年以上たった現在においても，これら諸点の重要さは色褪せてはいないといえよう。

　1949（昭和24）年2月から3月にかけては東日本（千葉県鴨川）と西日本（奈良県天理）の2か所で『学校図書館の手引』をテキストに各地の教育委員会や学校関係者を対象とした講習会（学校図書館講習協議会）が開催された。この講習会の受講者が地元に帰り，さらに，地元の学校関係者を対象に『学校図書館の手引』の伝達講習を行い，その参加者を中心に各地に学校図書館の研究組織や協議会が結成されていった。1950（昭和25）年2月には，学校図書館の全国組織である全国学校図書館協議会（全国SLA）が設立されている。

　こうして学校図書館づくりの機運は全国的に熱しつつあったが，学校図書館の経費と担当者に関する法的な裏づけのない状況はその大きな障壁となっていた。全国SLAでは，学校図書館経費の公費支弁と専任司書教諭の設置を目指して，大々的な学校図書館法制定運動を展開した。1952（昭和27）年12月には学校図書館の振興を求める100万人近い署名が衆参両院議長等に提出された。

　学校図書館法制定運動の成果が結実してようやく「学校図書館法」が制定されたのは，1953（昭和28）年8月のことであった（施行は翌年4月）。制定された「学校図書館法」では，「学校には，学校図書館の専門

5　文部省『学校図書館の手引』師範学校教科書K.K., 1948年, p.3-5.

的職務を掌らせるため，司書教諭を置かなければならない」（第5条），「国は，地方公共団体が，その設置する学校の学校図書館の設備又は図書が審議会の議を経て政令で定める基準に達していない場合において，これを当該基準にまで高めようとするときは，これに要する経費の二分の一を負担する」（第13条）とし，学校図書館法制定運動で目指したものは一応の実現をみた。さらに，同法では，「文部省に学校図書館審議会（以下「審議会」という。）を置く」（第9条）と規定し，学校図書館を専門に扱う審議会の設置まで盛り込まれた。学校の中に設置される施設・設備の中で単独法が制定されたのは学校図書館だけであり，「学校図書館法」の制定は学校図書館に対する当時の強い期待を示すものといえる。

　しかし，実際には，多くの課題も内包されていた。その中心は，司書教諭の設置に関するものであった。具体的には，(1)「前項の司書教諭は，教諭をもつて充てる」（第5条2項）とされ，専任設置ではなく教諭の充て職（兼任発令）が前提とされたこと[6]，(2)「この場合において，当該教諭は，司書教諭の講習を修了したものでなければならない」（第5条2項）とされ，司書教諭の任用資格が免許制ではなく講習修了とされたこと，(3)「前項に規定する司書教諭の講習は，大学が文部大臣の委嘱を受けて行う」（第5条3項）とされ，別に制定された「学校図書館司書教諭講習規程」に基づき7科目8単位の履修が必要となったが，実際には同規程附則第5項の規定により学校図書館の担当経験が4年以上ある教諭は2単位の履修のみで済んでしまうという履修軽減の規定が盛り込まれていたこと，(4)「学校には，当分の間，第五条第一項の規定にかかわらず，司書教諭を置かないことができる」（附則第2項）とされ，司書教諭の設置が猶予されたこと，などを指摘することができる。

　こうした司書教諭設置に関する課題が内包されざるを得なかった背景

6　1950年代後半から1960年代にかけて愛知，高知県，東京都では，専任司書教諭の設置が行われた。当時は，画期的なこととして受け止められたが，これら3都県以外には広がらず，また，3都県でも，1960年代以降は次第に設置を取りやめていった。

について，当時全国 SLA の事務局長をしていた松尾弥太郎（1911-1989）
は，文部省内での意見の不一致が大きく関係していたと述懐している[7]。
すなわち，学校図書館を所管していた初等中等教育局の中等教育課長は，
当時同時に審議されていた「理科教育振興法」，「高等学校の定時制教育
及び通信教育振興法」を優先成立させたい思いから「学校図書館法」に
は消極的であり，その一方で，初等中等教育局長は学校図書館に理解を
示すという状況であったという。なかでも，司書教諭に関しては，特に
意見が錯綜していたとされる。

　「学校図書館法」制定によって，学校図書館の整備に弾みがついたこ
とは間違いない。しかし，法制定から間もない1950年代後半になると，
国の負担金の規定，学校図書館審議会の規定はともに形骸化していった。
このことは，すべての学校で学校図書館が機能するまでに整備されたこ
とを意味するわけではない。むしろ，学校図書館という部屋は設けられ
ても，「本の倉庫」と化し，「開かずの間」となってしまうところが多かっ
た。また，1960年代のベビーブームの中で，普通教室を確保するために
学校図書館を潰してしまうところさえあった。もちろん，意識の高い一
部の地方公共団体等では，設置が猶予されている司書教諭の代わりに，
学校図書館を担当する事務職員として学校司書を1950年代から独自に雇
用，配置し，学校図書館を充実させようとするところもあったが，全体
から見れば少数にとどまっていた。

　「学校図書館法」が制定されたにもかかわらず，学校図書館の整備と
活用が大きく停滞することになったのには，1950年代後半の「学習指導
要領」の改訂と告示化が大きく影響していた。それまでの手引書として
の「学習指導要領（試案）」は，法的拘束力を有する教育課程編成の大
綱的基準としての「学習指導要領」に改められ，教育内容も新教育から
再び知識注入型の教育へと180度転換した。さらに，新しい「学習指導

7　松尾弥太郎「学校図書館法誕生の前後(2)」『学校図書館』第230号，1969年，
　p.51-54.

要領」では，学校図書館の扱いが皆無に等しくなった。こうした知識注入型の教育にあっては，文部省検定済み教科書さえあれば授業が成り立つため，学校図書館はほとんど顧みられなくなっていったのである。

ところが，知識注入型の教育に加え，高度経済成長と時期を同じくして生じた熾烈な受験競争は，次第に児童生徒のゆとりを奪い，いじめや校内暴力が頻繁に起こるようになり，1960年代から70年代にかけて社会問題化した。加えて，テレビの登場などによって，読書離れが指摘され始めるのもこのころである。

1970年代になると，こうした問題の是正を目指して，"ゆとり教育"が提唱され，「学習指導要領」の改訂によって極端な知識注入型の教育は見直されることになったが，必ずしも学校図書館の活性化にまでは結びつくものではなかった。また，このころ，全国SLAでは，日本教職員組合などとともに，「学校図書館法」の改正を目指す運動を積極的に展開するが，成果が出るまでには至らなかった。

1980年代も後半になると，臨時教育審議会の答申において，「個性重視の原則」，「生涯学習体系への移行」，「変化への対応」の3つを柱とした教育改革の方向性が示され，学校教育のあり方もこれらの視点から捉え直されることとなった。また，このころになると，児童生徒の読書離れの実態が一層顕著になり，読書活動推進の必要性が広く認識されるようになっていく。

これらの動向を踏まえて，1990年代に入ると，文部省は学校図書館の再整備に向けて動き始めた。1993（平成5）年には，小学校，中学校，特別支援学校（小学部・中学部）の学校図書館に備えるべき蔵書の整備目標値である「学校図書館図書標準」（2007年に一部改正）（**本書付録7**）を示し，この標準を満たすべく蔵書整備を進めるために5年間で500億円を地方交付税措置するという「学校図書館図書整備新5か年計画」を

スタートさせた。このほか，学校図書館情報ネットワーク化・活性化推
進モデル地域指定事業（情報ネットワーク化推進事業）など，学習・情
報センター，読書センターとしての機能を発揮できる学校図書館とする
ための新たな環境整備の取組が進められていった。そして，ようやく長
年の悲願であった「学校図書館法」改正が実現することになる。

3．近年の学校図書館

　1997（平成 9）年 6 月，「学校図書館法」が一部改正され，わが国の
学校図書館は新たな局面を迎えた。改正の要点は 2 つある。1 つは，2003
（平成15）年 4 月 1 日から12学級以上の規模のすべて学校（義務教育学
校及び中等教育学校にあっては課程，特別支援学校にあっては学部。以
下，同じ。）において司書教諭の設置が義務づけられたことである。ま
た，11学級以下の規模の学校についても，「学校図書館法の一部を改正
する法律等の施行について（通知）」の留意事項において「学校図書館
における司書教諭の重要性に鑑み，これらの学校においても司書教諭の
設置がなされるよう努めることが望まれる」と特記している。もう 1 つ
は，大学以外の教育機関でも文部大臣（現・文部科学大臣）の委嘱を受
けて司書教諭の講習を実施することが可能になったことである。あわせ
て，講習の科目等も見直され，現行の 5 科目10単位となった。5 科目と
は「学校経営と学校図書館」「学校図書館メディアの構成」「学習指導と
学校図書館」「読書と豊かな人間性」「情報メディアの活用」である。

　1997（平成 9）年の法改正から近年に至るまでの学校図書館に関する
主な動向を整理すると，次の 4 点になるだろう。すなわち，(1) 学校司
書の法制化，(2) 学校図書館図書等整備費の継続的な措置，(3) 学校図書
館に関連する新たな法律の制定，(4)「学習指導要領」における学校図書
館の扱いの拡大の 4 点である。

（1）について，「学校図書館法」に明確な定めがなかった学校司書の法制化が2014（平成26）年6月に実現した。「学校図書館法」が一部改正され，学校司書についての規定が新たに盛り込まれたのである（改正法第6条。2015年4月施行）。同法第6条では，「学校図書館の運営の改善及び向上を図り，児童又は生徒及び教員による学校図書館の利用の一層の促進に資するため」，学校司書を「置くよう努めなければならない」とされた。これにより，学校図書館の担当職員として司書教諭と学校司書の二職種が法的に明示されたことになる。なお，学校司書の養成については，2016（平成28）年11月に文部科学省より「学校司書のモデルカリキュラム」（10科目20単位）が大学等に通知された。

（2）については，1993（平成5）年度から実施していた「学校図書館図書整備新5か年計画」に基づく学校図書館図書整備費の地方財政措置が5か年終了後の1998（平成10）年度以降も継続実施されている。2022（令和4）年度からは毎年約480億円，5年間で約2,400億円を措置する新たな5か年計画（第6次）がスタートした。なお，2012年度に開始された5か年計画（第4次）以降は，図書整備のための経費に加えて，学校図書館へ新聞を配備するための経費と学校司書の配置にかかる経費も合わせた形での地方財政措置となっている。

（3）については，2001（平成13）年12月に「子どもの読書活動の推進に関する法律」（本書付録3），2005（平成17）年7月に「文字・活字文化振興法」（本書付録4）が相次いで制定された。「文字・活字文化振興法」においては，第8条第2項で「国及び地方公共団体は，（中略）司書教諭及び学校図書館に関する業務を担当するその他の職員の充実等の人的体制の整備，学校図書館の図書館資料の充実及び情報化の推進等の物的条件の整備等に関して必要な施策を講ずるものとする」と明記された。さらに，2019（令和元）年6月には，学校図書館も対象とした「視

覚障害者等の読書環境の整備の推進に関する法律」（読書バリアフリー法）（**本書付録 5**）が制定されている。

　（4）については，1998（平成10）年12月に告示された小学校，中学校の「学習指導要領」（2003年12月に一部改正。高等学校，特別支援学校は1999年 3 月に告示）において "生きる力" を育てることが柱の 1 つとされ「総合的な学習の時間」が新設されるなど，学校図書館を活かす機会がこれまでになく増えた。総則においては，「学校図書館を計画的に利用しその機能の活用を図り，児童又は生徒の主体的，意欲的な学習活動や読書活動を充実すること」が盛り込まれた。その後の改訂では，新たに「言語活動の充実」が追加されている。そして，2017（平成29）年 3 月には小学校，中学校，特別支援学校（小学部，中学部）の，2018（平成30）年 3 月には高等学校の，2019（平成31）年 2 月には特別支援学校（高等部）の，それぞれ新しい「学習指導要領」が告示された（現行の「学習指導要領」）。現行の「学習指導要領」では，「総則」において「学校図書館を計画的に利用しその機能の活用を図り，児童又は生徒の主体的・対話的で深い学びの実現に向けた授業改善に生かすとともに，児童又は生徒の自主的，自発的な学習活動や読書活動を充実すること」とされ，学校図書館を「主体的・対話的で深い学びの実現に向けた授業改善に生かす」という従来よりもさらに踏み込んだ記述となっている。

　ここまでの（1）～（4）で述べてきたことのほかに，2016（平成28）年11月に文部科学省が「学校図書館ガイドライン」（**本書付録 6**）を定めたことも特記しておきたい。このガイドラインは，「学校図書館をめぐる現状[8]と課題を踏まえ，さらなる学校図書館の整備充実を図るため，教

8　学校図書館の現状については，文部科学省が全国悉皆調査を実施している。2023（令和 5 ）年度現在の最新データは，2021（令和 3 ）年 7 月に公表された「令和 2 年度学校図書館の現状に関する調査」の結果である（https://www.mext.go.jp/a_menu/shotou/dokusho/link/1410430_00001.htm）。ぜひ参照してほしい。次の調査は2025（令和 7 ）年度に実施が予定されている。また，全国 SLA も，抽出調査ではあるが，学校図書館の実態調査を毎年実施し，機関誌『学校図書館』に結果を掲載している。

育委員会や学校等にとって参考となるよう，学校図書館の運営上の重要な事項についてその望ましい在り方を示」したものである。内容は，(1)学校図書館の目的・機能，(2)学校図書館の運営，(3)学校図書館の利活用，(4)学校図書館に携わる教職員等，(5)学校図書館における図書館資料，(6)学校図書館の施設，(7)学校図書館の評価の7項目で構成されている。学校図書館のさらなる整備充実と利活用に向けて，このガイドラインを生かしていきたい。

　このように，近年の学校図書館は，これまでの歴史の中で最も充実した時期にあると言ってよいだろう。しかし，いまだに解決すべき課題も少なくない。例えば，司書教諭の設置については，11学級以下の規模の学校では「当分の間」置かないことができる状態が続いており，12学級以上の規模の学校でも教職員定数に司書教諭の定数が盛り込まれていないために大半が兼任での設置となっている。また，法制化された学校司書についても，その配置は努力義務にとどまっている。これら諸課題の解決に向けてより一層積極的な施策面での検討と実施が必要である。

　もちろん，施策面だけでは，学校図書館のさらなる発展は望めない。これからは，学校図書館を活かした実践がどれだけ充実するか，すなわち，中身が問われてくるといえる。換言すれば，司書教諭の資質と力量がこれまで以上に問われてくるのである。学校図書館の未来がさらなる発展の段階へと飛躍できるのかどうかは，まさに，これからの司書教諭の手にかかっていると言っても過言ではないのである。

参考文献

●清水正男『わが国における学校図書館発展の研究』（ほおずき書籍　1986）

●塩見昇『日本学校図書館史』（全国学校図書館協議会　1986）

●野口武悟『変化する社会とともに歩む学校図書館』（勉誠出版　2021）

●山本順一編著『学校経営と学校図書館（第二版）』（学文社　2008）

●全国学校図書館協議会『学校図書館50年史年表』編集委員会編『学校図書館50年史年表』（全国学校図書館協議会　2001）

●全国学校図書館協議会『学校図書館50年史』編集委員会編『学校図書館50年史』（全国学校図書館協議会　2004）

3 │ 教育法制・行政と学校図書館

前田　稔

《**目標＆ポイント**》　学校図書館法，学校教育法，学校図書館施策（国・地方自治体）など学校図書館を取り巻く法制上，行政上のかかわりや仕組みについて学ぶ。
《**キーワード**》　教育法規，学校図書館法，学校図書館施策・行政

1．学校図書館法

　学校図書館を，国における制度としての側面からみるならば，制度の仕組みを形作っているのは，法律である。例えば，学校図書館が全国のどの学校にも存在しているのは，「学校図書館法」（**本書付録1**）において，「学校教育において欠くことのできない基礎的な設備」（第1条）として，「学校には学校図書館を設けなければならない」（第3条）と規定されているからである。逆にいうと，学校図書館を置かない学校があると，その学校は法律に違反していることになる。

　では，ここにいう学校図書館とは何を意味するのであろうか。この点，学校図書館という札をかけた部屋が存在すれば，どのような実態でも良い訳ではない。「学校図書館法」第2条では，学校図書館の定義について，学校図書館とは，（1）「小学校，中学校，高等学校（及びこれらに準ずる義務教育学校，中等教育学校，特別支援学校）」において，（2）「図書，視覚聴覚教育の資料その他学校教育に必要な資料」を（3）「収集し，整理し，及び保存し」，（4）「これを児童又は生徒及び教員の利用

に供する」ことによって，（5）「学校の教育課程の展開に寄与するとともに，児童又は生徒の健全な教養を育成することを目的として設けられる」学校の設備であるとしている。

　まず，上記（1）からは，初等・中等教育における学校図書館は，おおむね共通したシステムとして運営されている点に着目したい。すなわち，発達段階やカリキュラム内容を問わず，およそあらゆる個の学びを促進する基礎ないし共通基盤であることが表れている。司書教諭の職務としても，本質的な側面とは何かを追い求め続けることが肝要である。

　この点，幼稚園や大学も，「学校教育法」における「学校」であることから，学校図書館に両者も含まれると思われがちであるが，制度的には学校図書館に含まれない。とはいえ，幼稚園教育要領では，言語環境を整え，言語活動の充実を図りつつ，絵本や物語に親しむことが目指されており，幼小連携や子どもの読書推進・生涯学習の視点も含め，幼児教育においても，「学校図書館法」の趣旨を尊重した運営が期待されている。大学が研究機関であることを反映し，大学図書館では，未知の領域に関わる最先端の学術情報を提供することに重点がおかれてきた点で学校図書館とは大きく異なる。しかし，近年では，大学生が主体的に学ぶ場を提供する機能としてのラーニングコモンズ（Learning Commons）の実現が大学図書館において一般化してきている。探究というキーワードを軸にしながら，学校図書館と大学図書館との接続性を意識していくことが今後はさらに求められていく。

　上記の（2）は，学校図書館では，図書だけでなく，CD や DVD などの視聴覚メディアや，コンピュータを使って入手する情報資源まで，幅広く取り扱う法的根拠となる。そうだとしても，紙の書籍が並んでいることが，社会通念に従った一般人の図書館への認識である以上，電子書籍だけで構成される部屋を設けてそれを学校図書館であるとすること

は，条文の趣旨に反するといえよう。出版文化とともに歩んできた長い
歴史を抜きに，学校図書館を定義することは困難である。（3）からは，
資料を集めることだけではなく，受入・分類・目録作成・装備・排架の
一連の流れからなる整理業務，および資料の保存機能も重要な要素と
なっていることがわかる。また，（4）において学校図書館のサービス提
供対象者は，児童生徒に限定されず，教員も法律上含まれていることに
留意すべきである。（5）は，司書教諭資格取得に資する各科目の受講に
おいて頻繁に引用される部分であり，教養としての読書教育だけではな
く，教育課程の展開に寄与することが教員たる身分を有する司書教諭の
専門性と密接に関係することの重要な根拠となっている。各教科におけ
る学校図書館の活用が本質的な要素であることも示すものであり，健全
な教養の育成とともに，車の両輪をなし，相互に影響し合う関係にある。

　司書教諭として学校経営とかかわり，学校内の活動を活性化させてい
く際には，校内文書の中に以上の（1）から（5）までの要素に適宜言
及しながら，諸計画の立案や学校内外の調整を行っていくことになる。
また，これらの実質を有する施設であれば，必ずしも学校図書館という
名称である必要はなく，メディアルームや，学習リソースセンターなど，
異なる名称を付与することは差し支えない。

　ところで，「学校図書館法」は全体としては8か条からなる短い法律
である。第4条では，資料に関する収集・利用・分類排列・目録整備の
ほか，読書会・研究会・鑑賞会・映写会・資料展示会や利用指導につい
て，また，外部との関係で，他校の学校図書館・公共図書館・博物館・
公民館等との連携・協力を求めるとともに，学校図書館を一般公衆に利
用させることができることを定めている。第5条では司書教諭の必置義
務について，「学校には，学校図書館の専門的職務を掌らせるため，司
書教諭を置かなければならない。」としており，教諭の身分を有する者

が司書教諭講習を修了することを条件としている。第 6 条では,「学校
図書館の運営の改善及び向上を図り, 児童又は生徒及び教員による学校
図書館の利用の一層の促進に資するため, 専ら学校図書館の職務に従事
する職員（次項において「学校司書」という。）を置くよう努めなけれ
ばならない。」とし, 学校司書の設置に努めるよう求めている。第 7 条
では, 設置者に対する学校図書館の整備・充実義務を, 第 8 条では国に
対して, 整備・充実, 司書教諭養成, 指導・勧告, その他の措置に関し
て義務づけている。

　「学校図書館法」が, 1953（昭和28）年から長年にわたり受け継がれ
てきたことは, 時代によりさまざまな情報メディアが移り変わってきた
ことからすると, 驚くべきことであり, 今後数十年たったとしても, 変
わることなく存続し続けることだろう。一方で, 近年の学校教育が, 覚
えるから考えるへ, 個人の能力を個別に伸ばしていくことへと変化して
きている点を反映し, 1997（平成 9 ）年の「学校図書館法」の改正で司
書教諭が12学級以上に必置され, 2014（平成26）年改正では, 学校司書
が公式的に規定されるなど, さらに人的体制の充実化がはかられている。
学校図書館には資料がありさえすればよいのではなく, 指導・媒介して
いく人の存在を重視することが求められる。学習生活のあらゆる面で図
書・資料を真に活用する体験の実現, 読書の習慣化, 協働的な作業によ
る創造性の発揮, 教室と家庭をつなぐ居場所づくりなど, 学校図書館の
機能を人と人とのかかわりの中で十全に発揮させていくことが,「学校
図書館法」の趣旨を実現していく中で不可欠である。

2. 各種法規と学校図書館

　このような大きな流れは, 2006（平成18）年に約60年ぶりに改正され
た「教育基本法」と, これを反映した「学校教育法」の大改正からも影

響を受けている。特に「学校教育法」では第21条において，義務教育の目標として，新たに読書が加えられたことに注目すべきである。この点，義務教育における義務とは，諸外国では子ども自身の学習義務であるとする国もあり，そうだとすると読書が子どもの義務，すなわち，不読は義務に反するようにも思える。確かに，読書好きの場であった以前の学校図書館とは異なり，PISA型読解力育成を契機に，現在では各教科の学習水準を高めるために不可欠な活動として，読書の習慣化がすべての児童生徒の責務になりつつある。しかし，日本における憲法第26条2項の義務教育は同1項の，教育を受ける権利を反映したものである。子ども自身の義務ではなく，保護者や，国，地方自治体，学校に，読書をしたい子どもを妨げない義務や，読書環境を充実させていく義務が，加えられたとみることが法的には正しいだろう。いずれにしても，義務教育の中核として読書教育が加わった点に注視していくべきである。

　全体の法体系としては，「日本国憲法」・「教育基本法」・「学校教育法」・「学校図書館法」の順に，抽象的な上位法から，下位法へと具体化されている。下位法における法解釈を行うにあたっては，上位法を参照するほか，下位法に規定のない事項については上位法を参照する必要が生じるなど，体系的な理解をする必要がある。しばしば，「図書館法」と「学校図書館法」を混同しがちであるが，公共図書館について規定した「図書館法」は，「日本国憲法」・「教育基本法」・「社会教育法」・「図書館法」の順に上下関係がある。このため，「図書館法」と「学校図書館法」の法体系上の共通点は「日本国憲法」と「教育基本法」のみにとどまる。とはいえ，そもそも学校図書館は学校内での読書活動を行うためだけを目的に存在しているのではない。家庭を含めた子どもの全生活や，卒業後も含めた人生におけるあらゆる側面において人格形成における基礎となる読書活動に，学校教育の局面で関わっているにすぎない。

学校教育法施行規則第 1 条には，「学校には，その学校の目的を実現するために必要な校地，校舎，校具，運動場，図書館又は図書室，保健室その他の設備を設けなければならない」と定められている。このことから，たとえ，学校図書館法が存在していなくても，すべての学校に学校図書館を設置することが，義務づけられていると解されることが，学校図書館法の審議過程で言及されている。他方で，広い意味の学校に含まれる幼稚園に関しては，幼稚園設置基準第11条において，幼稚園図書室の設置が水遊び場や給食施設と並んで，努力義務となっているにすぎない。結局のところこれらの規則や基準は，行政機関である文部科学省が発した省令であるにすぎない。法規範としての位置づけにおいて勝る学校図書館法で，「学校には学校図書館を設けなければならない」と規定されていることの重要性は減ずるものではない。

次に，「子どもの読書活動の推進に関する法律」（**本書付録 3**）についても注目したい。同法は公共図書館の児童サービスや，国立国会図書館の支部図書館である国際子ども図書館の活動，全国の自治体で 0 歳児健診などの機会に絵本を配布しているブックスタート，学校における読書推進など，異なる領域を横断する読書政策の一環として，2001（平成13）年に議員立法で成立した。時代背景の 1 つとして，1994（平成 6 ）年に日本が批准した国連の「児童の権利に関する条約」（子どもの権利条約）の存在がある。あらゆる種類の情報および考えを求め，受けおよび伝える自由を含む，子どもの表現の自由や思想良心の自由を確認している。また，多様な情報源からの情報や資料の利用確保を締結国に求めているほか，児童用書籍の作成および普及を奨励している。この条約の流れを反映した同法では，「子どもの読書活動は，子どもが，言葉を学び，感性を磨き，表現力を高め，創造力を豊かなものにし，人生をより深く生きる力を身に付けていく上で欠くことのできないものであることにかん

がみ，すべての子どもがあらゆる機会とあらゆる場所において自主的に読書活動を行うことができるよう，積極的にそのための環境の整備が推進されなければならない」という基本理念を定めている。国および地方自治体に「子どもの読書活動の推進に関する施策を総合的に策定し，及び実施する」責務を定め，「学校，図書館その他の関係機関及び民間団体との連携の強化その他必要な体制の整備に努めるものとする」と定めた上で，ユネスコの「世界図書・著作権デー」と同じ4月23日を「子ども読書の日」とした。また，同法の附帯決議では，「子どもがあらゆる機会とあらゆる場所において，本と親しみ，本を楽しむことができる環境づくりのため，学校図書館，公共図書館等の整備充実に努めること」が決議されている。

また，2005（平成17）年には「文字・活字文化振興法」（本書付録4）が公布・施行され，10月27日が「文字・活字文化の日」として制定された。基本理念として，教育課程の全体を通じての言語力の涵養に言及し，特に学校教育では，国および地方公共団体による施策を求めている。教育職員の養成と研修内容の充実や，司書教諭，学校図書館に関する業務を担当するその他の職員の充実といった人的体制の整備のほか，図書館資料の充実および情報化の推進についての物的条件の整備も含まれている。具体的には，同法第3条において，「文字・活字文化の振興に関する施策の推進は，すべての国民が，その自主性を尊重されつつ，生涯にわたり，地域，学校，家庭その他のさまざまな場において，居住する地域，身体的な条件その他の要因にかかわらず，等しく豊かな文字・活字文化の恵沢を享受できる環境を整備することを旨として，行われなければならない」としている。また，学校教育において「課程の全体を通じて，読む力及び書く力並びにこれらの力を基礎とする言語に関する能力（以下「言語力」という。）の涵養に十分配慮されなければならない」とした。

　次に，学校図書館と関連のある法規として，「著作権法」をみていくことにしよう。本章では法的な視点から著作権について論じていくが，学校図書館活動との関連については，第10章をあわせてご覧いただきたい。司書教諭は，数多くの著作物と関わるため，「著作権法」の趣旨に沿った業務を行う必要があるとともに，児童生徒に対して，著作権制度に関する教育を行っていく立場も兼ねている。デジタル技術の発展に伴い，原本と完全に同一内容の多数の複製が簡便にできるようになった一方で，インターネット上の情報流通経路で不特定多数に容易に拡散していく状況が生まれている。あまり罪の意識なく複製を行う者もいるが，「著作権法」は，違反し著作者から告訴された場合，10年以下の懲役・1000万円以下の罰金（第119条）という非常に重い罪を科せられる場合がある。情報モラル教育の観点からも，司書教諭として著作権に対する理解を深めることが必要になっている。

　とはいえ，そもそも「まなぶ」の語源が「まねぶ」であるとしばしばいわれるように（枕草子「鳥は」），われわれの社会は互いに考えを知り表現しあうことで成り立っている。人類の歴史はベストプラクティス（最善の事例）が社会的に共有され普及していく連続であった。そもそも民主主義社会においては，あらゆるコミュニケーションを自由に行うことが，不可欠な前提となっている。著作権はアイディアを保護する制度ではなく，あくまでも著作物の保護制度であり，他者を精神的に傷つけたり経済的に損害を与えたりすることが明らかなときに，対象や期間を限定して保護している点に注目すべきである。図書館は，思想の流通を活性化させる社会的な装置であるからこそ，著者を尊重していく姿勢が必要なのである。

　「著作権法」は第1条で，文化的所産の公正な利用に留意しながら，著作者等の権利の保護を図ることで文化の発展に寄与する目的で，著作

物，実演，レコード，放送，有線放送に関して，著作者の権利とそれに隣接する実演家の権利について定めている。ただし，「著作権法」にはいくつかの例外規定があり，なかでも第35条1項の教育上の例外については知っておきたい。学ぶことの重要性，すなわち，知ることと伝えることの公共性を反映して，学校では，教育を担任する者や授業を受ける者が，授業の過程に必要な範囲で著作物を複製することが許容される。司書教諭は，学校図書館教育の担当者であるため，司書教諭業務の必要性に基づいた著作物の複製は，基本的に違法とはならない。また，学校司書による複製の際についても，司書教諭が教育を担任する者として積極的・具体的な指揮・指示を学校司書に行うことで，学校における例外規定に沿った運用に近づけていく工夫が有効であろう。とはいえ，同条項をもってしても，個々具体的な事例における解釈は明らかでなく，裁判例も多くはないが，グレーゾーンの行為にすべて抑制的となっては，そもそも教育現場での例外を設けた趣旨を没却する。著作者の利益とのバランスに留意した司書教諭の専門性に基づいた良識ある判断を行うことが重要である。

　2009（平成21）年と2018（平成30）年の改正では，学校図書館における視覚障害者等のための複製等の可能な範囲が拡げられてきている。また，2019（令和元）年に，「視覚障害者等の読書環境の整備の推進に関する法律」（読書バリアフリー法）（**本書付録5**）が成立した。同法では視覚障害，発達障害，肢体不自由その他の障害のために視覚による表現の認識が困難な者の読書環境の整備を総合的かつ計画的に推進することを目指している。そのために①図書館利用の体制整備等（9条），②インターネット提供体制の強化（10条），③特定書籍・特定電子書籍等の製作の支援（11条），④アクセシブルな電子書籍の販売促進（12条），⑤外国からのアクセシブルな電子書籍の入手環境整備（13条），⑥端末機器

に関する情報の入手支援（14条），⑦情報通信技術の習得支援（15条），⑧先端的技術の研究開発（16条），⑨製作人材・図書館サービス人材の育成等（17条）が示されている。特に，①では，学校図書館も明示されていることから，関連コンテンツの充実や利用支援，体制の整備を意識していくことが急務となっている。

3．教育行政と学校図書館

　以上は，学校図書館と関連する法律の紹介であったが，法律を執行する機関としての行政の観点を理解することも必要である。第2章では歴史上の視点で詳しく紹介されているが，ここでは改めて，教育行政の観点で再整理する。特に，1993（平成5）年に定められた「学校図書館図書標準」（**本書付録7**）と，それに向けて策定された学校図書館図書整備に関する5か年計画からの流れについて概観していきたい。「学校図書館図書標準」とは，種別と学級数の規模に応じ，公立義務教育学校の整備すべき蔵書数を明示したものである。図書の充実を図り教育課程の展開に寄与するとともに，児童生徒の健全な教養を育成するために，図書整備の目標として設定された。「学校図書館図書標準」は法令に基づくものではなく，通知という形式に拠るものであったが，1993年度からの5か年計画により，財源として地方交付税により総額約500億円が措置されたことで，学校図書館をめぐる各種政策が動き出す第一歩となった。

　1999（平成11）年に「国立国会図書館法」が改正され，国際子ども図書館の設置が規定されるとともに，開館を記念して2000（平成12）年を「子ども読書年」とすることが衆参両院で決議された。国際的にも同年，ユネスコ（国際連合教育科学文化機関）とIFLA（国際図書館連盟）が共同で学校図書館宣言（School Library Manifesto）を採択している。同

年12月には「教育改革国民会議報告書」において「人間性をより豊かにするために，読み，書き，話すなど言葉の教育を大切にする」ことが提言された。2002（平成14）年8月には，子どもの自主的な読書活動の環境の整備に向けて，「子どもの読書活動の推進に関する基本的な計画」の第一次計画が閣議決定され，以降の5年間にわたる施策の基本的方向と具体的な方策が示された。1－家庭，地域，学校における子どもの読書活動の推進，2－施設，設備その他の諸条件の整備・充実，3－図書館間協力等の推進，4－啓発広報の4項目が含まれており，子どもの読書と学校図書館が結びつけられるに至った。学校図書館に関しては特に，児童生徒の読書習慣の確立・読書指導の充実，家庭・地域との連携による読書活動の推進，学校関係者の意識高揚，障害のある子どもの読書活動の推進が目指された。施策として示されたのは，学校図書館施設・設備の整備・充実，学校図書館の情報化，司書教諭の配置，学校図書館担当事務職員の配置，教職員間の連携，外部人材による学校図書館活動の支援，学校図書館の開放，図書館間協力の推進，啓発広報の推進，優れた取組の奨励，優良な図書の普及といった総合的な政策である。また，2002（平成14）年度には「学校図書館図書整備5か年計画」の第二次計画がスタートし，総額650億円が措置された。

　一方で，2003（平成15）年に行われた　PISA 調査の結果が読解力の低下を示すものとして報告され，いわゆる　PISA ショックをもたらした。これを受け，2005（平成17）年に「読解力向上プログラム」（第4章図4-1を参照）がとりまとめられ，朝の読書などの読書活動を推進し，学校図書館の蔵書の充実や人的配置を拡充する戦略が政府により公表された。2007（平成19）年度からは新しい「学校図書館図書整備5か年計画」がはじまり，いっそうの図書整備に向けて総額約1000億円が措置された。2007年の全国学力・学習状況調査は，同年の「教育課程部会

におけるこれまでの審議のまとめ」における「読書が好き，人の気持ち
が分かる人間になりたいと考えている子どもの方が，正答率が高い傾向
にあった」という報告につながった。2008（平成20）年には「子どもの
読書活動の推進に関する基本的な計画」（第二次）が閣議決定された。こ
れは第一次計画から5年が経過し，地域における読書環境の格差の改善
や，学校における「学校図書館図書整備5か年計画」に基づく「学校図
書館図書標準」の達成，司書教諭の発令促進など，家庭，地域，学校に
おける取組を整理したものである。

　2009（平成21）年に，「子どもの読書サポーターズ会議」による報告
書「これからの学校図書館の活用の在り方等について」が文部科学省か
ら公表された。同会議は，学校関係者だけでなく，作家，研究者，公共
図書館，民間団体関係者による幅広い議論を基礎としており，学校図書
館に今後求められる役割や，その機能の発展の方向性について広く国民
に対して明確なビジョンが示されている。2010（平成22）年は「国民読
書年」として，国民読書年宣言集会，国民読書年フォーラム，学校図書
館活用教育フォーラム，国民読書年記念講演会，国民読書年フォーラム，
国民読書年記念祭典などの記念イベントが数多く開催された。また，同
年は「電子書籍元年」ともいわれ，デジタル教科書や教材がにわかに脚
光を浴びる中，2011（平成23）年に「教育の情報化ビジョン」が文部科
学省より公表され，「学習・情報センターとしての学校図書館の機能を，
司書教諭を中心に一層強化していくこと」による教員のサポート体制充
実化の方針が示された。2012（平成24）年4月からは，「学校図書館図
書整備5か年計画」により5か年計約1000億円の図書整備および約75億
円の学校図書館新聞配備の地方交付税措置が新たに始まった。また，学
校司書の配置に150億円の措置が講じられている。文部科学省では2013
（平成25）年に「学校図書館担当職員の役割及びその資質の向上に関す

る調査研究協力者会議」，2015（平成27）年からは「学校図書館の整備充実に関する調査研究協力者会議」が開催され，2016（平成28）年10月に報告がとりまとめられた。

　同報告では，これからの学校図書館は，読書活動における利活用に加え，授業におけるさまざまな学習における利活用を通じて，子どもたちの言語能力，情報活用能力等の育成を支え，主体的・対話的で深い学び（アクティブ・ラーニングの視点からの学び）を効果的に進める基盤としての役割が重要であることが示された。これを受けて，学校図書館に期待されている役割を果たすために，図書館資料の充実と，司書教諭及び学校司書の配置充実やその資質能力の向上の双方が重要であるとして，学校図書館の整備充実を図るため，学校図書館の運営上の重要な事項について，教育委員会や学校等にとって参考となるよう，その望ましい在り方を示す「学校図書館ガイドライン」（**本書付録6**）が策定された。また，学校司書の養成は現行の司書や司書教諭の養成と同様に大学及び短期大学において担うことが適切であるものと位置づけられた。国家資格化は断念されたものの，学校司書に求められる知識・技能を整理した上で，それらの専門的知識・技能を習得できることが望ましいことから，科目・単位数等を示す「学校司書のモデルカリキュラム」が文部科学省によって制定された。

　2022（令和4）年度からは「学校図書館図書整備5か年計画」により5か年計約995億円の図書整備および約190億円の学校図書館新聞配備の地方交付税措置が新たに始まった。また，学校司書の配置に1,214億円の措置が講じられている。

　「子どもの読書活動の推進に関する法律」および「子どもの読書活動の推進に関する基本的な計画」を受け，各地の地方自治体で子どもの読書推進に関する計画が策定されている点にも注目すべきである。

　例えば，北海道恵庭市教育委員会教育部では，読書推進課を設け，生
涯を通じた読書活動を体系づけた「恵庭市読書活動推進計画」を軸に，「読
書のまち恵庭」の取組を推進している（**図 3 - 1・図 3 - 2**）。札幌市と
千歳市の間に位置する恵庭市は，国内ではじめてブックスタート事業を
行ったことや，市内44か所の店舗やオフィスに展示した本を自由に読み，
本を通じた会話を楽しむ「恵庭まちじゅう図書館」，市立図書館で年 1
回深夜までパネルシアターや絵本講座を行う「図書館開館24時」が有名
である。恵庭市内の至る所に市民の育てた色とりどりの花の鉢がある「花
のまち恵庭」の取組と同じく，読書推進に関しても市民活動を行政が支
援する枠組みが恵庭市の特徴であり，学校図書館や市立図書館でのボラ
ンティアの営みが「恵庭市人とまちを育む読書条例」（**図 3 - 3**）とし
て結実することで市民のさらなる励みになっている。北海道内で初めて
小中学校における学校司書の全校配置を行い，現在では 2 人態勢の学校
もある。13校と公共図書館の間で配送を毎日行っており，学校間の貸借
や団体貸出が早ければ翌日に届く。特筆すべきなのは，市立図書館の資
料を，学校図書館を通じて，子ども個人が学校で借りて，学校で返すこ
とができ点である。この取組は2007（平成19）年の公共図書館とのオン
ラインシステム一元化以来行われていてすでに定着している。現在では，
市内にある道立高校の学校図書館でも市立図書館の本を個人で借りられ
るようになっている。読みたい本が学校にない場合でもすぐに手に入る
という利点のみならず，一般の学校図書館では手薄になりがちの，教職
員へのサービスが十分に機能しており，各教員が手本として率先して利
用する身近な学校図書館像の確立にも寄与している。

3 施策体系図

| 基本理念 | 本と出会い 人と出会い つながりひろがる 読書のまち 恵庭市 |

基本方針1 生涯各期に応じた読書活動の推進と環境づくり

基本方針2 市民との協働による読書活動の推進

基本方針3 図書館サービスの充実と適切な環境の整備

基本方針1

読書習慣の芽生え　乳幼児期
1　赤ちゃんからはじまる本との出会い
2　乳幼児にやさしい図書館づくりと利用の促進
3　読み聞かせ機会の拡充と支援
4　保育園・幼稚園等における本に親しむ環境づくり

読書習慣・調べる力の習得　小・中学生期
5　学校図書館図書の充実と活用による読書活動の推進
6　本に親しみやすい学校図書館の環境整備
7　司書教諭*及び学校司書の配置継続とスキルアップ機会の充実
8　朝読・家読*の推進
9　保護者・ボランティアとの連携による読書活動の推進
10　学校と図書館の連携の強化

主体的な読書活動の実践　〜高校生期〜
11　高校における読書活動の推進
12　高校・大学等における図書館との連携推進
13　高齢者や障がいのある方々へのサービスの推進
14　図書館整備の推進
15　ボランティアの育成支援の推進

基本方針2

読書活動に関する情報の提供
16　読書に関する記念日の周知と広報
17　読書に関する情報の提供

読書活動の普及・啓発
18　恵庭まちじゅう図書館事業の推進
19　図書館まつりの開催
20　本のリサイクル活動の推進
21　読書活動を啓発する事業の推進
22　「人とまちを育む読書推進月間」事業の開催

関係機関・団体との連携
23　関係機関やボランティア団体との連携拡大
24　ボランティアとの協働の場の拡大

基本方針3

全域利用サービスの推進
25　ブックステーションの整備
26　配本システムの推進

市民の学びを支える図書館づくり
27　図書館資料の収集と提供
28　レファレンスサービス*の充実と利用の促進
29　図書館情報の発信
30　ICTを活用したサービスの推進
31　情報提供サービスの推進
32　司書派遣サービスの推進
33　講演会・映画会など事業の充実
34　テーマ別図書展示の充実

将来にわたって持続可能な図書館運営
35　読書のまちにふさわしい図書館づくり
36　図書館情報システムの更新
37　効果的・効率的な管理運営
38　計画的な施設・設備などの改修
39　うるおいのある生活や地域課題解決に貢献する図書館づくり

図3-1　体系化された読書推進計画（恵庭市読書活動推進計画（後期）P.13より）

対象別読書活動の取組み

区分	事業（◎は重点事業、数字は計画上の事業番号）	市民	家庭	地域	保育園・幼稚園	小・中学校	高校	大学・専門学校	市
生涯各期に応じた読書活動の推進と環境づくり（読書習慣の芽生え）	1　赤ちゃんからはじまる本との出会い	○	○						○
	◎2　乳幼児にやさしい図書館づくりと利用の促進		○						○
	3　読み聞かせ機会の拡充と支援	○	○	○	○				○
	4　保育園・幼稚園等における本に親しむ環境づくり		○		○				○
生涯各期に応じた読書活動の推進と環境づくり（読書習慣・調べる力の習得）	◎5　学校図書館図書の充実と活用による読書活動の推進					○			○
	6　本に親しみやすい学校図書館の環境整備					○			○
	7　司書教諭及び学校司書の配置継続とスキルアップ機会の拡充					○			○
	◎8　朝読・家読の推進		○			○			○
	9　保護者・ボランティアとの連携による読書活動推進	○		○		○			○
	10　学校と図書館との連携の強化					○			○
自主的・主体的な読書の実践	11　高校における読書活動の推進						○		
	◎12　高校・大学等における図書館との連携推進	○					○	○	○
	13　高齢者や障がいのある方へのサービスの推進	○		○					○
	14　公共施設等の図書整備の推進			○					○
市に関連する読書推進活動・連携の図書館の情報活動	15　ボランティアの育成支援の推進	○							○
	16　読書に関する記念日の周知と広報	○			○		○	○	○
	17　読書に関する情報の提供	○			○		○	○	○

図3-2　誰が何に携わるかも一目瞭然（恵庭市読書活動推進計画（後期）全39項目のうちP.14を抜粋）

恵庭市人とまちを育む読書条例　全文

　私たちのまちは、子どもから大人まで、だれもが等しく読書活動に親しむことができるよう、読書の環境づくりに力を注ぎ、市民とともに地域ぐるみで読書のまちづくりを推進してきました。
　読書活動には、多くのボランティアが参加し、市民と市が一体となった活動によって、豊かな読書環境や人と地域のつながりが生まれてきています。
　私たちは、多くの先人の努力により、このような環境が築かれてきたことに深く感謝し、これまで積み重ねてきた活動を、次の世代に引き継いでいくことが大切と考えました。
　ここに、私たちは「読書のまち」を宣言し、これからの読書活動の道しるべとなるこの条例を制定します。
　（目的）
第1条　この条例は、読書活動を通じてふるさとを愛する人を育てるとともに、人と地域のつながりを深め、心豊かで思いやりにあふれ、活力あるまちづくりを目指し、市民、家庭、地域、学校及び市が進めていく取組みを明らかにすることを目的とします。
　（定義）
第2条　この条例で使う言葉の意味は、次のとおりとします。
　(1)　市民　市内に居住する人及び勤務又は通学する人
　(2)　学校　市内の保育園、幼稚園、認可外保育施設、認定子ども園、小学校、中学校、高等学校、大学及び専門学校
　(3)　読書活動　読書、読み聞かせ、一斉読書、調べ学習、読書会、本のリサイクル及びその他の読書に関する活動
　（基本理念）
第3条　読書活動は、言葉や知識を学び、感性を磨き、創造力を豊かにし、生きる力を育てることから、いつでもどこでもだれでもが読書活動を行うことができるよう、市民、家庭、地域、学校及び市が一体となって環境づくりに努め、人とまちを育む読書活動を推進するものとします。
　（市民の取組み）
第4条　市民は、日常の生活の中で読書に親しみ、読書活動への参加や協力を通じて、互いに交流を図ります。
　（家庭の取組み）
第5条　家庭では、本との出会いを大切にし、読書を通じたコミュニケーションの深まりを目指し、年齢に応じた読書活動に取り組みます。
　（地域の取組み）
第6条　地域では、ボランティア活動などを通じて読書への認識を深めるとともに、市民、家庭、学校及び市と連携協力し、読書活動の推進に取り組みます。
　（学校の取組み）
第7条　学校は、日常の読書活動を通じて子どもたちに読書の楽しさを伝え、一人ひとりの望ましい読書習慣の形成を図ります。
2　学校は、様々な読書活動を通じて、ふるさとを誇りに思う心の育成に取り組みます。
　（市の取組み）
第8条　市は、読書活動の推進に関する基本的で総合的な推進計画を策定し、効果的に実施するため、市民、家庭、地域及び学校と連携を図り、一体となって読書活動の推進に努めます。
2　市は、すべての市民が日常の生活の中で等しく読書に親しみ、読書活動や交流ができるよう、環境づくりに努めます。
3　市は、読書活動に関わるボランティアの育成や支援に努めます。
4　市は、読書活動の推進にあたり、広く市民の意見を取り入れるとともに、必要な情報の収集及び積極的な発信に努めます。
　（読書推進月間）
第9条　市は、10月を「人とまちを育む読書推進月間」と定め、読書活動を通じて人と人とのつながりを深め、世代を超えたコミュニティづくりやまちづくりにつながる事業を行います。
　（委任）
第10条　この条例の施行に関し必要な事項は、別に定めます。
　　　附　則
　この条例は、平成25年4月1日から施行します。

図3-3　市民と行政で練り上げた読書条例（恵庭市読書活動推進計画（後期）P.33より）

4．図書館の自由と学校図書館

　近年，図書館の自由を題材にした小説やアニメーションがベストセラーになっているほか，広島に投下された原子爆弾に関する漫画が教育委員会により除去されたことがニュースやワイドショーで取り上げられるなど，図書館界だけでなく社会一般にも図書館と知的自由についての話題が広がっている。図書館の自由についてまず参照すべきなのは，日本図書館協会による，「図書館の自由に関する宣言」（**本書付録8**）である。1954（昭和29）年に採択され1979（昭和53）年に一部改訂を経たものの，長らく図書館界に浸透してきた同宣言では，「図書館は，基本的人権のひとつとして知る自由をもつ国民に，資料と施設を提供することをもっとも重要な任務とする」とした上で，資料収集の自由，資料提供の自由，プライバシーの保持，検閲の忌避について示している。例えば，資料収集の自由としては，（1）多様な，対立する意見のある問題についてそれぞれの観点に立つ資料を幅広く収集し，（2）著者の思想的，宗教的，党派的立場に捉われた排除をせず，（3）図書館員の個人的な関心や好みで選択しない，（4）個人・組織・団体からの圧力や干渉での収集の自由の放棄や紛糾をおそれた自己規制をせず，（5）資料の思想や主張への図書館および図書館員による支持を意味しない，としている。

　同宣言を理解するため，「図書館員の倫理要綱」も日本図書館協会のウェブサイトで参照したい。また，図書館の自由を尊重することは普遍性を有し，例えば，アメリカ図書館協会では「図書館の権利宣言」（Library Bill of Rights）において，すべての図書館が情報と思想のひろば（forums for information and ideas）であるとしている。また，2005（平成17）年に最高裁判所が下した船橋市西図書館蔵書破棄事件判決では「公立図書館は，住民に対して思想，意見その他の種々の情報を含む図書館

資料を提供してその教養を高めること等を目的とする公的な場」であり，図書館職員は「独断的な評価や個人的な好みにとらわれることなく，公正に図書館資料を取り扱うべき職務上の義務を負う」とした。この判決は日本の憲法学でも重要判例であるとされていることからも，図書館の自由は単なる職能団体の宣言ではなく，国家行政のルールとして定着するに至っている。

　「図書館の自由に関する宣言」は公共図書館を主眼として定められたものであるが，「すべての図書館に基本的に妥当するものである」ことも示しており，学校図書館との関係が課題となる。来館した利用者への資料の提供という受動的・中立的な機関である公共図書館と異なり，学校は教育機関であるため，社会の基本的価値を教え込む能動的な機能とのバランスをどのようにとるべきかがむずかしい。同宣言では「図書館は，読書記録以外の図書館の利用事実に関しても，利用者のプライバシーを侵さない」とされているものの，学校における探究的な読書指導では，児童生徒の読書内容に応じて読書の幅を広げていくことが不可欠であり，また，協働的な学習では互いの考えの交換が前提となっている。一方で，例えば，大人でもスマートフォンの閲覧履歴を他者に知られたくないだろう。履歴は心を映し出すと同時に，履歴からは必ずしも心を映し出せない。子どもたちが気恥しくなく不安なく利用できるように，私的な領域を尊重していくことも必要である。

　この点，アメリカには数多くの学校図書館裁判例がある。例えば合衆国最高裁判所は，教育委員会の図書除去が争われたピコ（Pico）事件において，学校図書館は静寂で知識に満ちた気品ある自由な場であり，生徒は未知を探り，カリキュラム外の分野や思想を発見しながら，考えを試し発展させるという判決を下した（Board of Education v. Pico, 457 U.S. 853 (1982)）。また同事件の下級審では，本が表す思想を受け入れ

がたく誤っており議論も考慮も禁ずるメッセージを，生徒や教員に公式的に示す萎縮効果に着目した。館外で読める事実は重要ではなく，除去の象徴性は，弾圧の脅威を引き起こすとした。つまり，特定の図書の非購入と除去は異質であることを示している。日本では，裁判になじまないとはいえ，多様な考え方から自分自身の生き方を選ぶ，民主主義の練習の場としての学校図書館が第二次大戦直後に期待された経緯を，尊重していく必要があるだろう。また，多様性の尊重なしには，現在の教育改革で重視されている，社会の急激な変化に対応できる能力は身につかない。多面的・批判的な思考訓練が客観的な判断力をはぐくむ。そもそも，同じ物事の反復よりも違う事象へ接することこそ思考は喚起されるものである。ただし，自由とは単に抵抗を意味するのではない。明日を生きるためにさまざまなメディアを注視し，真実へ少しでも近づくことで，社会全体の学びは深まっていく。「真理がわれらを自由にする」という国立国会図書館の設立理念からもわかるように，子どもたちを自身の思い込みから解き放ち，探究を通じて無限の可能性へと導く教育の専門家としての重責を司書教諭は担うのである。

参考文献

●松尾聰・永井和子『新編　日本古典文学全集18・枕草子』（小学館）
●文部科学省「子どもの読書サポーターズ会議」（https://www.mext.go.jp/a_menu/shotou/dokusho/meeting/index.htm）
●文部科学省「『教育の情報化ビジョン』の公表について」（https://www.mext.go.jp/a_menu/shotou/zyouhou/detail/1387269.htm）
●文部科学省「学校図書館の整備充実に関する調査研究協力者会議」（https://www.mext.go.jp/b_menu/shingi/chousa/shotou/115/index.htm）
●文部科学省「『学校司書のモデルカリキュラム』について（通知）」（https://www.mext.go.jp/a_menu/shotou/dokusho/link/1380587.htm）

●恵庭市立図書館ウェブサイト（https://cniwa-library.jp/）
●日本図書館協会「図書館員の倫理綱領」https://www.jla.or.jp/library/gudeline/ tabid/233/Default.aspx
●アメリカ図書館協会知的自由部編，川崎良孝・福井佑介・川崎佳代子訳『図書館 の原則：図書館における知的自由マニュアル　第10版』（日本図書館協会）
●全国学校図書館協議会編『学校図書館・司書教諭講習資料第7版』（全国学校図 書館協議会　2012）
●全国学校図書館協議会編『司書教諭の任務と職務』（全国学校図書館協議会　1997）

4 | 教育課程・方法と学校図書館

| 前田　稔

《**目標＆ポイント**》　学校図書館は，学校の教育課程の展開に寄与することが求められる。学校の教育課程について学習指導要領とのかかわりに触れながら把握する。
《**キーワード**》　教育課程，学習指導要領，教育方法

1. 教育課程と健全な教養の育成

　第3章で述べたように，「学校図書館法」によると学校図書館の目的は(1)教育課程の展開に寄与するとともに，(2)児童又は生徒の健全な教養を育成すること，にある。(1)と(2)の関係については，厳密な定義は存在せず，両者を対比して捉えるならば，授業の中での学校図書館活用を推進する文脈では，おおよそ(1)が各教科での学校図書館活用を，(2)が生涯にわたる人格形成の源としての読書活動を示すことになる。例えば，「授業の中で学校図書館が使われることが理想であるにもかかわらず，(2)に終始している地域が依然として存在している」といったかたちで使われる。また，学校図書館と公共図書館の違いを説明する際には，(1)が学校教育の役割や，読書の習慣化に向けた教育方法を重視するのに対して，(2)は公共図書館と同じく読書は純粋に個人的かつ自由な営みであることを出発点とする。例えば，「公共図書館のように受け身で利用者を待っているのではなく，(1)の側面で積極的に子どもに働きかける必要がある」ともいわれる。良書主義との関連では，それぞれ

の図書の評価について，(1)各教科を起点とする教科横断的な探究活動での理解の深まりに寄与するか否かを内容中立的に判断していく場面と，(2)社会的に健全であることを重視しながら常識としての教養の視点を重視していく場面に分けられよう。司書教諭と学校司書の役割に注目する際は，(1)について，教育の専門家として学校教育への深い知識・理解を有する司書教諭の役割の重要性を示し，(2)では，それぞれの学校図書館における蔵書や，流通する出版物の内容に通暁した図書の専門家としての学校司書への期待を表すものといえるだろう。

　一方，(1)と(2)を一体的に捉えることが，教育界の現状に合っている面もある。特に，OECD（経済協力開発機構）の PISA（生徒の学習到達度調査）において，日本の子どもの読解力が不足していることが社会問題化し，学力向上に向けた言語力を重視した読書政策が進んでいることに注目したい。PISA における読解力とは，「自らの目標を達成し，自らの知識と可能性を発達させ，効果的に社会に参加するために，書かれたテキストを理解し，利用し，熟考し，これに取り組む能力」のことである。「下線部の『それ』が意味する内容として正しいものはどれか」といった，いわゆる国語の試験問題文における正解のある長文読解のことではない。科目横断的・基礎的な能力として，PISA では数学的リテラシー・科学的リテラシーと並んで，3つの柱の1つを構成している。これまで，PISA 型の学力と関連する子どもの生活習慣について，さまざまな角度から調査が進められているが，特に統計学的に有意な要素として，読書活動が注目されつづけてきた。2005（平成17）年に「読解力向上プログラム」が策定され（図4-1），発展的な学習の推進，朝読書や全校一斉読書活動の普及などと相まって，その成果として，2009（平成21）年には，「読解力を中心に我が国の生徒の学力は改善傾向にある」と文部科学省は分析している（図4-2）。授業外の学習・朝読書・発

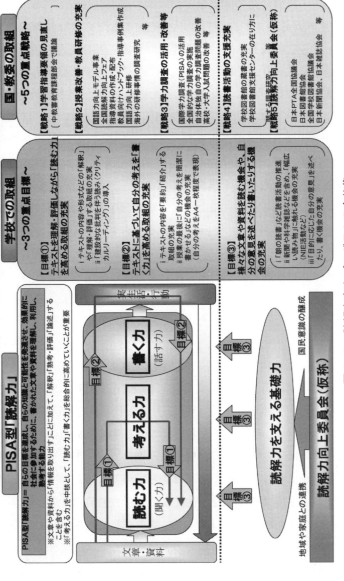

図 4 - 1 読解力向上プログラムの全体像

[出典：文部科学省ホームページより。表示のずれは原文のまま]

展的な学習・読書活動の充実などが政策の重点を占めている。また，2007
（平成19）年から全国的に学力状況を把握するために行われている「全
国学力・学習状況調査」では，A問題（知識）とB問題（活用）の2種
類が出題されており，特に，B問題の力を伸ばすために読書教育や学校
図書館活用が有効であることが，各地でいわれるようになった。例えば，
読書時間が長い児童生徒のほうがB問題の正答率が高く，「読書習慣の
ある児童生徒はB問題で力を発揮する」ことや，「学校図書館を活用し
た授業は高学力層にも低学力層にも有効」であること，「様々な教科等
で図書館を活用した授業を展開することで」，B問題の「学力が大幅に
伸びた」学校があること（以上，大分県教育庁義務教育課「学校図書館
教育の意義」より引用），といった形で報告されている。PISA型読解
力の向上に向けた，全国学力・学習状況調査の実施と，B問題対策とし
ての地域の読書推進という一連の流れを背景に，学校図書館は，単に読
書好きの子どもが集う場なのではなく，不読者をなくし，全児童生徒の
日常的・習慣的な読書活動を充実させる支援の拠点へと変化しつづけて
いる。

　また，OECDの刊行物（PISA IN FOCUS 2011/8（September））では
次のように述べられている点にも注目したい。「楽しみで本を読むこと
は，読解力の習熟度と関連している。すなわち，PISA調査によって，
PISA調査の読解力で良い成績をあげている生徒と成績の悪い生徒との
決定的な違いは，生徒の読書に費やす時間よりも，楽しみで本を読んで
いるかどうかにあるということがわかっている。平均して，楽しみで本
を読んでいる生徒はそうでない生徒よりも学校教育の1年半に匹敵する
ほど良い成績をあげている」。そして，結論として次を示している。「日々
楽しみで本を読むことは，学校での良い成績や成人してからの読解力の
習熟度と関連があるにもかかわらず，今日では楽しみで本を読む生徒が

学力向上に関するこれまでの施策とPISA2009の結果

これまでの主な施策

○「学びのすすめ」公表（平成14(2002)年1月）
　→　①基礎・基本の確実な定着、②発展的な学習の推進、
　　　③宿題を出すなど家庭学習の充実や、朝読書の推進　など

○学習指導要領（平成15(2003)年12月）等の一部改正
　→　子どもの実態に応じた、発展的内容の指導を充実
　　（「学習指導要領の基準性」を明確化、教科書に「発展的な学習内容」の記述）

○「読解力向上プログラム」策定（平成17(2005)年12月）
　→　PISA型「読解力」の育成を目指し、読書活動の充実など、学校、
　　　国・教育委員会での取組を明示。

○「全国学力・学習状況調査」実施（平成19(2007)年4月〜）
　→　調査結果等を踏まえた、学校、国・教育委員会での取組による
　　　検証改善サイクルの構築。

PISA2009の結果

○読解力を中心に我が国の生徒の学力は改善傾向にある。
・各リテラシーとも、2006年調査と比べて、レベル2以下の生徒の割合が
　減少し、レベル4以上の生徒の割合が増加している。

しかしながら、<u>トップレベルの国々と比べると下位層が多い。</u>

○読解力については、必要な情報を
　見つけ出し取り出すことは得意だが、
　それらの<u>関係性を理解して解釈したり、</u>
　<u>自らの知識や経験と結び付けたりする</u>
　ことがやや苦手である。

（例）読解力の習熟度レベル別割合

	レベル 1以下	レベル 2	レベル 3	レベル 4以上
日本	13.6%	18.0%	28.0%	40.4%
韓国	5.8%	15.4%	33.0%	45.8%
フィンランド	8.1%	16.7%	30.1%	45.1%
香港	8.3%	16.1%	31.4%	44.3%

（「情報へのアクセス・取り出し」530点（平均正答率74%）、
　「統合・解釈」520点（平均正答率62%）、「熟考・評価」521点（平均正答率59%））

○数学的リテラシーについては、<u>OECD平均は上回っているが、</u>
　<u>トップレベルの国々とは差がある</u>（順位の幅　8〜12位）。

○「<u>趣味で読書をすることはない</u>」生徒の割合は、2000年調査から減少
　（44.2% ←55.0% ）したものの、<u>諸外国（OECD平均37.4%）と比べると依然</u>
　<u>として多い。</u>

図 4 - 2　実力向上に関するこれまでの施策と PISA 2009の結果
〔出典：文部科学省ウェブサイトより〕

少なくなっている。親や教育者の課題は，生徒が興味や関心を見い出せる読書教材を提供することで，読書が楽しいという感覚を植え付けることにある」。

このように，今や前記の(1)教育課程への寄与，と(2)健全な教養の育成は，別個に理解するだけでなく，車の両輪として，一体的に捉える視点も必要になっている。また，教育課程の展開に寄与することの意味として，従来は，外側から教育課程を支援することを指していた感もある。しかし，学校図書館を全面的に活用する総合的な学習の時間は教育課程の内側に位置づけられている。また，第3章で述べたように義務教育の目標に読書を含むかたちで，教育課程の源泉である「学校教育法」が2006（平成18）年に改正され，「学習指導要領」全般に読書や学校図書館，言語活動が頻出する状況が続いている。すなわち，教育課程の展開に寄与するという間接的な意味合いをこえて，読書推進が教育課程そのものを直接的に構成する割合が高まっており，上記(1)(2)のどちらからも説明しにくい状況が生まれている。司書教諭は教育課程の外側からの支援者だけではなく，カリキュラムマネジメントの主体でもある。学校経営の視点から学校における教育課程の編成に直接的・積極的に司書教諭が関与していくことが求められている。

2. 学習評価と学校図書館

読書活動が教育課程に直接的に含まれるのだとすると，読書や学習に学校図書館活用を上手に行う児童生徒と，そうでない場合とで，成績評価との関連で何らかの差異が生じていく可能性がありうる。本来，読書とは純粋に個人的・精神的な営みである点を重視するならば，健全な良書を推奨し悪書を非難することにつながる成績評価には人格形成と関わる慎重さが必要になる。一方，読書日誌が宿題となっている場合におけ

る未提出である事実や，引用や参考文献表記の妥当性，情報の取捨選択の的確性といった情報活用能力と関わる事項など，指導上に伴う学習評価の重要度はいっそう高まっている。また，量的に計測可能な場面よりもむしろ，質的な評価が必要な場面が多く，ポートフォリオやルーブリックといった手法の駆使が必要となる難しさもある。評価手法の最適解が見つかりにくいため，カリキュラムマネジメントの視点で，不断の改善を行っていくことが望ましい。

　学習評価には，学習活動を事後的に評価することが原則ではあるものの，評価によって将来の学習活動が影響を受けるという側面も有している。これまでのように，事実的知識や解答パターンの習熟が問われる状況では，読書と成績は無関係であるとして，特に高校生になると大学入試の優先順位が高くなり，読書活動が停滞する状況が指摘されてきた。しかし，生徒が日常的に何をどのように探究したかという主体性が問われる学校推薦型選抜と総合型選抜（旧 AO 入試）の導入が拡大しつつある。また大学入試センター試験が思考力型の大学入学共通テストとしてリニューアルされた。すでに学んだことを，未知の事象・状況の解決に向けて活用できる能力の評価に向けて，横断的な合教科・科目型の出題や，教科書の範囲外で常識の範囲内に属する総合型の出題が増加する傾向にある。また，将来的には，動画や長文も加わったコンピュータ方式（CBT 方式）の試験や，自動車運転免許の学科試験のように，各設問の学力水準をあらかじめ設定したうえで受験生ごとに異なる出題をする方式（IRT 方式）の導入が大学入試改革では目指されている。これらには，複数の文章を読み，そこで語られている内容の共通パターンを分析する分析的読解や，状況・問題・解決などのテーマに沿ったそれぞれの選択肢群から適切な選択肢を選び，その組み合わせを解答させる連動型複数選択問題など，読書習慣が生かされる出題が想定されている。日常

的な読書習慣とかかわる意識改革を，時間がないといいつつスマートフォンを操っている生徒のみならず，塾や予備校といった従来型の学習に固執する保護者に対しても，図書館だより等を通じて司書教諭が行っていくことが必要なのではないだろうか。

　このような大学入試改革に影響を多少なりとも与えているのは，国際バカロレア（IB: International Baccalaureate）である。IB はそもそも，世界各国から集まった国際機関職員の子どもたちに対する共通の教育活動から発展し，哲学的ともいえる，教科横断的な「概念」や「探究」を重視している。現在では国際バカロレア機構（本部ジュネーブ）が提供する国際的な教育プログラムとして定着している。世界の複雑さを理解して，そのことに対処できる生徒を育成し，生徒に対し，未来へ責任ある行動をとるための態度とスキルを身につけさせるとともに，国際的に通用する大学入学資格（国際バカロレア資格）を与え，大学進学へのルートを確保することを目的として設置されている。多様な文化の理解と尊重の精神を通じて，より良い，より平和な世界を築くことに貢献する，探究心，知識，思いやりに富んだ若者の育成を目的としており，学習者像として図 4 - 3 を示している。また，例えば 3 歳〜12 歳までを対象とした PYP カリキュラムでは，私たちは誰なのか，私たちはどのような時代と場所にいるのか，私たちはどのように自分を表現するか，世界はどのような仕組みになっているのか，私たちは自分たちをどう組織しているのか，この地球を共有するということ，という 6 つの教科横断的なテーマが中心となっている。

　IB の教育について注目すべきなのは，福田誠治がいうように（「国際バカロレアとこれからの大学入試改革」亜紀書房 2015），ものの成り立ち（概念）さえ理解しておけば，知識を探してそれをつかうことができ，探究型の教育が核心にあれば，異なるタイプの学習がどれでも促進でき

●探究する人
私たちは，好奇心を育み，探究し研究するスキルを身につけます。ひとりで学んだり，他の人々と共に学んだりします。熱意をもって学び，学ぶ喜びを生涯を通じてもち続けます。

●知識のある人
私たちは，概念的な理解を深めて活用し，幅広い分野の知識を探究します。地域社会やグローバル社会における重要な課題や考えに取り組みます。

●考える人
私たちは，複雑な問題を分析し，責任ある行動をとるために，批判的かつ創造的に考えるスキルを活用します。率先して理性的で倫理的な判断を下します。

●コミュニケーションができる人
私たちは，複数の言語やさまざまな方法を用いて，自信をもって創造的に自分自身を表現します。他の人々や他の集団のものの見方に注意深く耳を傾け，効果的に協力し合います。

●信念をもつ人
私たちは，誠実かつ正直に，公正な考えと強い正義感をもって行動します。そして，あらゆる人々がもつ尊厳と権利を尊重して行動します。私たちは，自分自身の行動とそれに伴う結果に責任をもちます。

●心を開く人
私たちは，自己の文化と個人的な経験の真価を正しく受け止めると同時に，他の人々の価値観や伝統の真価もまた正しく受け止めます。多様な視点を求め，価値を見いだし，その経験を糧に成長しようと努めます。

●思いやりのある人
私たちは，思いやりと共感，そして尊重の精神を示します。人の役に立ち，他の人々の生活や私たちを取り巻く世界を良くするために行動します。

●挑戦する人
私たちは，不確実な事態に対し，熟慮と決断力をもって向き合います。ひとりで，または協力して新しい考えや方法を探究します。挑戦と変化に機知に富んだ方法で快活に取り組みます。

●バランスのとれた人
私たちは，自分自身や他の人々の幸福にとって，私たちの生を構成する知性，身体，心のバランスをとることが大切だと理解しています。また，私たちが他の人々や，私たちが住むこの世界と相互に依存していることを認識しています。

●振り返りができる人
私たちは，世界について，そして自分の考えや経験について，深く考察します。自分自身の学びと成長を促すため，自分の長所と短所を理解するよう努めます。

図4-3　国際バカロレアの学習者像

るという点である。福田によると，海外のIB認定校を視察すると，ど
こでも学校図書館等を使う情報検索が盛んなようである。日本でも，大
学入試改革やIBの影響を受けて，高校教育が変化し，さらにその影響
を中学校も受けることが予想される。しかしながら，技巧的な受験テク
ニックや，設問パターン別の繰り返しが受験対策として，特に塾や予備
校で実施されるのであれば，入試改革の意義を没却させる。大学入試小
論文対策としての狭い領域の読書は従来から存在してきたが，今後は，
日常的な豊かな読書が結果として大学受験でも活かされる状況を，特に
高校の司書教諭は意識する必要があるだろう。

3．今後の教育－主体的対話的で深い学び・知識・概念・何ができるようになるか－

　従来，図書館が得意とする多元的なものの見方は，主に多民族国家に
おける社会的意思の統合や，意見の対立する事象における集団の意思形
成の文脈において，相互の理解と，そのための対話のプロセスを実現す
るものとして重視されてきた。そこでは，価値絶対主義に対する価値相
対主義として，善と悪，正しいことと誤っていることが，議論を通じて
成熟し，峻別されていくことが期待されている。いわば，思想の弱肉
強食の中で，社会的に悪や誤りであるとされている思想や，少数派の思
想を含め，すべての思想を議論の勝負の土俵に上げる助力者の役割を特
にアメリカの図書館は果たしてきた。議論に向けたアイディアや根拠，
さらには，議論の場を提供することがなされてきたのである。市民は傍
観者なのではなく，物事を多角的・多面的に吟味し見定めていく力（ク
リティカル・シンキング）を持つ当事者性が誰にも求められ，単なる多
数派支配ではない民主主義を成り立たせてきた。不安定な状況の中で，
自分の未来は自分で決め，その責任は自分自身で負うことを当然としな
がら，本当は誤っているかもしれないと仮定することや，立脚点の根拠

についての合理性を検討し矛盾点を明らかにしながら，一人ひとりの市民が賛否を表明していく。そこにおいて，結論の正統性を担保するのは，全員一致という結果ではない。一人ひとり違う人間なのだから結論が分かれても当然であるということを前提に，議論が公正に行われたのかというプロセスが重視される。図書館はパブリック・フォーラムとして，社会の中で尊重されてきた。

　この点，対話により，多様な価値観を持つ者で成り立つ集団における意思決定を主体的に行うことは，日本の学校教育では必ずしも重視されてはこなかった。一方で，同じ価値観を持つ集団であったとしても，他の集団への理解を積極的に進めることの重要性が教育界で意識されてきた。最近では SDGs が注目されているが，日本がユネスコを通じて世界に提唱した ESD（持続可能な開発のための教育）も大きな広がりをみせている。ESD は，持続可能な社会を創造し続けるための，価値観や行動を生み出す学習や活動を行う教育である。発展途上国の犠牲の上で先進国が成り立つのでも，地球の人的物的・有形無形の資源を一時的に消費し尽くすのでもなく，互いを知り，持続可能な社会づくりにむけた対話を行っていくことを重視する。共存共栄を実現しながら地球の文化を次の世代に受け継いでいくことに向け，心の世界を自己の狭い領域から他者や他の価値観への共感へと拡げ，行動の積み重ねにつなげていくためには，資料との偶然の出会いだけではなく，司書教諭が積極的に関与していくことが不可欠である。

　一方，このように異質性を同じ時間軸の中で把握するだけでは，日本の教育がなぜ変化しなければいけないのかが，わかりにくい。少子高齢化で国民の数が大きく減少していくことが見込まれており，また，情報通信技術の発展により，われわれのライフスタイルの変化が続いている。国際社会の一員としての，一人ひとりの役割も変わりつつある。これら

はすべて，時間軸における異質性である。前述した福田誠治はまた，東日本大震災の津波被害の際に子ども達が一人ひとり自律的に避難した事例である，いわゆる「釜石の奇跡」を取り上げながら次のことを述べている。「自分が今いる場所，目標地点までの距離，一緒に逃げる者の有無，残された時間の推定，その他思いつく条件を合理的に判断して決心し実践する力，それを教育学では『コンピテンス』とか『知力』と呼んでいる。パフォーマンスは想定された状況で実践できる力だが，コンピテンスは想定外の新しい状況で，あるいは想定以上の複雑な条件が絡み合った時，身につけた知識や技能を総合的に適用していく力のことを言う」。津波の際のように瞬時の判断が生死を決する極限の状況では，個人の自律的な意思決定力が問われる。非常時にチームとして，組織的に困難な目標を達成していく「絆」との両立が，日本の強みであるとして目指されつつある。

　今まで日本の教育は，教えるということは教員から子どもへの知識の移転であるという実証主義的な色彩が強く，知識は学習者自身によって構成されるという構成主義との緊張関係が続いてきたが，両者はともに知識を物体のように獲得させることをゴールとしている点で同じである。今後は，自分一人でなく，他者や，数多くの著者の集合体である図書資料群の力も使って，終わらない知識創造に前向きに挑み続けることが重要になってくる。なかでも，資質・能力との関連で深める必要があるのは，事実的な知識よりも，概念的な知識である。国立教育政策研究所によれば（「資質・能力を育成する教育課程の在り方に関する研究報告書Ⅰ」2015年），概念は「ほ乳類」や「重力」など，世界を理解するために，人類が創造してきた認識のための道具であり，よりよいものを求めて議論，批判，作り替えが可能であることが示されている。概念を理解するためには，その概念で人類がどのような問題を解こうとしてき

たかを捉える必要があり，知識の「量」ではなく，「質」を上げることや「概念」を深く理解するために，子ども自身が「自分の学んだことが何の役にたったのか」，「世界を新たに理解できるようになったのか」という世界や自己認識の刷新を通じた進歩が重要視される。

　そもそもすべての言葉は，概念としての側面を有し，学校図書館の存在は概念への深い理解と直結するものである。図書がウェブサイトと異なるのは，すべての図書には編集方針に沿った主題が固定化されている点である。そして，上位概念・下位概念が明確に定義づけられた日本十進分類法で配架された本棚こそ，教科・科目で分解された事象を，概念装置として知識として再統合する学習環境を成り立たせている。子どもたちが本棚を巡り歩きながら，背表紙を眺め，気になった図書を抜き出すことで，概念との出会いが続くのである。しばしば「探求」と「探究」の表記のどちらが正しいかという議論があるが，概念との関連でいうと，広く浅く漠然と概念の輪郭を求めるのが「探求」で，狭く深く明瞭に概念の重心を究めるのが「探究」であるといえるだろう。このいわば逆円錐形ともいうべき領域の容積を拡大しながら知識の質量を増やしていく場が学校図書館なのである。その意味では，概念の体系を認識するためには，卒業までに学校図書館のすべての図書をいったんは手に取ること，最低でも背表紙はすべて把握することを目指したい。

　日本十進分類法は単に情報に素早く正確にたどり着くための仕組みではなく，深い学びを導く原動力なのであり，図書の購入・案内表示・読書指導の際に，概念装置としての学校図書館のコレクションの存在を十分に意識していく必要がある。例えば，テーマ展示におけるテーマ設定の工夫ひとつで，子ども達の概念への理解は大きく変わる。科目横断型であれば足りるのではなく，その展示により多面的，総合的に，何かに役立つ活性的な知識としての概念への理解が深まることを目指すべきで

ある。何かに役立つとは，実生活に直接的に影響を与えることをイメージしがちであるが，そのようなことはまれである。現在の読書ないし学習活動から，どのような見方・考え方に接することができるか，そしてその見方・考え方が，どのように自分の未来に生きていくのかという点を司書教諭は十分に意識していくことが必要となってくる。

また，これまでは，教科と学年の一覧表がカリキュラムであったが，今後は，教科を緯度，資質・能力を経度とする学びの地図であることを意識する必要がある。ただし，その地図は平面的なものではなく，縦横無尽に山を登り丘を越え谷を下る三次元の地図をイメージするべきである。未知の事象に直面した際に，思考を通じた解決の糸口になるのが，学校図書館の本棚で体得した概念の地図である。あるいは，深い学びという点では，むしろ土木建築の設計図のほうがふさわしいかもしれない。これまでの教育は学力の高さのみを追ってきた。教科という柱を立て，横断的な梁をわたしながら，重力に逆らい，少しでも高い建築物をつくることを目指してきた。学校図書館はその建築材料を提供することで教育課程の展開に寄与してきた。

しかし，現在求められているのは高さではなく深さである。その場面では，重力に逆らわず，むしろ掘るのを邪魔している岩を取り除くなど，重力に逆らっている要素を取り除くことが必要になる。砂場では中心を掘ると周囲が崩れ，深さが同時に広がりをもたらす。高さを求めるのは，やりたくない勉強をいかにさせるのかという，重力に逆らった営みであるのに対して，深さは，人間は知ることや学ぶことが大好きな生き物であることを前提にしている。最小限の指導や干渉で，個性と能力を能動的に発揮させることで深みは増していく。あるいは，前者は西洋医学的，後者は自然治癒力を生かした東洋医学的ともいえるだろう。たとえアクティブに手足を動かしていたとしても，手取り足取りばかりでは，主体

的であるといえない。これまでは，カリキュラムや教科書という学びの
地図を持っていたが，今後は子どもたちが，自身の力で，行き方，生き
方を探り当てることを，見守り，助力することや環境づくりも重要にな
る。その意味で，学校図書館が学びを刺激する空間を用意周到に準備し，
子どもたちのプライベートな領域に潜んでいる主体性を，学校や学習活
動というパブリックな領域とつなげ，子どもたちがアクティブに学ぶ本
来の力を発揮させていくことが，教育課程の展開に向けた責任を負う司
書教諭に求められよう。

4．学校図書館と教育課程・教育方法

　2018（平成29）年に告示された学習指導要領では，学校教員の職務が
ますます広がる中で，改めて知識基盤社会における指導の高度化に重点
をおきつつ，学習指導要領の構造を再構成することで，変化の激しい社
会においても，生涯にわたって学びを深めていく一貫性を追求している。
そして，学習指導要領および学習指導要領解説では，以前に比べて読書
や学校図書館と密接な記述が数多く含まれているだけでなく，教育課程
における本質的な側面と密接な関係性を学校図書館がもつに至ってい
る。
　学習指導要領の特徴は，中央教育審議会による「幼稚園，小学校，中
学校，高等学校及び特別支援学校の学習指導要領等の改善及び必要な方
策等について（答申）」およびその中で提示する**図4−4**の構造に現れ
ている。社会に開かれた教育課程を中核に据えつつ，「何を学ぶか」，「ど
のように学ぶか」，「何ができるようになるか」という大きな三角形が示
されている。社会の縮図ともいうべき学校図書館は社会と学校をつなぐ
役割を果たしていくことになる。
　「どのように学ぶか」という部分で示されている，主体的・対話的で

学習指導要領改訂の方向性（案）

平成28年7月19日
中央教育審議会
教育課程部会
資料2

新しい時代に必要となる資質・能力の育成と，学習評価の充実

学びを人生や社会に生かそうとする
学びに向かう力・人間性の涵養

生きて働く**知識・技能**の習得

未知の状況にも対応できる
思考力・判断力・表現力等の育成

何ができるようになるか

よりよい学校教育を通じてよりよい社会を創るという目標を共有し，
社会と連携・協働しながら，未来の創り手となるために必要な資質・能力を育む
「社会に開かれた教育課程」 の実現

各学校における「**カリキュラム・マネジメント**」の実現

何を学ぶか

**新しい時代に必要となる資質・能力を踏まえた
教科・科目等の新設や目標・内容の見直し**

小学校の外国語教育の教科化，高校の新科目
「公共（仮称）」の新設など
各教科等で育む資質・能力を明確化し，目標や
内容を構造的に示す

学習内容の削減は行わない※

どのように学ぶか

**主体的・対話的で深い学び（「アクティブ・
ラーニング」）の視点からの学習過程の改善**

生きて働く知識・技能の習得
など，新しい時代に求められ
る資質・能力を育成
知識の量を削減せず，質の高
い理解を図るための学習過程
の質的改善

深い学び
対話的な学び
主体的な学び

※高校教育については，依然な事実的知識の暗記が大学入学者選抜で問われることが課題になっており，
そうした点を克服するため，重要用語の整理等を含めた高大接続改革等を進める。

図4-4　学習指導要領の構造とカリキュラム・マネジメントのイメージ

（平成28年12月21日「幼稚園，小学校，中学校，高等学校及び特別支援学校の学習
指導要領等の改善及び必要な方法等について（答申）」より。図は縦長に加工）

深い学びに関する学習指導要領の記述からは，量・質ともに学校図書館と強く関連する状況を以下のように見いだせる（総則第3・1 (1)）。「言語能力の育成を図るため，各学校において必要な言語環境を整えるとともに，国語科を要としつつ各教科等の特質に応じて，児童の言語活動を充実すること。あわせて，(7)に示すとおり読書活動を充実すること」。「情報活用能力の育成を図るため」「各種の統計資料や新聞，視聴覚教材や教育機器などの教材・教具の適切な活用を図ること」。「学校図書館を計画的に利用しその機能の活用を図り，児童の主体的・対話的で深い学びの実現に向けた授業改善に生かすとともに，児童の自主的，自発的な学習活動や読書活動を充実すること。また，地域の図書館や博物館，美術館，劇場，音楽堂等の施設の活用を積極的に図り，資料を活用した情報の収集や鑑賞等の学習活動を充実すること」。

　したがって，司書教諭は，子どもの主体性を最大限に尊重しつつ，対話を活性化させ，多様な見方・考え方の提供を通じて概念への理解を深めていくことを意識していく必要がある。

　また，前記の中央教育審議会の答申では，従来示されてきた「アクティブ・ラーニング」に関して「学習活動を子供の自主性のみに委ね，学習成果につながらない『活動あって学びなし』と批判される授業に陥ったり，特定の教育方法にこだわるあまり，指導の型をなぞるだけで意味のある学びにつながらない授業になってしまったりという恐れも指摘されている」として否定した。そして，「アクティブ・ラーニング」と「主体的・対話的で深い学び」の相違点として，「子供たちの読書活動についても，量的には改善傾向にあるものの，受け身の読書体験にとどまっており，著者の考えや情報を読み解きながら自分の考えを形成していくという，能動的な読書になっていないとの指摘もある」，「趣味のための読書にとどまらず，情報を主体的に読み解き，考えの形成に生かしてい

社会に開かれた教育課程

<学びの地図を果たすための6つの枠組み（中教審）>

① 「何ができるようになるか」（育成を目指す資質・能力）

社会や世界にどのように関わり、よりよい社会や世界の視座を形成するか〈関〉

学びに向かう力・人間性 読

思考力・判断力・表現力

知識　技能

概念的知識
事実的知識

21世紀型能力：「基礎力」（言語的リテラシー、数量的リテラシー、情報的リテラシー）

21世紀型能力：「思考力」（論理的・批判的思考力、問題発見・創造力、メタ認知）

21世紀型能力：「実践力」（自律的活動力、人間関係形成力、社会参画力・持続可能な未来への責任）

見方・考え方

〔要領解説〕
・物事の中から問題を見いだし、その問題を定義し解決の方向性を決定し、解決方法を探して計画を立て、結果を予測しながら実行し、振り返って次の問題発見・解決につなげていく過程

思考・判断・表現の過程

〈情〉
・精査した情報を基に自分の考えを形成し表現したり、目的や状況等に応じて互いの考えを伝え合い、多様な考えを理解したり、集団としての考えを形成したりしていく過程

・思いや考えを基に構想し、意味や価値を創造していく過程

新しい知識及び技能を既にもっている知識及び技能と結び付けながら社会の中で生きて働くものとして習得

② 「何を学ぶか」（教科等を学ぶ意義と、教科等間・学校段階間のつながりを踏まえた教育課程の編成）

③ 「どのように学ぶか」（各教科等の指導計画の作成と実施、学習・指導の改善・充実）

START 主体的・対話的で深い学び

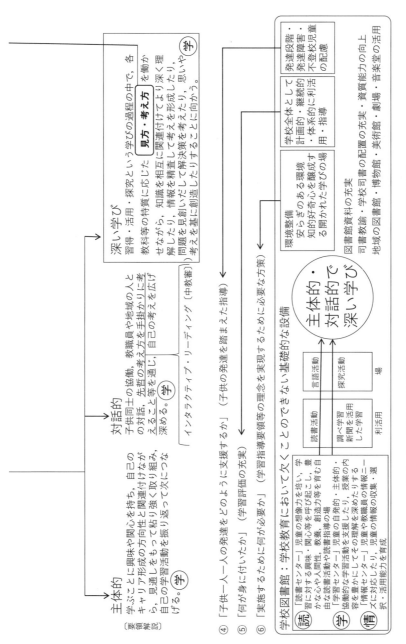

図4-5　教育課程の構造と本質的かつ広範に関する学校図書館

（学校指導要領・学校指導要領解説・中教審答申・国立教育政策研究所報告書等から筆者が作成）

く読書（インタラクティブ・リーディング）の重要性が指摘されている
ところである」と示している。これを反映して，学習指導要領解説では
「対話的」の解説として，「先哲の考え方を手掛かりに考えること」を含
めており，いわば「ひとりアクティブ・ラーニング」としての読書活動
が重視されている。それだからこそ，学校図書館の利活用が学習指導要
領全体で強く明示されているのである。

　「何ができるようになるか」，すなわち，育むべき資質・能力として
は，「知識・技能」「思考力・判断力・表現力」「学びに向かう力・人間
性」の三角形が示されている。学校図書館は，事実的な知識を正確に揃
え，見方・考え方を通じて概念的知識を深め，情報の入手に関する固有
の技能を身につける場である。また，喚起された思考力を通じて，自ら
の考えを試しながら，未来に向けて判断の選択可能性を広げるとともに，
選択しない理由を確信に高め，表現を受け・発する創造的な場でもある。
そしてさらに，これらが，学びに向かう力や人間性と強く結びつく場な
のである（図4－5参照）。

　次に，読書指導の方法としては，読み聞かせ，読書へのアニマシオン，
パネルシアター・エプロンシアター，ペープサート・指人形，ストーリー
テリング，ブックトーク，読書郵便，読書マラソン，ビブリオバトルな
どの手法がある。これらを，指導観点から整理したり（図4－6），い
かなる時期に，何の単元で，誰がどのように行っていくかについて，教
育課程との関係でも十分に検討することが必要である。例えば，青少年
読書感想文コンクールや読書感想画コンクールへの応募を，国語・図画
工作・美術の時間に割り振るなどの工夫が考えられる。

　利用指導については，現在では情報活用能力の育成と再定義されるこ
とも多い。全国学校図書館協議会が公表している「情報・メディアを活
用する学び方の指導体系表」を基礎にしつつも，各学校の実情に合わせ，

Ⅰ 指導目標	興味	○ **読書興味喚起の指導** ・読書の楽しさを知り，読書に親しみ進んで読もうとする態度を育てる
	領域	○ **読書領域拡大の指導** ・いろいろな読み物，読書量の範囲を拡大させる指導…多読賞
	必要	○ **読書必要性の指導** ・読書目的に応じて読書が必要であり読書が役立つことの体験をさせる
	選択	○ **情報選択能力の指導** ・自分に合った適切な読み物を自分で選ぶ指導　・良書や適書を選ぶ能力を高める
	発展	○ **発展読書の指導**　・分からないところや必要な部分を調べる ・授業で学んだことをさらに深く詳しく広げて楽しく読書しようとする態度育成
	習慣	○ **読書習慣の指導** ・読書が生活の中に溶け込み，楽しんで生活に役立つことを体験させる
Ⅱ 指導過程	導入	○ **読書意欲＝読みのレディネスの成熟を促進し，読書意欲を誘発する指導** ・間接的指導：図書関連の掲示や展示，図書だより，校内放送（放送委），新聞（新聞委） ・直接的指導：ブックトーク，ストーリーテリング，読み聞かせ，読書クイズ
	展開	○ **読書技能＝より正確に・有効に・深く読書するような指導** ・読書技能：正確度，速度，持続力，鑑賞力，批判力，比較力 ・指導の手だて：助言，話し合い，発表，問答，説話
	読後	○ **読後指導＝読書活動の目的や内容に応じ，適切な読後表現を身につける** ・自己表現能力：読後印象や知識を記録したり身につけて生活に役立たせたりする ・指導の手だて：読書会，読書記録，読書感想文，読書感想画，劇化
Ⅲ 資料内容・方法	主題	○ **主題先行型読書** ・指導目標，内容を決めて，それに合う図書資料を選定し指導
	題材	○ **題材先行型読書…課題図書** ・何を読ませたいかを決めてから，そこから派生する目標を系列化して指導
	読解	○ **読解重視型読書**　・アウトラインや主題，要旨をとらえさせる ・文字を正確に読む　・語句を正確に読む　・段落要点をとらえて読む　・文脈をとらえる
	鑑賞	○ **鑑賞重視型読書** ・感想画，読書感想文，発表会等をして鑑賞力を育てる指導
Ⅳ 指導形態	個別指導	○ **読書診断** ○ **観察指導** ○ **読書相談** ○ **レファレンス・サービス**
	集団指導	○ ブックトーク　　　　　　○ 読書クラブ　　　　　○ 読書記録コンクール ○ ストーリーテリング　　○ 読書会　　　　　　　○ 1年生への読み聞かせ（高学年） ○ 朝の読書タイム　　　　○ 読書発表会 ○ 全校朝会　　　　　　　○ 読み聞かせ（保護者の有志やボランティアなど）

読書指導観点表の例（『司書教諭ガイドブック　改訂版』より引用）

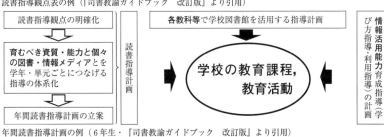

年間読書指導計画の例（6年生・『司書教諭ガイドブック　改訂版』より引用）

月	教科	単　　元	学　習　内　容
4	国語	本に親しみ，新しい世界を求める	・物語を読み，人物の心の動きを読み取る。
5	国語	筆者の考えをとらえて	・科学的な読み物・ノンフィクションの本に親しみ，文章の叙述に即し，内容を正確に読み取る。
6	社会	3人の武将と天下統一	・信長，秀吉，家康の天下統一の様子を読み取る。
7	理科	星の動き	・星に関心を持ち，星座物語などを読む。
9	国語	読書感想文を書こう	・テーマに合った本を選び，考えを深めて読書感想文を書く。
10	国語	豊かに想像して ・やまなし	・宮沢賢治の他の作品を読み味わい，日本語の表現効果に関心を持ち，物語のイメージを豊かに広げる。
11	社会	日本の歴史	・日本の歴史学習を振り返って，いろいろな歴史的読み物を読み，理解を深める。
12	国語	読書　未来を見つめて	・伝記を読み広げ，人の生き方を考える。
1	国語	詩の広場	・優れた詩を読み広げ，詩に親しむ。

図4-6　読書指導観点表と学校の教育課程・教育活動

学年や単元ごとの割り振りを明示しながら再構成を行うべきである。また，学校における教育課程を策定する際には，国語のみならず，さまざまな教科の時間内において適切に学校図書館活用を組み込んでいくことが必要になる。その際には，まずは採択している教科書から，学校図書館と関係する部分を，各学年ないし教科担当者の協力を得て抽出して学校図書館における各種の計画に反映させていくことがよいだろう。

参考文献

● OECD「PISA in Focus」01 Sept 2011（https://www.oecd-ilibrary.org/education/dostudents-today-read-for-pleasure_5k9h362lhw32-en）

● 文部科学省「平成29・30・31年改訂学習指導要領（本文，解説）」（https://www.mext.go.jp/a_menu/shotou/new-cs/1384661.htm）

● 中央教育審議会「幼稚園，小学校，中学校，高等学校及び特別支援学校の学習指導要領等の改善及び必要な方策等について（答申）（中教審第197号）」（https://www.mext.go.jp/b_menu/shingi/chukyo/chukyo0/toushin/1380731.htm）

● 司書教諭ガイドブック編集委員会『司書教諭ガイドブック改訂版〈改訂第3版〉』（埼玉県学校図書館協議会　2014）

5 校内体制の構築と教職員との協働

前田　稔

《**目標＆ポイント**》　学校図書館の経営や利活用は，担当者である司書教諭だけでなされるわけではない。学校内において学校図書館に関する組織体制（校務分掌）を明確にし，学校司書はもちろん，他の教職員，ボランティア，図書委員会とも協働していくことが求められる。「チーム学校」の実現に向けて司書教諭に何が必要なのかを学んでいく。
《**キーワード**》　校務分掌，司書教諭，学校司書，協働

1．チーム学校政策

　欧米では教員の業務は学習指導が中心であるのに対して，日本の学校教員は生活指導を含め児童生徒の人格形成に多面的・総合的に取り組んできた。その一方で，教員の多忙感が指摘されており，学校教育の機能が質・量ともにいっそう高度に求められている中で，学校や教員だけが課題を抱えて対応するのでは，十分に解決することができない状況にある。学校におけるマネジメントを強化し，専門スタッフ等と連携・分担する体制を整備し，組織としての教育活動に取り組む体制をつくりあげ，多様な地域人材等と連携・協働して，家庭や地域社会を巻き込み，教育活動を充実していく「チームとしての学校」の体制の整備が，教育政策の中で進みつつある。社会に開かれた教育課程の実現により，児童生徒が多様な価値観や経験を持った大人と接したり，議論したりすることで，より厚みのある経験を積むことが期待されている。

　このような状況の中で，2015（平成27）年12月に，中央教育審議会は

「チームとしての学校の在り方と今後の改善方策について」を答申した（**図5-1**を参照）。答申では「教職員総数に占める教員以外のスタッフの割合は，日本が約18％であるのに対して，米国が約44％，英国が約49％となっているなど，諸外国と比較したわが国の学校の教職員構造は，教員以外のスタッフの配置が少ない状況にある」ことが示されている。目指されるチーム学校の構成員には，スクールカウンセラーやスクールソーシャルワーカー，部活動指導員，特別支援スタッフ，地域連携スタッフなどが含まれているが，特に「授業等において教員を支援する専門スタッフ」として，ICT支援員，外国語指導者，補習等サポートスタッフのほかに，学校司書が掲げられている。

　同答申では，学校教育において欠くことのできない基礎的な設備（学校図書館法第1条）としての学校図書館の運営は，司書教諭と学校司書が連携・分担して行っていることが示されている。そして，学校司書の配置状況の拡大について，2014（平成26）年5月時点で，小学校では54.3％，中学校では53.0％，高等学校では64.5％となっていること，2014（平成26）年の「学校図書館法の一部を改正する法律」により，学校には，学校司書を置くよう努めなければならないとされたことが紹介されている（なお，その後の2020（令和2）年5月時点で，小学校では68.8％，中学校では64.1％，高等学校では63.0％となっており，小学校・中学校では学校司書の配置が大幅に拡充していることがわかる）。そして，国，教育委員会に対して，資格・養成のあり方の検討や研修の実施など，学校司書の専門性を確保する方策を検討・実施すること，その配置の充実を図ることが提言されている。

　また，同答申では次のように述べられている。「育成すべき資質・能力を育むためには，」「習得・活用・探究という学習プロセスの中で，問題発見・解決を念頭に置いた深い学びの過程が実現できているかどう

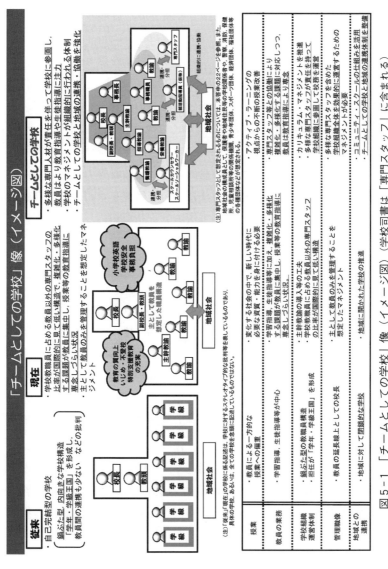

図 5-1　「チームとしての学校」像（イメージ図）（学校司書本は「専門スタッフ」に含まれる）

[出典：中央教育審議会答申より引用]

か」「他者との協働や外界との相互作用を通じて，自らの考えを広げ深める，対話的な学びの過程が実現できているかどうか」「子どもたちが見通しを持って粘り強く取り組み，自らの学習活動を振り返って次につなげる，主体的な学びの過程が実現できているかどうか」「といったアクティブ・ラーニングの視点から，子どもたちの変化等を踏まえて，自ら指導方法を不断に見直し，改善していくことが必要」である。「そのためには，教員一人ひとりが，子どもたちの発達の段階や発達の特性，子どもの学習スタイルの多様性や教育的ニーズと教科等の学習内容，単元の構成や学習の場面等に応じた方法について研究を重ね，一人ひとりの子どもの特性に応じたふさわしい方法を選択しながら，工夫して実践できるようにすることが重要」である。「教員が授業準備や教材研究，学校内外での研修等に参加するための十分な時間を確保していくことが，今まで以上に大切になる」。

　チーム学校の理念は，教員以外も力を合わせようと団結を単にアピールしているのではなく，教育課程や教員免許制度まで含めた教育改革の要となっている。チーム学校政策で主眼となる教員の時間確保は，主体的・対話的で深い学びの実現に向けて，きめ細やかな指導体制を目指すものであり，実質的に学校図書館が目指す方向性と軌を一にしていることに注目すべきである。このようなチーム学校政策により，学校司書の配置が全国的に進んでいるが，そのことにより，司書教諭の役割が減じられるのではなく，学校司書との協働性や，人的なマネジメントの力をさらに発揮していくことが求められる。学校図書館は，さまざまな教科・科目，学校の内外，幅広い年齢層と密接に関わる営みである。司書教諭がコーディネーターや授業者としての役割を発揮する場面がさらに期待される。

2．学校図書館における組織づくり

　すべての児童生徒が読書を楽しむことを，学校教育のあらゆる側面と関連付けながら習慣化していくという目標を実現するためには，全校をあげて読書推進に取り組むことが不可欠である。司書教諭が専門家として学校図書館の経営を中心的に担っていく際には，学校内外のさまざまな組織や人びとと連携体制を築きながら，適切な役割分担により能率的な運営を実現していく必要がある。

　まず，校長などの管理職は，文部科学省による「学校図書館ガイドライン」（**本書付録6**）で示されているように，学校図書館の館長としての役割も担っている。教育委員会が校長を学校図書館の館長として教育委員会が指名することも推奨されている。校務分掌組織としての図書館部は，司書教諭，図書館主任，学校図書館担当教諭（係教諭），学校司書らにより構成される。管理職と校務分掌組織としての図書館部との関係は，館長としての校長が学校図書館の経営目標や計画を最終決定し，方針を全校に向けて提示するマネジメントを行い，図書館部からは具体案の立案を管理職に対して行う相互関係となる。管理職には，学校全体の教育目標と学校図書館活動とを矛盾なく円滑に連動させる感性と深い洞察力が求められ，リーダーシップを発揮しながら指導助言を行い，校内の協働関係や教育委員会との連携を発展させることになる。学校全体の方針や，経営計画の中に学校図書館を適切に明記していくことが求められる。また，職員会議の中で計画を協議することで，教職員の参画に向けて理解を深めながら，他の校務分掌組織と連携しつつ，学校図書館を活用した読書指導，教科等指導を全校的に推進実施していく関係にある。特に，教務主任とは教育計画や指導計画の共同作成を通じて，十分に連携していくことが必要になる。

　また，養護教諭，栄養教諭も含めた幅広い協力体制の確立が不可欠である。さらに，児童生徒は単に学習の主体であるだけではなく，図書委員会を通じた経営参加者としての地位も併有する関係にたつため，学校図書館ボランティアも含め，多様な立場の参加者に主体的な参加を促す手腕が司書教諭に問われる。最近では，公共図書館や学校図書館支援センターとの連携や，調べ学習の一般化に伴う博物館との連携，さらには保健所によるブックスタート事業，幼稚園や保育園，公民館や児童館，近隣の書店との連携が求められる。地域の読書・情報ネットワークの一員として学校図書館が役割を果たすことや，それに向けた司書教諭の重要性が増加している。また，幼小連携や，高大連携も含め，校種の異なる学校間での連携が注目される中，例えば小学生が幼稚園児への読み聞かせを行うなど，互いの学校で連絡・調整を積極的に行っていくことが望ましい。

　このように，学校図書館活動には学校側や教員との連携や，図書館運営上の情報管理やサービス，教育の補助，記録等の多くの作業を伴うことから，専門的なマニュアルの整備が望まれる。記録を残し，マニュアルに従って学校図書館経営を行うことで，たとえスタッフや教員が交替したとしても，時宜に応じた対処と安定した経営が継続可能となる。

　また，図書館だよりを充実させたり，学校だよりの中に学校図書館活動のコーナーを設けることを依頼したりすることで，学校内外で意識共有を進めていく。図書館だよりについては，新着図書，推薦図書案内，図書館行事，読書案内を中心とした児童生徒向けのほか，家庭での読書を支援する保護者向け，年間計画や学び方指導を周知するための教員向けの3種類をつくることが望ましい。図書館だよりは，学校内に掲示するほか，電子配信も含め関係者に向けて配布する。

　学校経営の中での司書教諭の重要な役割の1つに，研修の企画と運営

の仕事がある（第15章参照）。いかに素晴らしい学校図書館が整備され
ていたとしても，すべての教員が学校図書館の意義を十分に理解した上
で，児童生徒への指導に活用しない限り，学校教育の水準向上には結び
つかない。複雑で高度な学校内における共通した課題を解決しつつ，教
員自らの資質能力の向上に向けた主体的な自己研鑽^{けんさん}を支援していくため
には，学校内の研究推進委員会や研修推進委員などの研修組織，校長な
どの管理職・教務主任等の校内関係者全体と連携・協議しながら，全教
職員とともに，計画的かつ組織的に，学校図書館に関わる研修の企画と
運営を続けていく必要がある。また，学校図書館の特殊性を反映し，学
校司書等の学校図書館スタッフや，学校図書館ボランティア等に対する
研修についても視野に入れ，司書教諭が習得した専門的知識を率先して
普及させることに留意したい。

　子どもたちにとって，1日24時間のうちで，学校の中にいる時間のほ
うが短い。その多くを学校外で過ごすため，家庭への働きかけが重要な
意味を有する。子どもの私生活と学校における公教育は分断しがちであ
るが，プライベートな興味関心とパブリックな学習活動が相乗効果をも
たらすことに向けて，学校外と学校とを結びつける大きな役割を司書教
諭が担っている。また，公共図書館と学校図書館の相互協力，それを通
じた教職員へのサービスの拡充，学校図書館の地域開放，博物館・公民
館・地域の商店との連携など，子どもをとりまくすべての人や機関が協
力して読書推進活動を行っていく。

　地域と学校という視点では，最近では，コミュニティスクールの一般
化にともない，学校運営協議会の中に，学校図書館に関わる活動が含ま
れることが多くなってきている。子どもが抱える課題を地域ぐるみで解
決する仕組みづくりや質の高い学校教育の実現を図ることが目指されて
いる。従来のボランティア活動やPTA活動が，学校の運営に制度的に

も組み込まれるようになってきたのである。そして，学校外の助けを学校が借りるという意識はすでに古いものとなっている。学校が，地域の生涯学習を促進する役割を果たすこと，すなわち，地域が学校を支援するという一方向の働きかけだけでなく，協働性・相互性が大事になってくる。相互に支援し合うということだけでなく，サービスを提供する側の学びも重視するサービスラーニングの考え方を促進していくことが望まれる。

3．学校司書との協働

2014（平成26）年度の「学校図書館法」改正に伴い，学校司書が法律上明記され，学校司書の配置への努力義務と研修活動の実施が定められた。かつて学校図書館が現在ほどには機能していなかった時代には，司書教諭と法的根拠を欠く学校司書のどちらが学校図書館を担うのかという議論が行われた。しかし，今や教育課程内外のあらゆる活動に読書を広く浸透・日常化させ，児童生徒の個性にあわせたきめ細やかな読書指導を行うことなしには，学校教育が成り立たない状況であり，学校図書館と関連する業務の量と幅がさらに拡大しつつある。学校ごとに異なる資料・施設・時数・指導スキルの制約の中で最善を尽くすべく，学校図書館の専門家である司書教諭と学校司書が密接に連絡・調整を行いながら，短期・中期・長期の計画をたて，役割分担を実現していくことが必要になっている。

司書教諭と学校司書の違いについて，司書教諭は主に学校図書館を活用した教育活動の企画や学校図書館活用の全体計画の作成，教育課程の編成に関する他教員への助言，情報活用能力育成に向けた直接指導を行うのに対して，学校司書は，日常の運営・管理，教育活動の支援を実施する。文部科学省が設置した「学校図書館担当職員の役割及びその資質

の向上に関する調査研究協力者会議」の報告書によると，学校司書の役割は次のようになる。

（1)読書センター機能：学校図書館が読書活動の拠点となるような環境整備・学校における読書活動の推進や読む力の育成のための取組の実施，(2)学習センター機能：司書教諭や教員との相談を通じた授業のねらいに沿った資料の整備・児童生徒に指導的に関わりながら行う各教科等における学習支援，(3)情報センター機能：図書館資料を活用した児童生徒や教員の情報ニーズへの対応・情報活用能力の育成のための授業における支援等。

これらの役割をふまえた学校司書の職務として，図書館資料の管理，館内閲覧・館外貸出などの児童生徒や教員に対する間接的支援や直接的支援に加え，各教科等の指導に関する支援など教育指導への支援に関する職務を担うこととなる。

具体的には，学校司書に必要な知識・技能としては，(1)学校図書館の運営・管理：学校における学校図書館の意義，情報や資料の種類や性質，図書館資料の選択・組織化及びコレクション形成・管理に関すること，(2)児童生徒に対する教育に関する職務：児童生徒の発達，学校教育の意義や目標，学習指導要領に基づく各教科等における教育内容，が上記協力者会議において示されている。

この点，司書教諭は学校や自治体とともに，学校司書への研修の企画や指導助言，支援体制の構築，役割・職務の周知を通じて，学校司書の資質能力を高めていく必要がある。

また，「学校図書館ガイドライン」では，まず，司書教諭については，「学校図書館の専門的職務をつかさどり，学校図書館の運営に関する総括，学校経営方針・計画等に基づいた学校図書館を活用した教育活動の企画・実施，読書指導年間計画・情報活用指導年間計画・学校図書館活

用単元計画の立案，学校図書館に関する業務の連絡調整等に従事するよう努めることが望ましい」とされている。また，「学校図書館を活用した授業を実践するとともに，学校図書館を活用した授業における教育指導法や情報活用能力の育成等について積極的に他の教員に助言するよう努めることが望ましい」と示されている。

　一方，学校司書については，「学校図書館を運営していくために必要な専門的・技術的職務に従事するとともに，学校図書館を活用した授業やその他の教育活動を司書教諭や教員とともに進めるよう努めることが望ましい」としている。そして，「児童生徒や教員に対する『間接的支援』に関する職務」（図書館資料の管理，施設・設備の整備，学校図書館の運営），「児童生徒や教員に対する『直接的支援』に関する職務」（館内閲覧・館外貸出，ガイダンス，情報サービス，読書推進活動），「教育目標を達成するための『教育指導への支援』に関する職務」（教科等の指導に関する支援，特別活動の指導に関する支援，情報活用能力の育成に関する支援）という3つの観点に分けている。

　学校教育法での位置づけでは，司書教諭は，教諭として現に雇用されている者であるのに対して，学校司書は事務職員あるいは，その他必要な職員としておかれている点で異なる。学校における教育的な作用は，教員免許状によって裏付けられた教諭のみで担うものと考えられていた時代には，この違いは決定的なものであった。しかし，学校の中で誰が教えてよいのかという点ではなく，学ぶ主体である児童・生徒を，誰がどのように教育支援職として携わっていくのかという前述のチーム学校の考え方が浸透し，また，学校図書館の役割として教科・科目との関わり合いが不可欠になる中で，学校司書が学校図書館法改正で法的に明確になった。学校図書館ガイドラインでは「学校図書館の利活用が教育課程の展開に寄与するかたちで進むようにするためには，学校教職員の一

員として，学校司書が職員会議や校内研修等に参加するなど，学校の教育活動全体の状況も把握した上で職務に当たることも有効である」と示されている。

　このように学校教育にさらに一歩踏み込んだ形で発展していくことが目指される中で，学校司書の教育的な専門性を担保するために，「学校司書のモデルカリキュラム」制度が創設された。学校図書館司書教諭資格のように，国家資格として位置づけられることが当初は期待されたが，国家資格を原則として増やさないとする政府の方針もあいまって，文部科学省の基準に準拠したかたちで，大学等における授業の単位認定や履修証明制度の仕組みに沿った制度となった。10科目20単位のうち，9科目は司書・司書教諭・教員免許の科目で読み替えることが可能であり，「学校図書館サービス論」のみが固有の科目となっており，放送大学等で新たに開講されている。このため，「学校経営と学校図書館」，「学習指導と学校図書館」，「読書と豊かな人間性」については，必ずしも司書教諭資格取得を目指さない受講生も含まれるように変化してきている。学校司書のモデルカリキュラムに関して大学等が発行した修了証明書を学校司書の採用等の際に活かすように，文部科学省から各自治体に通知されていることから，各学校の司書教諭や管理職も，その点に配慮した学校図書館運営が求められるところである。

　さて，次に司書教諭と学校司書の業務の違いについて，いっそう具体的にみていくことにする。2009（平成21）年に文部科学省の子どもの読書サポーターズ会議が公表した「これからの学校図書館の活用の在り方等について（報告）」が参考になる（**図5-2**）。以下，司書教諭と学校司書の役割分担について，図書館経営，学校図書館サービス，読書指導，評価の4つの視点で説明していく。なお，学校司書が勤務していない場合は，司書教諭や学校図書館担当教員が全体を担うことになる。

（1）図書館経営

　司書教諭が主導して行うべき管理運営業務として，図書館経営の目標や計画，図書館年間利用計画の立案がある。全校の教職員の意見をとりまとめつつ，自校の学校図書館の実態に合った書式や図表の構築を行う。一方，実務面を担う学校司書の日常業務として，まずは一般事務としての総務的な役割の庶務・会計をあげることができる。図書の発注伝票などの各種帳票を分類してファイルにしまったり，管理システムにデータを入力したりする。学校図書館で使用する画用紙，コピー用紙や筆記具などの備品の在庫をチェックし，必要に応じて発注する。学校内外の送付物を梱包・開包することや，地域の公共図書館からの団体貸出や学校図書館ネットワークを通じた相互貸借の図書を，専用のボックスに収納し発送する。学校図書館にかかってきた電話に出て対応し，司書教諭や管理職に取り次ぐことも含まれる。校内の会議室が埋まっていたり，活発なディスカッションを行う必要があるときなど，学校図書館が学校外の人との打ち合わせに使われる際には，案内や茶菓接待を補助することもある。貸出冊数をはじめとする統計資料や業務報告書，プレゼンテーション資料などの学校図書館と関わる資料作成を担う。その際は，数字や事例を正しく取り扱い，集計やグラフ作成を行う能力も問われることになる。このことは，予算や決算資料作成を通じた会計業務や，交通費等の経費の精算の際にも該当する。このような庶務のほか，照明や空調，防火設備の不具合の報告，本棚，ソファーや床・壁の汚損・破損の目視点検，業務用のパソコンや視聴覚機器の動作確認などの，施設設備・備品の維持管理も，学校司書の仕事に含まれる。

　司書教諭と学校司書の連携による管理運営業務としては，図書館活動の点検・評価を行い学校や教育委員会に報告する業務のほか，図書館便りやホームページの作成といった広報渉外活動がある。広報渉外活動に

~ 学校図書館は、管理職によるマネジメントの下、司書教諭、学校司書の専門スタッフが中心となり、各教職員の適切な役割分担により運営され、すべての教職員がこれを活用して指導を行う。~
（場合により、ボランティアの協力も得ながら。）

司書教諭
〔学校図書館の運営に関する統括〕
（：学校図書館を活用した教育活動の企画・指導の実施、教育課程の編成、見識する生徒への指導への助言）

学校司書
~ 専門的な知識・経験を有する学校図書館担当事務職員 ~
〔学校図書館の運営に係る専門的・技術的業務、実務〕
（：学校図書館を活用した教育活動への協力・参画）

ボランティア
図書館ボランティア〔図書資料系（実務）の補助〕
読書ボランティア〔学校における読書活動への協力〕

図書館経営
- 図書館経営の目標・計画の立案※
- 図書館年間計画のとりまとめ※
- 図書館経営に関する統括
- 図書館活動の点検・評価
- 広報・渉外活動

図書館奉仕
- 児童生徒図書委員会等の指導
- 図書資料の選定・収集・廃棄決定
- 図書資料の分類
- 専門的奉仕
- 図書資料の受入、装備、保存整理、索引の作成
- 図書資料の目録・索引整理・修理
- 施設設備・備品の維持管理
- 庶務・会計
- 日常業務
- 掲示・貼付け
- 図書資料等の展示
- 館内閲覧・館外貸出の窓口業務

読書指導
- 図書館利用指導・ガイダンス
- 教員向け情報提供・教材等準備への協力
- 図書資料のレファレンス・サービス
- 図書（読み物）の紹介・案内
- 読書相談
- 読書指導に関する教員への助言・研修
- 読書活動の企画・実施
- 読書活動
- 読書活動への協力　読み聞かせ、ブックトーク、ストーリーテリング等の実演

教科等指導
- 読書指導計画の立案※
- 調べ学習等
- 情報活用力に関する児童生徒への指導
- 学校図書館を活用した指導に関する教員への助言・研修

実務的　専門的

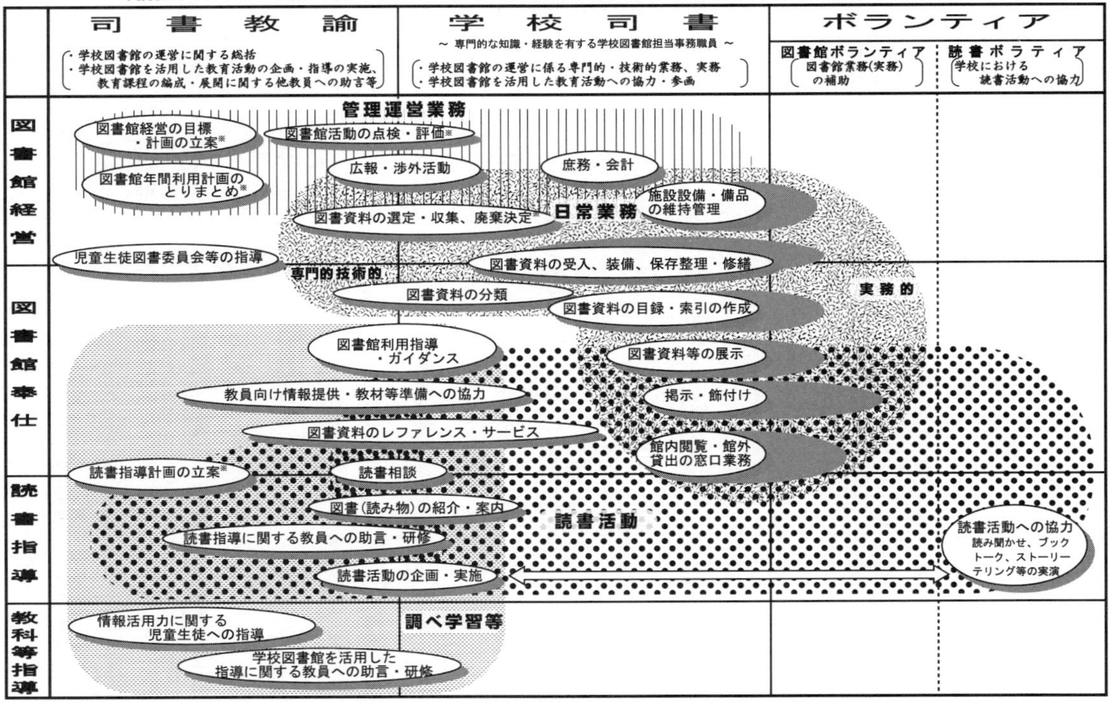

※ 計画の立案・とりまとめや、点検・評価、図書資料の選定等については、学校図書館の専門スタッフが中心となり、学校全体の協力を得て（各教職員の意見等を踏まえて）実施。

図 5 － 2　学校図書館の専門スタッフと読書サポーターズの役割分担例

〔出典：文部科学省「子どもの読書サポーターズ会議報告書」より引用。一部修正。〕

おける司書教諭の役割は，イベントが行われる時に，職員会議で各担任に案内することや，学校外の人や団体と連携して教育活動を行う際に，責任者として企画書・申請書を受領し，承認・非承認の判断をした上で，実施の際に監督することが含まれる。日常業務としては，図書館資料の選定・収集，廃棄決定を判断していくことになるが，司書教諭と学校司書で十分な事前準備と打ち合わせをした上で，学校の中での選定委員会を通じて合議で行っていくものである。

（2）図書館サービス

　図書館サービスに関して，児童生徒や教職員に対して提供・支援する内容については，司書教諭よりも学校司書の役割が大きな比重を占める。学校司書は図書資料の受け入れ，装備，保存整理，修繕までの一連の流れを担当するとともに，分類，目録・索引の作成といった基本的な実務を行う。図書資料等の日常的な展示や掲示，学校図書館を明るく居心地のよい学びの空間に演出する飾り付けは，学校司書の役割になる。これらは子どもたちに学校図書館の魅力を伝え，親しみを感じてもらう意味においても重要な営みであるといえる。授業と連携した展示・掲示に関しては，司書教諭や各教科の担当教員と十分に相談しながら学習指導の側面を有意義にしていく。館内の閲覧や館外貸出時の窓口・カウンター業務に関しても学校司書の職務に属する。ここまで紹介してきた学校司書の仕事は，実務的・事務的な側面を強く有することから，学校図書館ボランティアや図書委員とともに行う場面も多い。また，展示・掲示・飾り付けについては，学校図書館ボランティアの力を借りることで，変化のある新鮮で非日常的な環境づくりも可能になる。

　司書教諭と学校司書が共同して行うものとしては，図書館の利用指導やガイダンスがある。かつては，利用指導は図書館固有のものであり，

教科・科目の指導とは明確に分離されていたが，近年，情報活用能力の育成が重視される中で，年間の一定時期に限定して，使い方の基礎を学ぶだけではなくて，例えば小学校だったらば 6 年間をかけて教育していくように変化してきている。教育課程の 1 部分を担うと言う意味では，司書教諭と学校司書が，協力しながら行っていくことが大事になる。また，教員向けの情報提供や教材等準備への協力も，司書教諭と学校司書が協力し合う。この，教員向けのサービスは，学習活動と学校図書館を関連させる要とも言うべきものであるが，学校司書だけでは，それぞれの学校の教育課程や，学習指導要領全体，あるいは使用している教科書の要点がわかりにくい面が多いからである。一方で，図書資料へのレファレンスサービス，つまり図書館の本に関しての相談を受けるのも司書教諭と学校司書で共同して行っていくべきである。レファレンスサービスは，公共図書館のように，待ち構えていても，相談しに来ないことが多い。積極的に，子どもたちと関わりあってこそ，有効な受け答えができる側面がある。その意味で，子どもたちの日常を知る司書教諭が，本について，必ずしも精通していない場合でも，積極的に昼休みなどの時間に学校図書館内を歩きまわって，子どもたちと接していくべきである。子どもたちのニーズをつかんでいくことで，学校図書館の経営に関する方針も定まっていく。

　このほか，児童生徒図書委員会等の指導に関しては，主に司書教諭が行う。図書委員会の時間については，司書教諭が指導し，図書委員がさまざまなイベント等の準備のために活動する時や，窓口業務をする時などは，学校司書がサポートしていくことになる。

（3） 読書指導

　読書推進の側面では，おおむね司書教諭と学校司書とが協力しながら

行っていくことになる。図書の紹介や案内について，例えばブックトークのように授業の中で，一定の時間を使って，それぞれの教科科目と関連する本を案内していく活動がある。読書指導に関して他の教員への助言や研修を行うのも大事な役割である。また，読書活動の企画や実施も司書教諭と学校司書で行う。実施の際は，読書ボランティアとの連携も含まれる。読み聞かせやブックトーク，ストーリーテリングを学校外のボランティアの力を借りて行うことも多いだろう。読書相談を受けるのも司書教諭と学校司書である。読書指導の側面と図書館奉仕の側面の両方が含まれるが，子どもたちからの読書の相談を受ける意味では図書館奉仕であり，積極的に指導をしていく意味では読書相談は読書指導に含まれる。これらの読書指導をあらかじめ指導計画として立案するのは司書教諭の役割といえるだろう。

（4） 教科等の指導

　情報活用能力に関しての児童生徒への指導は司書教諭が主に行っていくことになる。また学校図書館を活用した指導に関する教員への助言や研修についても司書教諭の役割になる。一方で，調べ学習を実際にサポートするのは学校司書の仕事になる。

4．ボランティアや図書委員会との連携

　子どもの豊かな読書体験を願うのは，家庭や地域にとっても共通の願いである。前述のチーム学校政策のみならず，子どもと関わるあらゆる立場の者が協力しながら子育てをしていくことが社会に浸透していくなかで，PTA による学校図書館活動や，学校図書館ボランティアの重要性が増してきている。それはまた，主体的な社会参加による生きがいのある地域づくりに向けて，児童生徒たちを育てながら市民自身も育つ生

涯学習社会の実現の側面からも，有意義な活動であるといえる。2020（令和 2 ）年度の学校図書館の現状に関する調査（文部科学省）によると，学校図書館でボランティアと連携している学校数は，小学校78.7％，中学校27.9％，高校2.5％であった。小学校における数が高いのは，図書の読み聞かせを，その95％が実施していることが影響している。

　一方で，ボランティアの組織づくりに際しては，自発性を損なうことなく，最低限の規律を保ちつつ運営していくことが要求され，司書教諭のリーダーシップが不可欠である。学校主導の場合だけでなく，地域や保護者主導の場合があるが，司書教諭を中心に話し合いを通じて，校内外の意見の集約と調整を行っていくことが必要になる。特に，活動内容，時間，場所，完全に無償とするか否か，必要経費の手当，子どものプライバシー保護，ボランティア保険，名札，連絡帳などの事項については，あらかじめ十分に確認しておくことが必要である。作業マニュアルの作成，用具の事前準備，授業と関連した読み聞かせなどを行う際には，司書教諭は学校司書と綿密に打ち合わせる。校長や他の教員との調整をあらかじめ行った上で，ボランティアをコーディネートしていく。

　学校図書館ボランティアが活動する際には，学校教育の中での非日常的な関係性を通じて子どもの興味関心を高めることを大事にしたい。活動内容としては，次の事項が考えられる。(1)マスコットや小物，掲示物づくり，(2)ラベル・フィルム貼り，データ入力などの図書の受入・目録作成作業，書架の乱れを整える整理作業，図書の修理作業，蔵書点検作業，(3)ポスター作成や展示コーナーを通じた図書の紹介，読み聞かせ・紙芝居・ブックトーク・人形劇・ペープサートの実演等の活動，(4)新聞のクリッピング，美術館・博物館の訪問や旅行などを通じて家庭にある絵はがきやパンフレット等の情報資源の収集と整理，などである。ボランティアに依頼する際には，意欲を喚起するしかけを用意する

ことはもちろんであるものの，司書教諭と学校司書が行うべき学校図書館に関する専門的な業務についてまでも安易に委ねてしまわない配慮が必要である。

　次に図書委員会の指導について述べていく。学習指導要領における特別活動の一環として児童生徒によって組織される図書委員会は，放送委員会や環境美化委員会，飼育栽培委員会などと同じく，全国の多くの学校に存在している。今や，子どもたちの自発的に学ぶ意欲が重視される中で，図書委員は単なる作業要員なのではなく，教育活動の中に積極的に位置づけていく必要がある。学校生活を向上発展させ，より豊かにしていくために，児童生徒自身の発意を生かし，創意工夫しながら，学級と学校図書館をつなぐ役割を発揮させていく。学習指導要領との関係では，児童会・生徒会活動として，計画や運営，異年齢集団による交流，学校行事への協力を意識していくことになろう。計画や運営に際しては，司書教諭の適切な指導のもとに年間や学期，月ごとに活動計画を立て，役割を分担し，協力して運営にあたる。具体的な内容，方法，時間などについて，あらかじめ司書教諭が基本的な枠組みを定めておきつつ，児童生徒自身がより具体的な活動ができるような弾力性を備えておく。発達段階に応じて活動目標が無理なく達成されるように配慮するとともに，各教科での学習が生かされるような図書委員会活動を心がけながら，図書委員会活動で身に付けた自主的，実践的な態度を学習に反映できるように指導計画を立案する。また，他の委員会活動や学級会やクラブ活動，家庭・地域・公共図書館・博物館と相互の連携・協力を図っていくようにする。学年や学級の異なる他者と楽しく触れ合えるような交流を促進し，人間関係を深められるようにする。学校行事への協力や積極的な参加により，相互の連帯感を深め，活動の幅を広げ，図書委員会活動の充実に結びつけていく。

　図書委員会の活動については，係活動と当番活動を意識的に分けていく。係活動として係や班で分担しながら，資料の受入作業，掲示や図書新聞作成を通じた広報活動，読み聞かせ，展示・掲示，入館者数・貸出冊数・読書動向などの調査統計を行っていく。当番活動としては，貸出・返却，予約の受付，館内の整理・整頓，日誌の記入・集計などがある。

参考文献

●中央教育審議会「チームとしての学校の在り方と今後の改善方策について（答申）（中教審 第185号）」（https://www.mext.go.jp/b_menu/shingi/chukyo/chukyo0/toushin/1365657.htm）
●対崎奈美子・山田万紀恵『学校図書館ボランティアへの期待』（全国学校図書館協議会　2016）

6 | 学校図書館の経営

前田　稔

《**目標＆ポイント**》　学校図書館の経営について，目標管理を通じたマネジメントサイクルを参照しながら，企業における組織形態との比較をしつつ学ぶ。さらに，学校図書館の経営計画と運営について概観することにより，次章以降で展開する各論的事項を経営の観点で位置づけていく。
《**キーワード**》　学校図書館の経営，マネジメントサイクル

1. 能率的なマネジメントサイクル

　私たちの目指す学校図書館とは，どのようなものだろうか。本の中には心が宿っているものと考えてみよう。図書館学では物体としての図書を整理・保存することに目が行きがちであるが，著者の思想や魂が紙の中に込められていることを重視したい。そうだとすると，学校図書館は心であふれかえっていることになる。本の中の心，子どもたちの心，教職員の心。それぞれのふれ合いの中で，一人ひとりがその存在と生きる意味を分かち合う。何もせずにそこにいることが許される，学校の中でも特殊な空間でありつつ，何もせずにそこにいると，何かがしたくなる。たくさんの心に囲まれながら自分自身の心も動き出し，時間を忘れて夢中になっていく。不思議な世界への入口としての学校図書館は，人生を変えてしまうほどの出会いの場，心地よく落ち着ける居場所でもある。学びと安らぎの空間を通じて得られた知ることの喜びは，一人ひとりが大切にされている実感をもたらす。本棚は社会の縮図であり，読書活動

は社会への自己のあり方の問いかけにほかならない。失敗が楽しくなる魔法をかけられた経験は，未来への不安を決断への勇気へと転換させる。自己決定を揺るぎないものとし，自由な存在としての個が確立していく「心のひろば」をどのように形作っていくのか，それらを学校図書館の経営，すなわち子どもの心，全教職員の心を動かす営みを通じて目指したいところである。

　第1章では図書館の4要素とはメディア，施設，職員，利用者であることが述べられたが，それをさらに抽象化すると，図書館の要素は，資料，施設，人であるともいえる。これらの要素がすべて十分にそろっている学校に赴任し，司書教諭を発令されたのであれば，何をするべきなのかについて，それほど迷うことはないだろう。しかし，多くの場合，司書教諭の発令を受けても，これらの要素のうち，どれかが不十分である場合が多く，ときにはすべてが低い水準の状況で，学校図書館が全校的に活用される環境づくりをしていく必要に迫られる。何から手をつけるべきか戸惑い，精一杯の努力をすべく，自他を励ましながら，これまでの経験を総動員して奮闘することになる。

　しかし，このことはけっして誤っていないものの，学校図書館の科学的経営という視点からすると必ずしも適切であるとはいえない。今から100年ほど前にアメリカで工場の技師をしていたフレデリック・テーラー（Frederick Winslow Taylor）が，経験や勘に基づく成り行き管理の反省から，科学的な管理方法を提唱した。テーラーは，標準的な作業量を科学的に設定し，適切な作業量を工場労働者に割り振る管理の概念の礎を築き，このことが経営学の発展につながった。

　テーラーの科学的管理法は，昭和のはじめから中ほどに，上野陽一により日本に能率学として紹介された。心理学にも関心のあった上野が提唱した能率10訓（図6-1）によると，ムリ，ムダ，ムラの「3ム」が

> 1．どんな営みをするにもその目的と目標とを明らかにし，まずこれを確立せよ。目的と目標のはっきりしないところには励みが起こらぬ。
> 2．その目的と目標を達するために，もっとも適合した手段を選んでこれを実行に移せ。
> 3．もしその手段が目的と目標に適合していないと，あるいはムダあるいはムリを生む。
> 4．ヒト・モノ・カネをはじめ時間も空間もこれを十分に活用するような目的のために使え。活用が正しくないとやはりムダまたはムリを生む。
> 5．ムダとムリとはその性質相反し，世の中にムラを作り出す元になる。
> 6．ムラがひどくなると大事を起こす。常にムダを省きムリを除いてムラを少なくすることに努めよ。これを怠ると社会は不安になる。
> 7．能率とはムラを減らして全てのヒトとモノとカネとが生かされている状態である。
> 8．すべてのもの（ヒト　モノ　カネ　時間　空間）を生かすものは生かされ，これを殺すものは殺される。
> 9．人生一切の営みがこの能率の主旨に基づいて行われなければ，社会は安定せず人類は幸福になれない。
> 10．そのためには個人も家庭も企業その他の団体も，その営みを能率的に運営することが必要である。

図6-1　能率10訓
〔出典：産業能率大学ホームページより引用〕

能率を阻害するというものであった。例えば，1日に製品を100個生産できる作業員に，急ぎの案件だと言って原材料を200個分渡して夕方までに作り終えることを指示しても作業にムリが生じる。今日は原材料が足りないといって50個しか作れなければ時間のムダが多い。ムリとムダが繰り返されると，ムラが生じて能率的にならない。そのようなムダを生まないためには，適切な目標を設定することが，何よりも大切である，とした。そして，目標に応じて管理をすることこそ，全体としてのムダをなくすことにつながる。これを目標管理といい，今ではPDCAすなわち，Plan（計画）→Do（実施）→Check（評価）→Action（次年度の課題検討）を繰り返すマネジメントサイクルの重要性が教育界でも広

く知られている。図書館の要素である，資料，施設，人がそれぞれ能率的に機能するためのマネジメントサイクルを確立することが，学校図書館の経営にあたる司書教諭に期待されている。

　このように，目標もなく頑張るという姿勢ではなく，科学的な管理方法の実践が求められるとはいえ，それは機械の歯車のような非人間的な管理を意味するものではない点に注意が必要である。PDCAサイクルは，達成することを強制されるものでも，単に頑張れというものでもない。形だけPDCAサイクルを回す状況が，企業経営では「PDCAクルクル病」と揶揄されることもある。本来は，自己設定した目標に対して，進捗を管理していくことにこそ意味がある。原因の分析と改善の試行を繰り返しながら，やがて未経験の事態にも指示をうけずに適切に対処できる自律的な組織体に発展させ，成果を上げていくことが期待されている。変化の激しい社会というキーワードとPDCAサイクルの実現は表裏一体であるといえよう。

　実業家である鳥井信治郎はかつて「やってみなはれ。やらなわからしまへんで」と説いて新事業の立ち上げを承認し，進言した側には「みとくんなはれ」という責任感が生まれそうである。失敗を恐れずにPDCAサイクルのプロセスに参加し，自分のアイディア全体に寄与したときには，誰かの指示を受けるのとは異なり無責任ではなくなり，能力が発揮されていく。そのためにも，誰からでも客観的に評価が可能な具体的な目標設定が重要になる。確かに，テーラーは，労働者の動作をストップウォッチで計測して標準的な作業量を科学的に決めて出来高払を行ったことで有名である。このような効率の追求を第一とした管理手法は批判を受け，労働の主体性との両立を目指し，経営学は発展していった。

　利潤の追求を目指す私企業に比べて，児童生徒の人格の完成を目指す教育では，なおさらのこと明確な計測がむずかしい側面が多い。つまり，

売上高や利益率といった量的な成果指標が少ないからこそ，学校では数値に置き換えられない質的な部分においても積極的にPDCAサイクルを通じて顕在化させる必要性が高い。したがって，他企業よりも相対的に優位となることに向けた目標設定とは異なり，学校では理想となる教育をあらかじめ想定することが求められる。また，何らかの学習到達目標の達成が重視される各教科の教育に対して，学校図書館は本質的に，無限の可能性に向けて児童生徒の人格や学習を拡げていく存在である。学校図書館の特殊性を反映しつつ，科学的経営を追求するためには，可視化が不可欠である。学校全体の経営計画と，学校図書館経営計画の両面を通じて，司書教諭が専門性を発揮しながらマネジメントサイクルを追求しつづけることが期待される。その際には，学校の通常の仕組みの中に学校図書館を入れ込んでいく工夫，すなわち学校図書館や読書という文字が学校の全体計画に入るだけでなく，それが機能し，学校をいままでよりも少しずつよくしていく工夫が大事になってくる。また，PDCAサイクルにおける結果の原因や課題の分析に際して，特定の個人といったヒトに責任を負わせるのではなく，あくまでも，手順や環境などのモノ・コトの仕組みの改善につなげていく。

2．学校組織と司書教諭

（1）学校組織の中における司書教諭

　学校図書館の経営は，学校経営の一部を構成する。「学校の教育課程の展開に寄与するとともに，児童又は生徒の健全な教養を育成する」（「学校図書館法」第2条）目的を達成するための経営組織として，継続的に安定した学校図書館運営がなされなければならない。

　では，学校全体の経営の中で，教職員の集合体としての学校組織と，司書教諭との関係をどのように位置づけるべきであろうか。企業組織を

参考にしてみよう（**図6-2**）。しばしばわれわれがイメージするのは，(a)ライン組織である。指揮命令の系統が，上位の社長から下位の社員まで，1つのラインで結合している。上司から発せられた命令が，部下に伝達されるため，命令系統や責任範囲が明確で，ピラミッド型に整然とした秩序が保たれる一方，他部門との連携がむずかしい点や，意思決定が遅くなる欠点がある。すなわち，官僚的で縦割りともいわれる面を持つのであるが，一人ひとりの仕事の持ち分が明確で，すぐれた計画性があり，効率的に運用される場合は，全体として大きな力を発揮する。

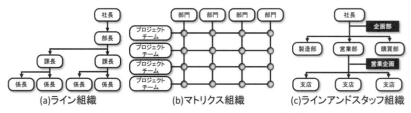

図6-2　企業におけるさまざまな組織形態

　これに対して，学校組織は(b)マトリクス（格子）組織に近いともいわれる。企業のマトリクス組織の場合，例えば事業部門とプロジェクトチームが格子状に組み合わされ，あるプロジェクトを執行するために事業部門が横断的に関わることになる。したがって，マトリクス組織は，並行的に複数の目標を達成させることや，柔軟な組織構造を得るためには適している。横断的に全体の見通しがよい反面，一人ひとりに対して複数の命令系統が存在し，縦横の利害調整や責任の所在の明確化がむずかしく，連絡や相談の時間が多く必要になる。

　一方，企業における(c)ラインアンドスタッフ組織とは，ラインを基礎に，常に支援活動を目的にするスタッフ部門を擁した組織であり，現在の多くの大企業が採用している。例えば**図6-2**の場合，製造部，営

業部，購買部がラインであり，企画部や営業企画のような支援の専門家がスタッフである。スタッフは，必ずしもラインと，直接的な指揮命令関係はないものの，専門分野に関して，ラインに助言や援助をする。組織が拡大するにつれて大きくなる上意下達の官僚主義を軽減し，コミュニケーションを促進する効果があるものの，ラインとスタッフのバランスが崩れると命令系統が混乱したり，専門家的立場の助言が生かされなかったりする。ピラミッド型の(a)ライン組織と，フラットな(b)マトリクス組織の中間的な組織形態であるといえよう。

　企業における組織のモデル論が，学校経営にそのまま該当するわけではないとはいえ，学校はフラットな(b)マトリクス組織に近いと考えられている。この場合，縦軸（**図6−2**の場合「部門」）に相当するのが，校務の遂行組織である教務部や指導部等の校務分掌であり，横軸（「プロジェクトチーム」の部分）が各学年団になる。「学校教育法施行規則」において，「調和のとれた学校運営が行われるためにふさわしい校務分掌の仕組みを整えるものとする」（第43条，第79条，第104条）と定められていることを反映し，各学校には，学校図書館を分掌する組織が設けられている。「図書館部」や「読書科」など，学校図書館と関連した名称がつけられることが一般的である。情報通信技術の著しい発達により，映像・放送・通信が融合した近年では，情報教育や視聴覚教育との一体化に着目し，学校図書館を中心とした「学習情報部」や「メディア教育部」が設置されることもある。いずれにせよ，資料の特性に応じた全体のコーディネートが目指されることに変わりはなく，ほかの組織の中の一部署ではなく独立した図書館部会や学校図書館運営委員会が組織され，計画的に活動することが求められる。

　各分掌組織の責任者として，教務主任，学年主任，保健主事，事務主任，生徒指導主事，進路指導主事等の担当者が置かれる。また，「必要

に応じ，校務を分担する主任等を置くことができる」（学校教育法施行規則第47条，第79条，第104条）ため，多くの学校に図書館主任が任意的に置かれている。司書教諭については，「学校図書館法」第 5 条第 1 項で「学校には，学校図書館の専門的職務を掌（つかさど）らせることから，司書教諭を置かなければならない」とされ，教育委員会や校長から職務命令により発令される。「掌らせるため」に「置く」と表記されていることから，司書教諭は，教諭が担当する校務分掌の 1 つないし校務分掌の担当者であると解されている。

　では，図書館主任と司書教諭の関係については，どのように考えるべきであろうか。実のところ，図書館主任は各学校が任意に置くことが原則であるために，権限範囲が法的には規定されておらず，司書教諭との関係はかなり曖昧なのが現状である。司書教諭が図書館主任を兼務している場合や，別の教員が担当していることもあれば，12学級未満の小規模校では司書教諭を発令せずに，図書館主任が実質的に司書教諭と同等の役割を担っている場合もある。一方，大規模校では司書教諭のほかに各学年ごとに図書館主任や図書部がおかれたり，複数名の司書教諭が発令されることも最近では増えてきている。司書教諭はいわば学校図書館の取扱説明書でもある。教職員だけでなく子どもたちにも，校内で誰が司書教諭なのであるかがわかるような工夫が必要である。

　マネジメントで大事なのは統率よりも応援である。全校で学校図書館活用に取り組むためには，教職員の潜在的な能力を発揮することに向けた支援が大事になってくる。図書館部の中で，特に有資格者として専門性を発揮することが期待されるのが司書教諭であることからすると，(b)マトリクス組織の一員としての役割のほかに，(c)ラインアンドスタッフ組織におけるスタッフと類似した，独立的な支援専門家として司書教諭を位置づけることができるだろう。したがって，ラインアンドス

タッフ組織と同じく，バランスが崩れると命令系統が混乱したり，専門家的立場の助言が生かされなかったりする側面があり，単に形式的に配置されるだけでは足りず，実質的に司書教諭の能力を十分に発揮できる校内環境の存在が重要になってくる。効率を目指すだけであれば(a)ライン組織的な運営が望ましいが，学校図書館は新しいことを生み出す空間であることを重視しつつ，学校における協働的・横断的な営みの要としての司書教諭の活動が期待されるのである。

（2） 学校経営における諸課題と学校図書館

　司書教諭は，学校経営全体との関わりの中で，学校図書館の経営に携わっていく必要がある。自校で日常的に生起するあらゆる課題解決に学校図書館を活用してもらうためには，学校全体の動静に気を配り，落ち着いて心のアンテナを張り巡らし，客観的・科学的に分析・考察することが大事になる。学校図書館が寄与・支援できることは何かを発見することを地道に積み重ねていくことで，学校図書館の存在が意義あるものになっていく。

　学校図書館の働きは学校経営の諸要素と数多く結びついている。館長である校長がリーダシップを発揮して学校のガバナンス改革の中に学校図書館を位置づけることを期待したい。学校図書館の管理運営規則などの方針類を整備していくほか，教育委員会の社会教育の関連の部署や公共図書館とも連携して学校図書館・読書活動を視野に入れながら，地域全体の生涯を通じた学びの発展を目指す必要がある。

　人事では，例えば学校司書の採用や評価に際して司書教諭が関与する面も大きい。服務の側面では，利用者の秘密を守る義務を学校全体に意識させていくことのほか，学校図書館は民間企業の出版物を数多く取り扱うため，職務の公正の関係でも慎重な配慮が必要になる。また，成人

年齢の引き下げに伴い，主権者教育の重要性が高まっているが，政治性を帯びた図書の選書に際しては，担当者の政治的な思想・信条と独立した専門的な選択であることが大事になってくる。勤務時間の適正化との関わりでは，学校司書の業務量が過多にならないように管理・監督する。学校における各種の研修に学校図書館活用を含めるように働きかけるほか，学校の情報公開の際に，学校図書館の営みを積極的に情報開示していくことで，学校内外の意識共有を進めていく。

　学校安全との関連では，生活安全，交通安全，災害安全の領域それぞれについて，自助的に考えることに寄与する資料や視聴覚教材を揃えることはもちろんのこと，安全マップ作りなどの安全教育の時間を学校図書館内で実施することが考えられる。緊急時に対処が必要なのは，学校図書館も例外ではない。学校図書館で事故が起きたときの対処を事前に十分に練っておく。例えば，地震の際に本棚が倒れたり，本が落ちたりする方向や程度について具体的に想定しながら，避難経路が確保されるように環境を整えることが考えられる。学校図書館における机の形状は，通常教室とは異なることが多いため，机の下に隠れる避難訓練も抜き打ちで実施するのがよいだろう。そして，学校司書や，地域のボランティアを含め，校内の連絡体制を含むマニュアルを整備し，内容を伝えておくことが，万が一の際に有益になる。

　最近ではカリキュラム・マネジメントという用語が注目を集めており，学校図書館が教育課程の展開に寄与することの意味を再検討していく必要がある。教育課程とは，本来的には各学校で最終的には策定するものであるものの，これまでは，学習指導要領をなぞったものになりがちであった。しかしながら，資質・能力を重視する教育へと転換する中で，何をどのように学ぶかを示している学習指導要領と，何をできるようにするかという資質・能力とを，結びつける必要に迫られている。い

わば教育が成果主義へと転換する中で，成功・失敗の結果に合わせて，各学校のカリキュラムを柔軟に変化させていくPDCAサイクルの確立が必要になってきている。

　この点，資質・能力の育成に特化するのであれば，教科科目を解体して，思考力科・判断力科・表現力科といった形で再編成するのがより直接的であるものの，そうではなく，それぞれの資質・能力と，各教科・科目がマトリクス状に交わる方式がとられている。その帰結として，教科横断性が重要な要素となる。各教科・科目が別個独立して資質・能力の向上を目指していては効果的ではない。思考力を育むのに，各教科がどのような役割を果たしているのか，表現力を育むのにどのように配分するのかと配慮することが不可欠である。各学校の重点目標を構成する資質・能力を，各教科・科目に配分・実施・再統合し検証する，俯瞰的なPDCAサイクルが，カリキュラム・マネジメントで求められる。

　そこで，学校図書館は本来的に，教科横断的な側面を有していることに着目したい。教科に特化した学習教材とは異なる，一般社会で流通しているコンテンツを扱っており，また学校図書館が目指しているのは，子どもたちの全人格的な成長だからである。校内のいわば教科横断教諭としての役割を有する司書教諭が目指すべきなのは，資質・能力と各教科・科目とをつなぎあわせる役割である。なかでも，地域の特色，校風・組織文化を教育課程に反映させていく場面や，学校における特色ある教育を単なる掛け声や単発的なイベントとせずに各教科・科目と連携させていく際に，学校図書館が寄与できることを示していく。年間を通じて子どもたちに開かれ，主体的に学びを深めていく場としての学校図書館を活用していくように館長である校長とともに各教職員に働きかけるとともに，展示や掲示などの積極的な関わり合いをもっていくことが有効になるだろう。例えば，中学校で必修になった「がん教育」では，単に

医師をゲスト講師として単発的に招くことに終始しがちである。保健体育科の単元実施の一時点ではなく，年間・生涯を通じて主体的に学び続けることに向け，生物のしくみや社会科的な動態への思考，生と死に関わる読書へとつなげていく働きかけを資質・能力と関連づけて計画的に実施していくことが考えられる。

3. 学校図書館の経営計画と運営

　学校図書館経営を円滑に行うためには，具体的かつ実現可能性のある，学校図書館経営方針・重点目標を明文化して全教職員に周知し，地域住民にも提示することが必要となる。司書教諭が中心となり学校図書館経営（運営）委員会が学校図書館に関する重要事項を検討し決定する組織体制を築きながら，職員や保護者，児童生徒の要望も反映させて討議を重ねて作成する。利害関係を有する幅広い立場の人びとに対して，計画立案のプロセスへの参加を促しながら，学校図書館への深い理解と主体的意識をはぐくむことは，計画実施の際に，全校的な学校図書館活用を基礎づけることにつながる。

　また，学校図書館経営計画の策定の際には，「ユネスコ学校図書館宣言」の理念，「学校図書館法」（**本書付録1**），「学校図書館憲章」を全教職員が理解し，経営や運営に反映される仕組み作りが必要になる。具体的な計画内容としては主として「経営事項」「情報事項」「教育事項」「メディア事項」が挙げられる。短期・中期・長期に分け，それぞれ1年，3～5年，10年といった期間を設けながら，それぞれの期間の分析や評価を行う事で，具体的な問題点などを浮き彫りにし，客観的に把握していく。ただし，情勢はその時々で変化するものであることから，計画の見直しはその都度必要となることはいうまでもない。

　さらに，学校図書館経営計画を反映した，学校図書館運営方針を明文

化し，全教職員，児童生徒，保護者に周知するとともに，前年度の学校図書館評価に基づいて，学校図書館年間運営計画の作成，改善を毎年行うことで，運営段階のレベルでの目標管理が実現される。すなわち，学校図書館の経営や運営の1年間の実態を記録してまとめ，保存しながら，学校図書館の評価基準に則り，図書館部，教職員，児童生徒が年度末に評価をし，PDCAサイクルを好循環させることが求められる。各種の研修会や勉強会，学会などにも参加し，新しい情報を得ながら，各種記録・表簿・書類を整理し，一括管理して一定年度保存することで，学校図書館経営計画を中・長期的に評価していく基礎資料が蓄積されていく。最近では，**図6-3**のように毎月，学校図書館活動報告書を作成し，司書教諭・校長の決裁を経て教育委員会に提出する自治体も増えてきており，活動が可視化されることで，課題の共有と改善が加速している。

　また，多様な情報メディアを学習面に配慮しつつバランスよく構築していくためには，校内で協議して定めたメディアの収集方針，選定基準，廃棄基準を明文化して，教職員，児童生徒および保護者，地域に周知することが求められる。メディアの点検（蔵書点検）や学校図書館での利用・貸出しの統計調査を定期的に行い，教員も含めた小委員会を組織し，定期的な意見交換をしながら，メディアの選択と除籍，廃棄を繰り返すことで，計画的な収集と整理，保存，提供が実現されていく。

　加えて，学校図書館経営計画，自治体や自校の管理運営規則類と整合性のある学校図書館規則類を明文化し，全教職員および児童生徒に周知していく必要がある。例えば，開館時間を児童生徒の登校時から下校時までと定めることや，プライバシー保護を明文化することが考えられる。その際，単に形式的な，館則，利用規程，貸出規程を定めたり，前例を踏襲したりすることでは意味がなく，学校図書館経営計画とともに不断の見直しが行われてこそ，計画と実施との間での橋渡しの一助として学

学校図書館教育全体計画

川越市立新宿小学校

学校教育目標・学校経営方針
やさしく
かしこく
たくましく

学校図書館に関する重点目標

・生涯にわたり，自ら学ぶ意欲・態度を育成する。
・学校図書館に親しみ，読書の楽しさと喜びを味わうことができるようにする。
・学校図書館及び図書館資料が効果的に活用できるようにする。
・学校図書館利用に必要とされる基礎的な知識・技能・態度を育成する。

各学年の読書指導の重点目標

	第 1・2 学年	第 3・4 学年	第 5・6 学年
読書指導	楽しんで読書をしようとする態度を育てる。	幅広く読書をしようとする態度を育てる。	読書を通して考えを広げたり，深めたりしようとする態度を育てる。
利用指導	学校図書館に親しませ，図書館利用の基礎的な事項を理解させる。	学校図書館の利用の仕方に慣れさせ，図書や図書以外の資料から情報を検索しようとする方法を身につけさせる。	学校図書館の資料を積極的に活用しようとする態度や目的に応じて処理できる能力を育てる。

各教科・はばたきタイム	道　徳	特　別　活　動		教育課程外活動	
		児童会活動・学級活動など	学校行事	個別指導	読書タイム
・知識や情報を適切に収集して，活用，保存することができるようにする。 ・読書に親しみ，望ましい読書力を高めると共に，読書活動を深化，拡充しながら各教科の目標達成に迫る。	・いろいろな読み物資料を通して，道徳的心情を豊かにする授業内容の充実を図る。 ・読書資料を通して，自主的に考え判断したり，主体的に価値を自覚し望ましい行為を選択したりする態度を育てる。	・学校図書館の利用指導に関する望ましい知識，技能態度を身につけさせる。 ・学級の読書活動と連携をとりながら，図書委員会の活動に参加させる。 ・学級活動を通して自発的に図書館とのつながりを深めさせる。	・読書月間行事などに進んで参加させる。 ・各種行事に資料を生かすことができるようにする。	・個人の興味，関心に応じた読書活動を奨励する。 ・読書マラソンカードの活用を図る。	・読書指導を強化する。(ボランティアによる読み聞かせ・ブックトーク，自由読書などを実施する。)

生　徒　指　導

・あらゆる機会を利用して豊かな人間性を育成し，自己実現を図る。

家庭・地域社会との連携

・PTA 及び公共図書館との連携を図る。
・図書館，学校，学年，図書館便り（ふくろうの森）による啓発。
・家庭における読書の習慣化を図る。
・読書ボランティアによる読み聞かせ。

図6-3　学校図書館教育全体計画の例（中島晶子氏提供）

教科	4月	5月	6月	7月	8・9月	10月	11月	12月	1月	2月	3月
国語（指導事項・学び方）	国語辞典の使い方（3）見出し語・つめ・はしら	声に出して読もう（1）短歌と俳句・いろいろな詩	きせつの言葉（1）／ほうこくする文章を書こう（10）気にとめた言葉・まとめ方	本は友だち（4）本をえらぼう「本をさがそう・しょうかいしよう」	インタビュー（2）（テープ使用）		れいをあげてせつめいしよう（6）「食べ物のひみつ・つながり・食べ物のひみつをおしえます」	組み立てを考えて書こう（8）「物語」・マッピングの活用	詩を楽しもう（4）自分だけの詩集を作る	ほうこく書を書こう（14）「本で調べて」（8）図書館の利用・目次索引の利用・まとめ方	物語を読んで紹介しよう（16）モチモチの木・斎藤隆介氏の作品から物語を紹介する／スピーチ大会を開こう「上手にまとめられた文章をしょうかいしよう」（学びのとびら）
読書指導	楽しい本だちら		読んで考えたことを発表しよう（8）「としょかんへ行こう」								
社会	こうして学んでみよう〜人にたずねて記録する〜（社会科ガイド・司書・検索用PC・図書カード・ドメール・モニター・返却ポスト）	図書館を利用してみよう〜司書・図書館カード・絵地図を見ながら調べよう（8）地図記号・方位・縮尺（学びのとびら 方位・縮尺）	わたしたちの区を調べよう・区の様子を調べる・計画の立て方（学びのとびら）	区の紹介ポスターを作る（学びのとびら ポスターの作り方・新しく作られた園・園地図号）	店のひみつを作ってみよう（学びのとびら 見学のじゅんび・そのとり方・メモの仕方）	はかりかたを調べてみよう／工場を見学しよう	まちのくらしを作ってみよう（学びのとびら）／工場を見学しよう	パンフレットにまとめよう（学びのとびら パンフレットのつくり方・広げ方・まちの人たちの仕事を調べる）	まちの人たちが受けつぐ行事・まちに伝わる行事・その調べかた	昔の道具とくらし・昔の道具を調べる・年表の作り方（学びのとびら 絵カードのまとめ方・おりたたみカレンダー・年表の作り方）	
算数					10000より大きい数を調べよう・人口の流れ方を調べる（年表）	長いものの長さのはかり方・図書で調べる・ものの長さ（やってみよう）					
理科			生き物をかんさつしよう（図）育て方は？生き物の名前を何かで調べる	チョウを育てよう（図）育て方はインターネットでも調べることができる・わたしの研究	植物の育ち（図）デジタルカメラで写真にとっておく・わたしの研究	虫を調べよう・体のつくり・こん虫ではない虫・体の出るところ・頭・胸・腹のくわり				生き生きをふりかえろう・一年間に学んだことをふりかえろう・学んだことを紹介しよう	
音楽					せんりつのとくちょう・ふじ山（○○○ふし）		ひなまつり	日本の音楽に親しもう・箏の音楽・声・映像資料	まほうで GO！（2）本をさがそう・たのしい三年生	音楽を楽しみしもう・物語と音楽「ピーター」	みんなのギャラリー・たからものからのおもろ
図工										身のまわりのかんきょう（1）・たのしいくらし・どこい明るさ	
保健								目標に向かって（伝）野口英世			
総合的な学習の時間		かいこを育てよう（19）・インターネットも使おう						日本のまちについて調べよう（5）・ファイル資料を作る		限界をつくらない（5）・限界の場を広げよう（伝）中村俊輔	
道徳						つなぐいのち（1）・りょうりの（1）自分の（1）番へのものがたり		ひとなさま（伝）山下清	新学（伝）トーマス・エジソン		
学級活動	図書館オリエンテーション〜その他の施設の利用					読書生活をふりかえろう・この一年間に読んだ本をふりかえろう・読んだ本を紹介しよう					

図6-4　学校図書館活用単元計画の例（2012年度：小学校・第3学年　徳田悦子氏提供）

（網掛け部分は学校図書館内で実施、太枠は教室・特別教室・校外など学校図書館外での実施、無印は教室内または学校図書館または教室内での実施）

学校図書館活動報告書（令和　元年　　5　月）

学校No. ███　　　　　　　　　　　　　███ ███ 小学校　学校司書（　　███ ██ ██　　）

| 開館日数 | 20日 | 貸出冊数 | 1633冊 | 貸出人数 | 1556人 | ※児童生徒分のみ |

| 図書館を使った授業　70 回　　　　（司書が関わっていないものも含む。） |

| 司書が支援した授業 ： 図書館　　70回　　図書館以外　　回 | 資料のみ提供　1回 |

学校司書が支援した授業《実施順に記入》

実施日	学年	組	教科	単元または教材名	司書の支援内容	場所
7日	4年	1・2・3組	国語	読書活動	ことばあそび「石走る・・・」 読み聞かせ「はじめての古事記」 紹介 新しい本	図書館
7日	5年	3組	国語	読書活動 富士山	読み聞かせ「富士山にのぼる」 テーマ読書 富士山の本を読もう 紹介 新しい本	図書館
7日	3年	1組	国語	読書活動	ことばあそび「かっぱ」「春風や・・・」 読み聞かせ「がんばれヘンリーくん」 紹介 新しい本	図書館
8日	3年	3組	国語	図書館利用指導 読書活動	ことばあそび「かっぱ」「春風や・・・」 読み聞かせ「がんばれヘンリーくん」 紹介 新しい本	図書館
8日	1年	3組	国語	図書館利用指導 読書活動	図書館オリエンテーション わらべうた「1つと1つ・・・」「にぎり・・・」 読み聞かせ「ねずみのともだちさがし」	図書館
8日		ひまわり	国語	読書活動	わらべうた「1つと1つ・・・」「にぎり・・・」 読み聞かせ「ねずみのともだちさがし」 「10ぱんだ」	図書館
9日	2年	2組	国語	読書活動	ことばあそび「ののはな」 読み聞かせ「エルマーのぼうけん」 紹介 新しい本	図書館
9日	6年	2組	国語	読書活動 カレーライス	読み聞かせ「クローディアの秘密」 紹介 教科書「この本 読もう」の本 紹介 新しい本	図書館
10日	2年	1組	国語	読書活動	ことばあそび「ののはな」 読み聞かせ「エルマーのぼうけん」 紹介 新しい本	図書館
10日	1年	1・2組	国語	図書館利用指導 読書活動	図書館オリエンテーション わらべうた「1つと1つ・・・」「にぎり・・・」 読み聞かせ「ねずみのともだちさがし」	図書館

その他（学校行事・委員会活動・上記に記入以外の司書の仕事等）
　　　7日　　先生方への資料配布（4月の図書館利用について）
　　　8日　　図書委員会
13・20・27日　読書活動支援チーム　読み聞かせ実習　図書館整備
　　　13日　　　　　　図書館より、図書館バッグ配布
　　　29日　　　司書研修

☐ 横断検索の更新
チェック

決裁欄

校長	副校長	図書担当	学校司書
███	███	███	███

図6-5　学校図書館活動報告書の例

〔提供：東京都杉並区〕

学校図書館の整備は、現場での現状把握としっかりとした計画による適切な予算要求から始まります。

　各教育委員会において、学校図書館の政策効果や整備充実についてよく検討するなど、それぞれの地方公共団体で議論を行うことが重要です。また、総合教育会議において、首長と教育委員会が協議・調整を行い、教育行政の大綱に学校図書館の整備計画を位置付けることも有効であると考えられます。

地方交付税措置の積算基礎に基づく学校図書整備費等の措置額の試算（モデル例）	
1. 蔵書・新聞に係る積算基礎／校（小学校18学級、中学校15学級） ① 小学校（蔵書・新聞）608千円 ② 中学校（蔵書・新聞）825千円	2. 学校司書に係る積算基礎／校 ① 小学校（学校司書）479千円 ② 中学校（学校司書）471千円

※ 上記1及び2は、平成26年度の単位費用積算等から試算した標準施設規模1校当たりの標準的な所要額（単年度）
　標準施設規模　小学校：児童数 690人、学級数 18学級　　中学校：生徒数 600人、学級数 15学級

〈モデル〉小学校10校（150学級）、中学校6校（80学級）の地方自治体の場合の試算

（蔵書・新聞）　608千円／18学級×150学級＋825千円／15学級×80学級＝9,467千円   （学校司書）　479千円×10校＋471千円×6校＝7,616千円   　　　　　　　　　　　　　　　　　　　　　　　　　　　　　　計　17,083千円

※ 基準財政需要額（一般財源ベースでの歳出規模）の算定に用いる測定単位の学級数は、義務標準法に規定する学級編制の標準により算定したものである。なお、実際の基準財政需要額算定の際は、寒冷補正（暖房費や除雪費等の増加需要）など、測定単位の数値を割増する補正がある。

【予算要求のフロー】

学校図書の整備や学校司書の配置そのものを目的にするのではなく、その整備充実により、いつまでにどのように学校を変えようとしているのかが整理されていないと、議会や財政当局には納得していただけません。

①状況報告等
⑥予算配賦

学校

総合教育会議
③協議・調整
④予算要求
⑤予算配賦

教育委員会　　　　　地方公共団体財政部局等

① 学校現場での整理、状況報告	② 教育委員会内での整理	③ 総合教育会議における協議、調整
・校長を中心に、教頭、教務主任、事務職員等による予算委員会を組織するなど、校内組織を生かして全校的な対応を図り、整備が必要な図書の優先順位付け、学校司書の活用方法等を検討。それを踏まえ、教育委員会に情報提供・要望	・学校現場で新規購入・更新が必要な図書の把握（学校からのヒアリング、他の地方公共団体の整備状況の照会等） ・図書館資料や学校司書に係る目標となる水準を明確化し、複数年次にわたる計画の策定 ・学校の意見を聴きつつ、図書館資料充実や学校司書の配置に伴う政策目標、政策効果等を整理（例えば、伝記や自然科学書等授業に直結する蔵書の割合を高める、読書好きの子供の数を増やす等具体的でフォローアップ可能な目標を定める。）	・教育条件整備に関する施策（学校図書館の環境整備計画の策定等） ④ 予算要求 ・政策効果等の説明に当たっては、必要に応じ、文部科学省の資料等を活用

図6-6　予算要求の方法

〔出典：『みんなで使おう！学校図書館』リーフレット（文部科学省）より〕

校図書館規則類が有意義に機能する。

　学校図書館の予算は経営や活動，運営を裏付けるものである。予算は自動的に配分されるわけではなく，司書教諭が教員としての身分に基づき，予算要求作業を積極的に調整していく必要がある（**図6-6参照**）。また，予算配分が適切になされなければ，円滑な図書館としての活動は不可能となる。印刷費，資料費，消耗費，運営費など多くの項目があるが，なかでも学校図書館の中核的な経費が，寄付や私費以外の資料費である。資料費の計上には，過去の事例を分析検討し，具体的な数値を出す必要があるとともに，毎年度の決算報告を行うことで，予算の検証と課題意識の全校的な共有化が達成されることとなる。

参考文献

●学校図書館研修資料編集委員会編『学校図書館 ABC 運営から指導まで　改訂3版』（全国学校図書館協議会　2004）

●全国学校図書館協議会編『学校図書館の活用名人になる—探究型学習にとりくもう』（国土社　2010）

●上野陽一「能率10訓」産業能率大学，（https://www.sanno.ac.jp/admin/founder/nouritsu10.html）

●長倉美恵子・堀川照代訳「ユネスコ学校図書館宣言」（https://www2.u-gakugci.ac.jp/~schoolib/htdocs/?action=common_download_main&upload_id=9465）

●全国学校図書館協議会「学校図書館憲章」（https://www.j-sla.or.jp/material/sla/post33.html）

●文部科学省「みんなで使おう！学校図書館」（https://www.pref.saitama.lg.jp/documents/52726/1360321_1.pdf）

7 | 学校図書館の評価と改善

設楽　敬一

《**目標＆ポイント**》　学校図書館の経営は，計画的・組織的に行われる。学校図書館の問題点・課題等は年度末の評価によって明らかにし，次年度以降の経営計画はそれらに対する改善策を盛り込んで立案する。どのように評価し，その結果をもとにどのように改善に結び付けていくかについて論じる。
《**キーワード**》　学校図書館の評価，評価基準，学校図書館の改善

1. 評価の意義と目的

　学校評価は，学校運営の改善及び保護者や地域から信頼される学校づくり，教育の質の保障と向上という視点で大変重要である。こうした観点から2007（平成19）年に「学校教育法」が改正された。同法第42条に「（前略）学校の教育活動その他の学校運営の状況について評価を行い，その結果に基づき学校運営の改善を図るため必要な措置を講ずることにより，その教育水準の向上に努めなければならない」と学校評価を定めた条項が新設された。学校評価については，すでに学校設置基準等でも規定されており，その中で，自己評価の実施と公表について述べられている。

　2008（平成20）年には，「学校評価ガイドライン」（文部科学省）が策定され，「学校図書館の計画的利用，読書活動の推進の取組状況」「図書の整備状況」等の記述がある。その後，「学校評価ガイドライン」は，2016（平成28）年に改訂された。このことから，学校図書館の評価は学校評

価の一環として実施されることが望ましい。こうした状況を踏まえて，全国学校図書館協議会（以下，全国SLA）では，2008（平成20）年に「学校図書館評価基準」を制定した。

　2016（平成28）年に文部科学省の学校図書館の整備充実に関する調査研究協力者会議がまとめた「これからの学校図書館の整備充実について（報告）」にも「学校図書館の評価」の記述がある。学校図書館の改善に向けて，校長は学校図書館の館長として学校図書館の評価を学校評価の一環として組織的に行い，外部の視点を取り入れ，改善の方向性を公表するなどを求めている。具体的な評価項目として，図書館資料の状況（蔵書冊数，蔵書構成，更新状況等），学校図書館の利活用の状況（授業での活用状況，開館状況等），児童生徒の状況（利用状況，貸出冊数，読書に対する関心・意欲・態度，学力の状況等）等について行うよう努めると明記している。さらに，評価は，アウトプット（学校目線の成果）・アウトカム（児童生徒目線の成果）の観点から行い，学校図書館のインプット（施設・設備，予算，人員等）の観点にも十分配慮するよう努めるとある。評価は，学校経営目標との整合性や妥当性を踏まえつつ，学校図書館の経営目標に対する到達度と達成度を測定することで，達成できない原因，日々の運営や実践の妥当性などを把握するとしている。

　学校の設備の1つである学校図書館は，その経営にあたっては文部科学省の学校施設整備指針を踏まえることが肝要である。学校施設整備指針によると，学校図書館は問題解決的な学習等における児童生徒の主体的・積極的な利用が望ましいとしている。また，活動範囲の中心的に位置することや学習センター，情報センター，学習・研究成果の展示のできる空間の整備なども有効であると記されている。こうした視点も含めて学校図書館の問題点・課題等を明確にするための手立てとして学校図書館の評価がある。学校評価と学校図書館評価の結果を根拠として学校

図書館の経営・運営の改善を繰り返すことにより，教育課程の展開に寄与する学校図書館の機能が発揮できるようになる。

　学校図書館は，「読書センター」としての機能に加えて，学習活動を支援したり，授業の内容を豊かにしてその理解を深めたりする「学習センター」としての機能や情報の収集・選択・活用能力を育成したりする「情報センター」としての機能が求められている。このように学校図書館は，学校教育目標を達成できるような機能の充実が欠かせないことから，学校経営委員会と連携しつつ学校図書館の目標を定め組織的，継続的に改善に取り組む必要がある。

　評価は概ね，次の視点で行う。

　　1．学校経営に即した目標であるかを明確にすること
　　2．教育課程の展開への寄与を明確にすること
　　3．児童生徒の活用を明確にすること
　　4．学校図書館担当者の役割を明確にすること

　他にも，地域の実態に応じた評価により改善の手がかりを得ることが有効である。

　学校図書館は，施設・設備や所蔵メディアなどの「モノ」だけではなく，こうした「モノ」を管理・運営したり利用者へサービスしたりする「ヒト」がいることでその機能を発揮できる。こうしたことを踏まえて，学校図書館の評価に，経営・管理の手法を取り入れるようになってきた。その1つとしてマネジメントサイクル（Management Cycle）がある。PDCA サイクルともいい，計画（Plan）を立て，実行し（Do），結果を振り返り（Check），改善（Action）に移すことである。このプロセスに沿って，評価を行って次年度の計画立案をすることで，逐次業務改善をはかることができる。

2. 評価の項目

　評価の項目を設定するにあたり，何のための評価であるかを念頭に置く必要がある。全国 SLA の「学校図書館評価基準」は，すべての学校の学校図書館を対象にした標準的な評価基準である。この基準は，学校図書館の経営，運営，環境，活動等に関する改善点を明確にし，次年度の経営・運営に有効となることを目的としている。評価の項目は，(1) 学校図書館の基本理念（3 項目），(2) 経営（7 項目），(3) 学校図書館担当者（4 項目），(4) 学校図書館メディア（12項目），(5) 施設と環境（19項目），(6) 運営（10項目），(7) サービス（5 項目），(8) 教育指導・援助（6 項目），(9) 協力体制・コミュニケーション（5 項目），(10) 地域との連携（10項目），(11) 学校図書館ボランティア（3 項目），(12) 他団体・機関との連携・協力（9 項目），(13) 児童生徒図書（館）委員会（7 項目），(14) 研修（4 項目）の14領域100項目である。

　この評価基準は，基本的な項目を網羅的に構成したものなので，これを参考にして，教育目標や学校図書館の経営方針，学校の施設・設備の状況，地域の特徴などを考慮して各項目の軽重を調整したり独自の評価項目を追加したりするなど自校にあった評価項目を検討していくことが望ましい。こうした評価項目は，経年変化を比較するために毎年実施するものと，学校経営目標や重点施策，学校図書館の改善の視点などに備えて追加や削除することなど柔軟に対応することが望ましい。各項目の概要を紹介する。

（1）学校図書館の基本理念

　「教育基本法」や「学校図書館法」はもとより「ユネスコ・国際図書館連盟共同学校図書館宣言」も視野に入れて欲しい。加えて，1991（平

成 3 ）年に全国 SLA が制定した「学校図書館憲章」には，理念・機能・職員・資料・施設・運営の各項目について基本となる指標を示している。

（ 2 ） 経営

経営とは方針と目標に基づき，学校図書館の規則・規程の制定，計画の立案，運営，評価・検討する過程に相当する。学校図書館経営（運営）委員会や学校図書館の統計調査等の活用も欠かせない。

学校図書館は学校の設備であることから学校の経営方針に沿って学校図書館経営方針を定めて運営することが基本である。さらに，中長期的な視野のもと，学校図書館を利用する児童生徒や教職員の利便性も視野に入れる必要がある。

（ 3 ） 学校図書館担当者

館長である校長を中心に，司書教諭，図書主任，校務分掌上の係教諭，学校司書などが学校図書館担当者であり，ボランティアは含まない。「校長は，学校図書館の館長としての役割も担っており」（「学校図書館ガイドライン」），司書教諭と学校司書は「学校図書館法」で明記されている。また，担当者間の職務分担の明確化が欠かせない。

（ 4 ） 学校図書館メディア

図書，雑誌，新聞，音楽用 CD や映像用 DVD・BD などの視聴覚メディア，CD-ROM や DVD-ROM などの電子メディア，実物資料など，学校図書館メディアは多岐にわたる。メディアの収集方針（収集規程）やメディアの選定基準や廃棄規準を明文化することが欠かせない。

（5） 設備と環境

　什器の配置状況など，利用者である児童生徒の視点での検討が必要である。タブレット端末やノート PC の普及に対応した LAN （Local Aria Network） や Wi-Fi とファイアウォールなどの安全策も欠かせない。

（6） 運営

　学校図書館は，児童生徒が登校してから下校するまで開館していることが望ましい。司書教諭と学校司書や係教諭，そして児童生徒の図書委員が協力して開館時間を確保する必要がある。また，利用者の貸出記録や読書記録は個人情報として保護するために十分な配慮が欠かせない。特に，プライバシーの保護に関して規則を明文化するなどにより，図書委員や外部ボランティアへ指導が欠かせない。

（7） サービス

　児童生徒への貸出がサービスの大半を占める。貸出の方法としては，記帳式，カード式などの他，最近ではコンピュータによる貸出管理が進んでいる。人気の図書は予約制度を取り入れたり，リクエストに応じたりしている。

　また，レファレンスサービスとして，辞典，百科事典，図鑑などのレファレンスブックやインターネット検索などにも対応して，児童生徒の探究の過程を支援することが大切である。

（8） 教育指導・援助

　学習指導，読書指導や情報活用能力の育成に関わる学び方指導などにおいて，各教科等で単元ごとに活用する資料等を一覧できる年間活用計画表を作成することが望ましい。

　学校では「著作権法」第35条では授業の過程において，教育の担当者と授業を受ける児童生徒が公表された著作物を複製（コピー）することができるとされている。この第35条に加えて，第32条（引用），第48条（出所の明示）についても児童生徒に指導するように留意したい。

（9）協力体制・コミュニケーション

　学校図書館の館長は校長であることを踏まえて，司書教諭は学校図書館の運営について定期的に報告，連絡，相談をすることが望ましい。同時に職員会議でも定期的に提案して全教職員の理解を得て協力を求める必要がある。

（10）地域との連携

　「学校図書館法」第4条2項には，「学校図書館は，その目的を達成するのに支障のない限度において，一般公衆に利用させることができる」とある。また，文部科学省も学校施設の地域開放を進めているが，その場合，外部の侵入者を防ぐなど児童生徒の安全・安心が大前提である。

（11）学校図書館ボランティア

　学校で外部のボランティアを受け入れる場合は，活動内容について十分に話し合い活動範囲を明文化している場合が多い。学校図書館においても例外ではなく，活動の範囲を環境整備，読み聞かせなど明確に定めて，定期的に話し合い共通理解をもとに活動することが必須である。

(12) 他団体・機関との連携・協力

　校区内にある関連施設としては，校種の異なる学校の学校図書館，公共図書館，博物館，研究機関等の専門図書館などがある。多くの場合は，学校図書館が資料等の提供を受ける立場となることを踏まえて，それぞれの団体や機関へ日ごろから密に連絡をとりあっておくことが望ましい。

(13) 児童生徒図書（館）委員会

　児童生徒に貸出・返却を当番で担当させる場合，個人情報の保護の観点から教職員の監督下で活動させることが必須となる。あわせて，個人情報に関する指導も欠かせない。

(14) 研修

　「教育公務員特例法」では「第4章　研修」において，研修の機会とともに資質向上に向けての指標や研修計画が示されている。国や教育委員会が主催する研修，民間の教育団体による研修，校内研修などの多様な研修の機会を活用して，学校図書館に関する資質の向上が欠かせない。

3．評価の方法

　「学校図書館評価基準」は，「評価」，「グラフ」の2枚のシートから構成されている。「評価」シートは，「評価基準」を明記している（表7-1）。

　それぞれの小項目にある①，②，③の文言の中から最も自校の学校図書館に当てはまる，または最も近いものを選び，その番号の配点を評点のセルに入力すると，自動的に計算され小計欄に表記される。

表7-1　学校図書館評価基準

1. 学校図書館の基本理念

	評　価　項　目	配点	評点
	ユネスコ学校図書館宣言※1		
1	①ユネスコ学校図書館宣言の理念を全教職員が理解し，担当者は経営や運営に反映させている。	3	
	②ユネスコ学校図書館宣言の理念を担当者が理解し，経営や運営に反映させている。	2	2
	③ユネスコ学校図書館宣言を担当者が知らない。	1	
	学校図書館法		
2	①学校図書館法を全教職員が理解し，担当者は経営や運営に反映させている。	3	
	②学校図書館法を担当者が理解し，経営や運営に反映させている。	2	3
	③学校図書館法を担当者が知らない。	1	
	学校図書館憲章※2		
3	①学校図書館憲章の理念を全教職員が理解し，担当者は経営や運営に反映させている。	3	
	②学校図書館憲章の理念を担当者が理解し，経営や運営に反映させている。	2	1
	③学校図書館憲章を担当者が知らない。	1	
小計		点	6

※1　1999年に第30回ユネスコ総会にて成立した「ユネスコ・国際図書館連盟共同学校図書館宣言」。学校図書館の使命，財政・法令・ネットワーク，学校図書館の目標，職員，運営と管理等を内容とする。

※2　1991年に全国学校図書館協議会創立40周年を記念して制定された憲章。学校図書館の経営・運営を行うときの最も基本となる拠り所とされている。

　2枚目のシート「グラフ」の集計表の小計欄にも自動的に小計が転記され，同時にグラフにも表記される。このグラフには，各項目の満点に対する評点の小計の割合が％で表されるので，評価が可視化される。

　低い値となっているところが不十分な項目である。これを改善するために，次年度の計画を立案するときに優先的に取り組むなどの対策が明確になる。14の評価項目の全てを毎年実施するということではなく，重点目標に即して項目ピックアップしたり，独自の項目を追加するなど各校の実状にあわせて検討することが大切である（図7-1）。

○年度　学校図書館評価

番号	項目	割合	配点	小計	来年度の改善点
1	理　念	67%	9	6	
2	経　営	86%	21	18	
3	担当者	67%	12	8	
4	メディア	61%	36	22	
5	施設環境	77%	57	44	
6	運　営	43%	30	13	
7	サービス	100%	15	15	
8	指導支援	67%	27	18	
9	協力体制	47%	15	7	
10	地域連携	100%	9	9	
11	ボランティア	33%	9	3	
12	連携協力	67%	27	18	
13	委員会	100%	21	21	
14	研　修	67%	12	8	
	総　計	70%	300	210	

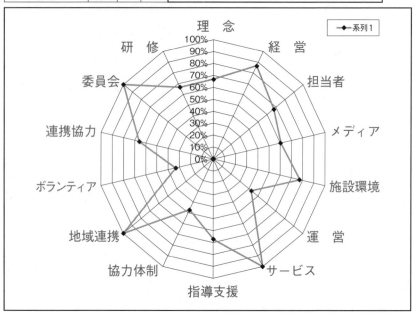

図 7-1　学校図書館評価の例

4．評価による改善策

（1）改善の視点

　学校評価と学校図書館評価を一体化させることにより，学校経営の一環としての学校図書館の姿が明確になる。このことは，校長が学校図書館の館長として学校経営に学校図書館を含めて考えていくことに寄与するものである。学校図書館評価は，「学校の教育課程の展開に寄与するとともに，児童又は生徒の健全な教養を育成することを目的として設けられる学校の設備」（「学校図書館法」第 2 条）を具現化する手だてである。学校図書館評価による改善の手立てとして以下の視点で分析する。

　　①学校図書館担当者，学校図書館部の分掌組織で改善が可能か

　　②学校全体で取り組むことにより改善が可能か

　　③学校と地域の協力により改善が可能か

　　④教育委員会等の行政の協力により改善が可能か

　このように，担当レベルから学校，地域そして行政など，どのレベルでの対応が必要なのかを細かく分析することにより校内のちょっとした工夫や努力で解決できるものから多くの人手を必要とするものまで分けることができる。また，費用についても図書費で賄えるものか，その他の学校予算が必要なのか，行政に特別予算を要求する必要があるかなどが明確になる。

（2）改善計画

　学校は組織体であり学校図書館は学校の設備であることから，継続的な改善活動が欠かせない。そのためには，分析結果に基づいた改善計画の立案と組織的な改善の実践を積み上げていく必要がある。改善計画の

留意点は次の通りである。

①具体的に明記する：数値目標や達成目標を明確に示して，進捗状況が可視化できるようにする。

②柔軟な対応を可能にする：改善することが目的なので，計画通りに進めることよりも，改善に向けての成果を重視する。

③優先順位を明確にする：できることから取り組み一歩でも改善することを視野に入れて活動する。

④達成期間を明確にする：短期的に解決できるものと，中長期的に取り組む必要があるものを明確にして活動する。

（3）改善の実行

評価をもとにした改善行動が学校図書館を活用する児童生徒の学びや授業改善につながることを常に心がけたい。多忙な学校現場にあっても全体像を把握している司書教諭が定期的にチェックして進捗状況を館長（校長）に報告したり，担当教諭や学校司書に連絡・相談したりすることで，計画に沿った学校図書館の改善が行われる。

こうした学校図書館評価のプロセスは，校内で共有化できるように明文化することで次年度の評価活動や改善計画の立案に役立つ。それと同時に，担当者が変わっても継続できるようになる。

参考文献

●野口武悟・前田稔編著『改訂新版　学校経営と学校図書館』（放送大学教育振興会　2017）

●「シリーズ学校図書館学」編集委員編『学校経営と学校図書館』（全国学校図書館協議会　2011）

●「探究　学校図書館学」編集委員編『学校経営と学校図書館』（全国学校図書館協議会　2019）

●野口武悟編　全国学校図書館協議会監修『学校図書館基本資料集　改訂版』（全国学校図書館協議会　2020）

●須永和之「学校図書館評価基準—項目解説」『学校図書館』701号（2009）

8 | 学校図書館の施設・設備

村上　恭子

《**目標＆ポイント**》　学校図書館は，児童生徒が読書の楽しさを実感し，生涯にわたる読書習慣を身につけるためにも，居心地のいい空間でありたい。同時に，多様な学習情報にアクセスできる学校図書館は，さまざまな学びのスタイルに対応できる機能的かつ自由度の高い空間であることが求められる。これらを満たす学校図書館の施設・設備を考える。

《**キーワード**》　学校図書館の施設，学校図書館の設備，学校図書館の空間構成

1. 学校図書館の施設と設備

（1）学校図書館の立地

　「学校図書館法」には，学校の教育課程の展開に寄与するとともに，児童又は生徒の健全な教養を育成することを目的とすると明記されている。これからの学校図書館は，単に静かに読書をする場ではなく，学習センター・情報センターとして学校の中心的な役割を担うことが求められている。立地

図8-1　玄関ホール横にある図書館

場所も学校の中央や，校舎に入ってすぐの場所，あるいはどのクラスからもアクセスが良いことが考慮されるようになってきた（図8-1）。

新しく図書館を建てる場合は，利用者の動線を意識した場所に設置するとよい。例えば，国際バカロレア（IB）教育校である東京学芸大学附属国際中等教育学校の図書館は，生徒が必ず通る玄関ホールの横に，3クラスが同時に使えるだけの広さを確保して建てられている。

また自治体として学校図書館活用に力を入れ，正規職の学校司書を配置している石川県白山市の場合は，新たに建てられた学校図書館は，昇降口のすぐそばや，学校の中心に置かれ，児童生徒の日常に溶け込んでいるという。

今後は，先進的な学校に限らず，すべての学校図書館が，1人1台の端末を児童生徒が持参し，それぞれが必要な情報を探し出し，協働学習をする場＝ラーニングコモンズとして位置づけられていくだろう。すでに，紙の本だけをイメージしがちな「図書館」ではなく，「メディアセンター」と呼ぶ学校も多い。インターネットサイトだけでなく，有料の商用データベースや電子書籍を導入する学校が増えていくことが予想される。学びに必要な情報を得るため，授業の途中で図書館に行くことも想定し，どの教室からもアクセスしやすい場所であることや，複数のクラスが同時に使えるだけの広さの確保も重要となってくる。すでに建てられている学校図書館は，校舎の端にあることも多いが，児童生徒の利用が活

飯能高校すみっコ図書館資料配置図

図8-2　ゾーニングされた図書館

発になると，教員の目が必ず図書館に向いてくることは，いくつもの学校図書館が証明している。埼玉県立飯能高校は，4階にある図書館を「すみっコ図書館」と命名し，特色ある活動を展開している。高校入学まで本に親しむ機会が少なかった生徒が多いため，まずは高校生の居場所としての機能を全面に出し，さらには館内を5つのゾーンに分けサービスを展開，部活動や学習の支援も積極的に行っている（**図8-2**）。

　一時期，オープンスペースや吹き抜けのある学校図書館が作られたが，経営する側からは，音が響きすぎる，管理がしにくい，冷暖房が効かないなど，デメリットのほうが多い。図書館は独立した部屋であることが望ましい。

（2）学校図書館の広さ

　1999（平成11）年に改訂された全国学校図書館協議会制定の「学校図書館施設基準」には以下のように書かれている。

　「学校図書館の面積は，小学校6学級，中学校3学級，高等学校3学級の規模の学校で，同時に2学級が利用できる広さとする。また，小学校13学級以上の場合は2.5学級が同時に，中学校19学級以上の場合は3.5学級，高等学校22学級以上の場合は3.5学級が同時に利用できる広さとする」。20年以上前の基準だが，公立学校でこの基準を満たしている学校図書館は少ない。2016（平成28）年通知の文部科学省「学校図書館ガイドライン」には，「これからの学校図書館には，主体的・対話的

図8-3　図書館内に設けられた学習室

で深い学び（アクティブ・ラーニングの視点からの学び）を効果的に進める基盤としての役割も期待されており，例えば，児童生徒がグループ別の調べ学習等において，課題の発見・解決に向けて必要な資料・情報の活用を通じた学習活動等を行うことができるよう，学校図書館の施設を整備・改善していくよう努めることが望ましい」とある。多様な学びのスタイルに柔軟に対応できるような工夫がほしい。学校図書館に求められる使い方も従来とは違ってくる。集中して読む必要がある場合，あるいは活発に議論したい場合など，館内に防音が可能な小スペースを設ければ，目的に応じた使いわけが可能となる。図8-3は，東京都立南多摩中等教育学校の図書館内にある学習室である。

　先述の「学校図書館施設基準」には，具体的な活動のためのスペースが明示されているので，参考にしてほしい。それぞれのスペースがどのような役割を果たしているかは，本章の次節で述べる。

（3）学校図書館の構造と設備
①入口

　入りやすさをいかに演出するかは大切である。遠くからもそこが図書館であることがわかる工夫もいる。ドアをガラス戸にするなどして，内部の様子が見えるようにしておく。入り口に中と外に向けて面展示ができるコーナーがあるのも効果的である。図8-4は，石川県白山市立松任小学校図書館の入り口の写真である。入り口だけでなく，廊

図8-4　外からも様子がわかる図書館

下に面した大きな窓ガラスによって館内が見渡せる。開放的な佇まいは，多くの子どもたちの足を図書館に引き寄せることだろう。

　開館中は常にドアを開けている学校図書館も多い。もし，中が見えず，開け放しもできないつくりのドアならば，外に掲示板を設け，開館中であることを知らせたり，入りたくなるようなメッセージをこまめに書き換えたりなど，児童生徒に対して図書館からの発信を心がけたい。

②窓

　図書館から外の景観が見えることや，自然の光が降り注ぐことは心地よいことだが，強い日差しは避けたい。特に西日がさす場所には窓はつくらない。やむを得ない場合はブラインドやカーテンなどで，日差しを和らげる工夫が必要である。

③床

　足音が吸収される，温かみがある等の利点がカーペットにはある。しかし，掃除がしやすく清潔に保てるという点では，フローリングが望ましい。コルクボードの床は，掃除しやすくかつ音を吸収してくれるが，液体が染み込んでしまうというのが，欠点である。おはなしのコーナーなど一部分のみカーペットや畳敷きにする学校も多い。図書館は，バリアフリーが基本なので，床は段差をつけない。その他，重い書架に耐えられるだけの強度を持たせることも必須である。

④壁

　全面ガラス張りであったり，掲示ができない特殊な壁は，図書館には向かない。壁は重要な情報発信の場となる。

⑤電源

　図書館には十分な電源とコンセントが必要である。設計時に配線をしっかり考えておかなければならない。コンピュータによる管理システムの導入が一般的となり，蔵書検索やデータベース利用のためのコン

ピュータ設備はもちろん，児童生徒が授業内で使う ICT 機器の電源も
確保しなければならない。

⑥ Wi-Fi 環境

　1人1台の端末がスタンダードとなったことで，学校図書館に高速か
つ大容量の Wi-Fi 環境は必須と言える。紙媒体の資料はもちろん，デジ
タルコンテンツへのアクセスも可能とすることで，児童生徒が情報活用
能力を育成する場として学校図書館が機能することが求められている。

⑦ 照明

　書架上の照明は，書架と書架の間の通路上にくるような配置にしたい。
机の上の明るさは，300ルクス以上が望ましい。

⑧ 色調

　図書館は明るく落ち着いた色調（暖色系統）が望まれる。また木材を用
いることで，温かみがあり，かつ，くつろげる空間にすることができる。

2. 学校図書館内の空間構成

　文部科学省は「新しい時代の学びを実現する学校施設の在り方につい
て」の中間報告（2020年）で，「読書・学習・情報のセンターとなる学
校図書館の整備」にも触れ，従来の学校図書館のあり方を捉え直す必要
性に言及している。学校図書館を核としたラーニング・コモンズを整備
し，ICT を活用した学習活動を効果的・効率的にできる工夫をする。図
書館を学校の中心に計画し活用を図ることで，各教科等における調べ学
習での活用や，子どもたちの自主的・自発的な学習，協働的な学習を促
すことが可能となる。さらには，学校図書館は子どもたちが落ち着ける
居場所となり得ることから，日常的に滞在したくなる魅力的な空間とし
て整備していくことも重要であると述べられている。では，具体的にど
のようなスペースが必要なのかを見ていこう。

（1）書架スペース

　学校図書館の資料（メディア）は，原則として日本十進分類法（NDC）によって分類・排架し，児童生徒が，自分で目的の資料を探し出すことができるようにする。その際，誰にとってもわかりやすいサインが求められる。**図8-5**は，埼玉県立入間向陽高等学校図書館の棚のサイ

図8-5　調べる手がかりとなる分類みだし

ンである。高校生ができるだけ自力で必要な資料を探せるよう配慮されていることがわかる。

　また図書館は，車椅子での利用や，読むことに困難を持つ児童生徒の利用も視野に入れて，ユニバーサルデザインの採用やバリアフリー対応が求められる。できるだけ図書館は1階につくる，床の段差をなくす，図書館サインにユニバーサルデザインのフォントやピクトグラム（絵記号）を使用する，色覚多様性のある児童生徒が判別しやすい色を採用するなどが考えられる。

（2）学習スペース

　先述の「新しい時代の学びを実現する学校施設の在り方について」にもあるように，ICTを活用した学習を効果的・効率的に行う工夫が学校図書館にも求められている。特に学習スペースに関しては，従来の教室のような一斉授業が行われることもあれば，個人の活動，グループでの活動も想定される。具体的には，活動型のグループ学習の場合は，活動内容によってグループの人数が異なる。そのため，組み合わせ可能な

テーブルがあると使い勝手が良い。また，人数を調整しやすく，かつ話し合いがしやすい丸テーブルを設置する学校もある。

どのような授業形態であれ，担当教員が全員に向けて話をする場面は必ずある。そのため，大型ディスプレイやホワイトボード，授業時に使う小物類を入れて移動できるようなワゴンもあると便利である。調べる過程や発表時にICT機器を活用する場面が増えるので，端末の充電庫なども学習スペースの中に組み入れ，教員が学校図書館で授業をしやすい環境を作ることが求められる。

（3）検索コーナー

図書館管理ソフトを使うことが一般的になり，小さな学校図書館でも電子化された目録（OPAC）を検索する検索機（コンピュータ）を置くところが増えた（図8-6）。児童生徒が自分で必要な資料にたどり着けるための方法のひとつとして，検索のしかたを

図8-6　タブレットを利用した児童用検索機

学ぶことは大切である。しかし，一方で，棚を見ようともせず，自分が思いついた検索ワードにだけ頼って，肝心の資料を見つけられないということもよくある。そこで児童生徒の身になって検索コーナーを作っている学校もある。また，自館の資料だけでなく，有料データベースを検索する場所も一緒にして，「検索」にはスキルが必要であることを意識化させることも有効である。

コロナ禍以降，図書館外から自館の資料をOPACで検索できるよう

にした学校も増えてきている。スマホの持ち込みが許可されている高等学校の図書館の場合は，自分のスマホで検索できるようにしている学校もある。図書資料に限らず，必要な情報を探し出すスキルの育成は，学校図書館の役割と言える。

（4）参考図書コーナー

参考図書類を分類順の書架に組み込むか，別置するかは，それぞれの学校図書館が判断すべきである。ただし，別置すれば，探究学習における参考図書類の役割を意識化させることができるという利点がある。テーマ設定時や，探究の過程で，自分の考えを整理

図 8-7　参考書図書コーナー

するために図式化できるワークシートや，情報カード類をこのコーナーに一緒に置いておくことも効果的である。図 8 - 7 は探究学習を主軸とする京都府立久美浜高等学校図書館の参考図書コーナーである。

（5）展示・掲示スペース

図書館における展示・掲示スペースは重要である。図書館からの発信はもちろん，授業に関する展示，児童生徒の成果物の展示もできる。どのような意図を持って展示・掲示を行うかを知るには，吉岡裕子・遊佐幸枝監修『発信する学校図書館ディスプレイ』（少年写真新聞社，2015年）などが参考になる。

（6）ブラウジングスペース

　雑誌架やマンガのある場所をブラウジングスペースにしている学校は多い。ソファを置いて，くつろいだ雰囲気を醸し出す工夫がされている。学校図書館は，学びを意識しすぎても息苦しくなってしまう。適度にリラックスできる場であることは重要である。ここにぬいぐるみを置いたり，植物を置いたりしている学校もある。特に目的がなくても，友達と語らったり，自分だけの時間を持つために学校図書館に行こうと思える場所であってほしい。

（7）おはなしコーナー

　小学校や特別支援学校では，カーペットや畳敷きにして絵本やおはなしを聞くコーナーが必要である。私たちは，文字を覚えるより先に話し言葉を覚える。耳から入ってくる言葉を頭の中で映像に切り替えて，物語の流れを理解し，楽しむことは，くり返しお話を聞くことで培われる能力といえる。小学校入学までの家庭環境は，一様ではない。だからこそ，聞く力を育てることは，小学校や特別支援学校の学校図書館に課された大切な役割と言える。図8-8は，東京学芸大学附属世田谷小学校での読み聞かせ風景である。

図8-8　絨毯敷きのよみきかせコーナー

（8）カウンター

　貸出・返却・予約・リクエストの受け付けやレファレンスに答えるカウンターは，図書館の顔ともいえる。特に学校図書館のカウンターは，

利用者(児童生徒，教職員)の明確な言葉にならない問いを，対話によって明らかにしていき，求める資料にたどり着けるための場でもある。学校図書館がどのようなサービスを行っているのかを，カウンターに具体的に示すことも大切である。

(9) 司書室 (図書準備室)

　初期に造られた学校図書館には，司書室がない場合が多い。学校図書館担当者が事務作業をしたり休息をとる場所として，あるいは図書委員会が活動する場所として，書庫がない学校では書庫代わりとしてなど，司書室は多目的な役割を担っている。カウンターに隣接して作り，司書室からは，館内の様子が見えるような工夫が必要である。

(10) 書庫

　学校図書館の開架書架には，鮮度のいい資料と定番の資料を置いておくべきだが，常時使われるほどではないものの余裕があるなら所蔵しておきたい資料が必ずある。また，特定の授業のときにのみ使われる副本のような資料もある。さらには，開架書架から一時引き上げ，廃棄すべきか様子を見たい資料もある。図書館を経営していく上で，書庫があればと思う司書教諭や学校司書は多いはずである。

　以上のようなスペース・コーナーをどのように空間構成していくかを考えるためには，それぞれの学校がどのような目的をもって学校図書館を活用するのかを明確にしておく必要がある。その際に，利用者（児童生徒，教職員）の目線にたって，決めていかなければならない。これまで，学校図書館に静謐さを求めていた人たちにとって，アクティブに活動する場となった図書館は受け入れ難かったりする。学習スペースやお

はなしコーナーはなるべく奥に配置し，書架を間仕切りがわりに上手く配置するなどの工夫も求められる。また今後は児童生徒が，常時タブレットを持つようになるため，従来のコンピュータルームを，図書館と隣接したファブスペース（デジタル機器を配備したモノづくりの場）にすることも一案であろう。

3．施設・設備と空間構成の校種による違い

（1）小学校の学校図書館

　6歳から12歳という著しく成長する6年間を過ごす学校図書館は，1年生にもわかる案内や掲示，多勢の児童が一斉に動くことを想定した動線の確保が必要となる。本棚の高さも，児童の視線の高さを考慮して決めなくてはならない。絵本は上段に面展示ができると，児童が手に取りやすいし，館内の雰囲気づくりにも役立つ。

　本に親しむ暖かな空間であるためにも，児童の興味・関心を引き出す棚づくりを心がけたい。読書活動の成果物を展示できる空間もほしい。

　小学校の学校図書館は，楽しい本との出会いの場であると共に，児童の疑問を解決する場でもある。そのためには，いつでも温かく迎えてくれる司書教諭，学校司書の存在と，疑問を解決するための幅広い資料が欠かせない。

（2）中学校・高等学校の学校図書館

　学級単位で動くことの多かった小学校時代に比べ，中高生は休み時間や放課後などで，自律的な活動の幅が広がる。学校図書館も，授業での利用だけでなく，個人の課題を追究するために利用することも増える。グループ学習だけでなく，個人用キャレルを用意したり，視聴覚用ブースなどの設備も可能なら備えたい。

4．これからの学校図書館の施設・設備

　今後，施設・設備を整え，利用者（児童生徒，教職員）のニーズに応えた運営を担う専任の学校司書が置かれることで，学びの環境は一層整っていく。そして，この環境を活かした授業を行う司書教諭，教諭がいて，初めて，学校図書館は学校のインフラとして学校教育全体に効果を及ぼすことができる。

　学校図書館の整備・充実が学校全体の教育環境の改善・向上に直結していると管理職を含む全教職員が納得できれば，学校図書館はますます学校教育に欠くことのできない存在になるはずである。

参考文献

- ●学校図書館協議会「学校図書館施設基準」全国学校図書館協議会│全国 SLA 制定の各種基準│学校図書館施設基準（j-sla.or.jp）（1990改訂）
- ●堀川照代著『「学校図書館ガイドライン」活用ハンドブック　解説編』（悠光堂 2018）
- ●堀川照代著『「学校図書館ガイドライン」活用ハンドブック　実践編』（悠光堂 2019）
- ●文部科学省「新しい時代の学びを実現する学校施設の在り方について」中間報告「新しい時代の学びを実現する学校施設の在り方について」中間報告の公表について：文部科学省（mext.go.jp）（2020）
- ●吉岡裕子・遊佐幸枝監修『発信する学校図書館ディスプレイ；使われる図書館の実践事例集』（少年写真新聞社　2015）

9 │ 学校図書館のメディア・情報資源

前田　稔

《**目標＆ポイント**》　学校図書館メディア・情報資源の意義と種類，選択と提供について概観し，教育の中で期待される役割について学んでいく。
《**キーワード**》　印刷メディア，視聴覚メディア，電子メディア，教育の情報化

1. 学校図書館メディア

　学校図書館メディアとは，図書館資料について，図書のみならず視聴覚メディア，その他の多様な情報手段を含めた観点から発展的に再構成した用語である。

　学校図書館には「図書」という言葉が含まれていることや，これまでの歴史的展開からみても，司書教諭の主な任務は図書を司ることであるのは間違いない。一方，教育課程の展開に寄与し，児童生徒の健全な教養を育成するという目的の達成を重視するならば，図書に限定する必然性は薄まる。視聴覚メディアや，さらには，インターネットをはじめとする電子メディアを幅広く包摂する情報メディアと広く関わることに，もはや違和感を覚えることのほうが少ないかもしれない。このため，多様なメディアへの配慮を続けていくことが望ましい。学校図書館ガイドライン（**本書付録6参照**）では，「学校図書館の図書館資料には，図書資料のほか，雑誌，新聞，視聴覚資料（CD，DVD 等），電子資料（CD-ROM，ネットワーク情報資源（ネットワークを介して得られる情報コ

ンテンツ）等），ファイル資料，パンフレット，自校独自の資料，模型等の図書以外の資料が含まれる」と示されている。

　このような機能を果たすためには，図書館と関わる者の専門性，すなわち（1）利用者を知ること，（2）資料を知ること，（3）利用者と資料を結びつけること（日本図書館協会図書館員の問題調査研究委員会『図書館員の専門性』1974）の3点について，司書教諭は十分に能力を発揮することが求められよう。学校図書館メディアは大切に保管するためにあるのではなく，児童生徒や教員が利用するためにあり，一人ひとりの児童生徒とすべての学校図書館メディアを結びつけるための努力と工夫が求められる。

　この点，インドの図書館学者であるランガナタン（Shirali Ranga-nathan）が1931年に記した次の「図書館学の五法則」（The Five Laws of Library Science）が現在でも参考になる（森耕一監訳『図書館学の五法則』日本図書館協会，1981）。

第1法則　本は利用するためのものである（Books are for use）
第2法則　すべての読者に，その人の本を（Every reader, his book）
第3法則　すべての本を，その読者に（Every book, its reader）
第4法則　読者の時間を節約せよ（Save the time of reader）
第5法則　図書館は成長する有機体である（A Library is a growing organization）

　学校図書館メディアとの関連で，第1法則を特に意識するのは，利用されなくなった図書の廃棄を判断する際のバランス配分である。何をもって利用されていると定義するのかは実際には難しい。公共図書館における理論では，古典や全集などの知的資産を重視する「価値論」と利

用者の求めに応じることを使命とする「要求論」という2つの対立軸が存在している。このことは，学校図書館では，読ませたい本と読みたい本の違いとして顕在化する。また，スペースが潤沢であったり，調べるための図書を可能な限り用意する方針の学校図書館では，第2法則に沿って廃棄せずに買い足していくことが多いだろう。第3法則を実質化し，児童生徒がすべての本棚を把握して使いこなしていくことを目指して，教育的効果を発揮させることに向けた凝縮された空間づくりを行うのであれば，積極的な廃棄や書庫への別置が有効となる。公共図書館や大学図書館と比べて，資料数が多ければ多いほどよいというわけではない。どの本を手にとってもおもしろいと感じられる学習環境の形成を重視する場合であるといえよう。

　図書を探しやすくする側面では第4法則も基本的に妥当する。ただし，思いがけない図書との出会いや，たとえ公共図書館に比べて少ない蔵書数であったとしても思考力を発揮させながら求める内容に近づく教育的な側面からは，必ずしも時間の節約だけが重視されないともいえる。第5法則は，図書館をいわば生き物としてとらえる視点である。現状や慣例にとらわれることなく，継続的な成長・発展を目指し，学校図書館の新陳代謝を創造していくことが必要である。

2．学校図書館メディアの種類

　学校図書館メディアは，着目する観点の違いにより，さまざまな角度から分類することができる。例えば，読むための図書と調べるための参考図書といった運用上の種別や，芸術・語学・文学などの主題別，紙と紙以外に分ける記録材料別，オリジナルな情報である一次資料と一次情報を分析・編集・加工した二次資料の別といった，さまざまな観点により分けられる。二次資料はさらに，辞書・事典・図鑑・年鑑などの解説

型と，目録・書誌・索引誌・抄録誌のような検索型に分けることが可能である。

　この点に関して，「学校図書館法」では冒頭の第2条で，「図書，視覚聴覚教育の資料その他学校教育に必要な資料（以下「図書館資料」という。）を収集し，整理し，及び保存し，これを児童又は生徒及び教員の利用に供する」ことが示されている。このことを学校図書館メディアの現状に置き換えると，印刷メディア，視聴覚メディア，電子メディアの3種に大別できる。

（1）印刷メディア：図書

　図書として代表的なものは，辞典，文学書，歴史書，絵本や漫画である。ユネスコは1964年に図書について「うらおもての表紙を除き，49ページ以上の印刷された非定期刊行物」（A book is a non-periodical printed publication of at least 49 pages, exclusive of the cover pages）であると定義している。書店で入手できるものに限らず，報告書や会議資料なども含まれる。次に述べる逐次刊行物との対比から，単行書と呼ばれる場合もある。1冊として数えられる物理単位としての単行書のほか，たとえ数冊にわたる全集や叢書であっても，1つの出版群に数えられる場合は書誌単位としては単行書に該当する。

　図書は，コミュニケーションの手段として文字・図・写真を記録・保存し，何度でも繰り返して情報を取り出すことや複製することが可能で，大量生産により安価に入手できるし，多種多様な内容から選択することもできる。また，均質的な形態のため保管しやすく，携帯性も高い。これらの性質は，インターネットや電子書籍により，徐々に電子メディアに代替されつつある。しかし，公共図書館と異なり，学校図書館は教育の場としての側面が強い。五感を駆使した情報活用能力の育成，記憶の

定着や内容への愛着，学校現場との親和性，教員のみならず家庭や地域と児童生徒の意識共有の容易性からすると，図書の地位は当分の間揺らぎそうもない。むしろ，多様な情報メディアに接している現代社会であるからこそ，基礎・基本を育む学校教育における図書の重要性が高まってきているのである。

（2）印刷メディア：逐次刊行物

　逐次刊行物（継続刊行物）とは，1つのタイトルで，終期を予定せず，巻や年月を追って継続して刊行される出版物のことをいう。雑誌，新聞，年報，年鑑，白書，統計集，紀要があり，定期刊行物と不定期刊行物に分かれる。図書になりにくい断片的な情報について一定の主題でまとめられているほか，図書とくらべて速報性に勝り，最新情報が得られる一方，蓄積された際の保管場所や情報の陳腐化，長期保存しにくい紙質といった問題もあり，一定期間経過したものは処分される傾向が強い。

（3）その他の印刷メディア

　ビラやちらし，それを折った形態のリーフレット，さらには，パンフレット，カタログ，説明書，案内書，ブックレットなどの小冊子も，学校図書館における重要な情報源になる。継続して出版されている場合を含め，総合的な学習に役立つ地域情報や，児童生徒の作品や学習の各種成果物をファイリングキャビネットや簡易製本を利用して情報ファイル（ファイル資料）として積極的に収集と整理を行い，児童生徒の手の届く場所で，特に調べ学習の場面で活用していくことが望ましい。同様のことは，図書・雑誌・新聞から切り取った資料を整理して検索や利用に供するクリッピング資料（切抜資料・スクラップとも呼ばれる）についてもいえる。

　地図には，冊子体の地図帳や地球儀のほかにも，折り畳まれた畳 物，
畳まず破れにくく読みやすい一枚物と呼ばれる地図がある。地形図や地
勢図以外にも，気象図，地質図，海図，航空図，月面図，資源図，植生
図，人口分布図，歴史年表と組み合わせた歴史地図，経済や産業と組み
合わせた産業地図がある。また，南半球のオーストラリア製の地図は，
日本製の地図とは南北が逆転した視点を持つため学習にしばしば利用さ
れる。

（4）視聴覚メディア

　児童生徒の聴覚を通して伝達される音声メディアと，視覚を通して伝
達する映像メディアに分けることができる。紙芝居については印刷媒体
ではあるものの，視聴覚メディアに分類されることが多い。音声メディ
アには音楽のほか，朗読や効果音，地域の民俗資料や語りも幅広く含ま
れる。楽譜や歌詞カードといった関連資料も音声メディアに準じて扱わ
れる。CD（コンパクトディスク），IC レコーダー・プレイヤー，スマー
トフォン，タブレットパソコンなどのデジタル機器が，現在では音声再
生・記録の主流になっている。とはいえ，保存機能も学校図書館の重要
な役割の1つであり，最新技術だけを追い続ければよいのではない点に
注意が必要である。円盤状のプラスチック板に音の溝を渦状に彫り込ん
だ媒体であるレコードや，テープ状の磁性体に記録して巻き取るカセッ
トテープが以前は学校で盛んに利用されていたことから，学校現場には
まだ多く残っており，内容によっては貴重な資料として扱いたい。

　映像メディアについては，プラスチックフィルム（スライド装置・
OHP・マイクロ資料・映画フィルムなど），磁気テープ（VHS ビデオ
テープ，8ミリビデオテープ，DV テープなど），光ディスク（DVD，
ブルーレイ）が学校現場や公共図書館で利用されてきた。現在ではアナ

ログメディアのほとんどが，音声メディアと同じく電子技術に置き換えられており，音声メディアとの境界も曖昧になっている。しかし，学校では市販のコンテンツの放映や教育番組の録画だけでなく，学校行事の録画などの貴重な記録にも用いられており，古いメディアであっても学校図書館は散逸させることなく自主的に分類・整理・保存・提供していくことが重要になってくる

3. 電子メディアとインターネット

電子メディアとは，伝達のためにコンピュータを利用するメディアのことをいう。視聴覚メディアのデジタル化に伴い，電子メディアと視聴覚メディアの境界は曖昧になってきているほか，音声メディアと映像メディアの融合が進んでいる。電子情報は品質を劣化させることなくコピーすることが可能で，陳腐化の激しい視聴覚メディアをコンピュータに取り込み，メディア変換することで場所も機材も節約できる。

しかし，著作権保護への配慮が要請される中で，メディア内容をコンピュータに取り込めない仕組み（コピープロテクト）が発達し，物理的な媒体を図書館が保管する必要性は必ずしも減少していない。なによりも，簡単にコピーできるというデジタル情報の性質は，情報の洪水をもたらすことになり，学校教育の趣旨に沿って情報を整理・選択する専門家が必要になってきている。

調べ，考え，発表するというサイクルの中で，情報を共有し，知的な生産を促進するために，学校図書館でコンピュータが用いられることは日常的な光景になってきている。学校図書館で使われるのは図書館管理業務を効率化させるソフトウェアだけではなく，インターネット関連のソフトウェアやワードプロセッサ，プレゼンテーションソフトウェアが児童生徒の調べ学習にも活用される。

　媒体としてのメディアを必要としないインターネットの登場により，世界中の情報交換が極めて活発になった一方で，世界中のあらゆる人びとを直接結びつける性質があるために，学校現場における特別な配慮を必要としている。気軽に情報発信できる反面，情報の質に関する判断がむずかしいことが欠点である。インターネット普及当初は，印刷メディアのほうが正確性が高いといわれていたが，企業や公的機関，メディア産業の軸足がインターネットに移行するにつれ，必ずしもインターネットは不正確であるとはいえず，情報の更新頻度を併せ考えると，インターネットのほうがむしろ正確である場合も生じてきており，学校図書館担当者の専門性をさらに求める要因になっている。

　また，不適切な情報や，成人向けの情報といった，有害情報の問題も存在する。本来であれば児童生徒の発達段階に応じて受け取るべき情報も，広告リンクとして児童生徒の意図とは関係なく表示されることがある。このため，フィルターソフトと呼ばれる格付け・遮断ソフトウェアが普及してきている。しかし，情報を遮る判断基準や正確性に疑問が差し挟まれていることや，フィルターソフトによる強制的な遮断だけでは健全な判断力は必ずしも身につかないことから，学校図書館という公的な場所におけるマナー教育を優先させるべきであるとの意見もある。また，大人や教員の目の届かない，電子メールや　SNS（ソーシャルネットワークサービス）への過度な依存や，いわゆる裏サイトによるいじめが社会問題化しており，学校図書館におけるインターネット利用指導の際に，情報モラルやマナーの指導も含めて司書教諭の役割が発揮されることが期待されている。

　さらに，インターネットには，コンピュータウィルス感染や，重要情報を盗み取るスパイウェア，誤った運用や過失による情報といった，セキュリティ上の危険も存在する。学校図書館が扱う貸出情報は，児童生

徒の思想に関わる個人情報として認識されつつあり，セキュリティソフトの導入やポリシー（利用ルール）の明確化をはじめ，コンピュータの運用にあたっても細心の注意を要するに至っている。

　ただし，コンピュータネットワークを単に危ない領域ととらえて，モラル教育にばかり重点を置くだけでは，情報メディアの校内における活用を主導する司書教諭としては不完全である。デジタル技術の中に社会生活が投影されることが日常化しているからこそ，デジタル・シティズンシップ教育の視点を通じて，社会への積極的参画のプロセスとして，学校図書館を位置づけていくことが大事になってくる。

4．教育の情報化と学校図書館の未来

　薄くて軽いタブレットパソコンの登場や電子ペーパーの一般化により，紙の図書が電子書籍に置き換わる場面が増えつつある。電子書籍が普及すると，学校図書館における紙の図書を提供する役割は縮小されるのではないかという危惧も生じた。しかし，議論が進むにつれ，電子書籍が万能ではないことが明らかになり，むしろこれまで当然のように存在してきた紙の図書の利点が注目され，電子と紙が共存し，全体として読書量が増えていくのではないかともいわれている。また，児童生徒が紙の図書による読書習慣を身につけない限り，紙を模した存在である電子書籍を読みこなすことが難しいため，電子書籍を推進する側からも，紙の図書を中心とした学校図書館がさらに活性化されることを期待する声もある。調べ学習や探究型学習にタブレットパソコンが情報量の面で役立つ面もあるとはいえ，インターネットも学校図書館の蔵書もどちらも読み切れないのは同じである。検索サイトを介した情報探索はいわば「また聞き」であり，資料原本に直接的に接しながら探すことの教育的効果にはかなわない。

　そもそも，紙の図書は，多くの場合，慎重につくりこまれている。ページをめくる3次元的な動きは，想像力をかきたて人間の五感を呼び覚ます。デジタルは，われわれをとりまく世界のごく一部を，人間が意識的に切り取り，再構成したものにすぎない。アナログはデジタルよりもはるかに豊富な情報量を持ち，無意識下で人間の脳が膨大な認識と判断処理を行っている。たとえ一度に何冊も図書を並べたとしても，それぞれの内容を瞬時に識別することができる。紙をめくる音，指と紙との摩擦，学びが進むにつれて重ねられるページの厚みとその感触が，成長の自覚と自信を強める原動力となろう。このような紙メディアへの愛着，信頼感，存在感は，情報がモノに付着し一体化している点に由来している。これに対して，ソフトウェアコンテンツとしての電子書籍は情報そのものであり，表示装置を介さないかぎり出現しない。無体物に対しても，有体物と同じ所有感を得られるのだろうか。情報をありのまま扱える世代と，情報とモノの分離に違和感がある世代とのギャップが鮮明になりつつある。紙メディアを前提とした子どもの読書推進の潮流は，インターネット社会の過度な進展への警戒感のあらわれなのかもしれない。

　これに対して，紙という束縛がなくなれば，ビジュアルでインタラクティブ（対話的）な方法で学習到達目標に向けてさらに効率的な学習を実現できる。表示装置が日々進化・混在する電子メディアと，安定性・不変性の高い紙メディアが，児童生徒，教員，保護者，社会の共通認識基盤として，今後共存し続けていくに違いない。

　一方，デジタル教科書や教材を中心とした教育の情報化の流れも，学校図書館や司書教諭への期待を高めている。教育の情報化が社会から注目を集めるようになったのは，デジタル教科書整備政策の影響が大きい。日本では，2009（平成21）年12月に総務省から発表された原口ビジョンに「デジタル教科書を全ての小中学校全生徒に配備（2015年）」と明記

されたため，デジタル教科書が急に脚光を浴びるようになった。2010年には，「教育の情報化ビジョン」が文部科学省から発表され，「学習・情報センターとしての学校図書館の機能を，司書教諭を中心に一層強化」し「教員のサポート体制」を整備することが示された。歴史的に学校図書館は豊富な教材資料を提供する場として機能し，児童生徒自身が選ぶことや，教員による選択が重視されている。司書教諭はメディアの評価と選択に関する専門家として，読書活動の支援や教科資料の提供を通じて，児童生徒と教員の主体性を生かした発展的・探究的な教育の中心を担ってきた。また，OECD によるデジタル読解力調査では，コロンビアを除くすべての国で，読書活動が活発になるほど，デジタル読解力の平均得点が高くなっている。この結果からしても，読書活動の活発化とデジタル読解力向上は，学校における読解力向上を支援する職種である司書教諭が一体的に推進することが効果的であろう。

　近年，学校図書館，視聴覚，情報で培ってきた経験を持ちより，生かしていく基盤として，クラウド技術が一般化してきた。クラウドが「雲」を意味することからもわかるように，クラウドを定義することは難しい。細分化・分散化・仮想化された情報処理サービスと情報保管庫のネットワークとでもいうべきだろうか。書店で図書を買うときは，自ら所有し手元におくのが通常である。これに対し，図書館では，必要なときに借りて，不要になれば返却する仕組みである。情報を手元に置かず，離れた場所に合理的に保管し，適宜引き出す点は，クラウドと共通している。2019年に文部科学省が提示した GIGA スクール構想により，クラウド環境を生かして，１人１台のパソコンを学校で使用することが進展した。これまでの紙媒体の図書館だよりだけでなく，校務情報システムを利用することで情報発信が容易になり，学校図書館にあまり足を運ばない子どもへの働きかけが促進できるとともに，読書イベントへの参加者を集

計したり，参加者同士の議論を活性化させることも可能になった。司書
教諭が教員としての立場で，例えば読書関連の課題を直接提示して進捗
を管理するなど，個々の児童生徒に直接関わることも期待される。すな
わち，新たな教科として図書館科ないし読書科を設置することと実質的
に類似した効果を，タブレットパソコン上の学校図書館専用クラスない
しチームを通じて発揮させていく。

　また，学校図書館は，限られた予算と多様性を両立できる，教育資源
の共有場所である。全校1人1台のタブレットパソコンがあったとして
も，学校図書館で購入した幅広い有料コンテンツの共有体制を拡充する
ことで情報化は大幅に進展する。さらに，教育機関向け以外の一般のコ
ンテンツも含め，学習活動に資するさまざまなアプリを紹介する端末を
設置することで，児童生徒や教員が，紙の本のように主体的に選びなが
ら学び試せる環境が実現できる。ただし，操作に応じて状況が自在に展
開する点は，主題が体系的に編集され紙に固着した図書とは異なる。一
覧性が乏しく，アプリ単体の適不適を判断しにくいため，例えば単元で
の使用例を示すなど，活用場面を具体的に限定しながら魅力を紹介する
ことが司書教諭の専門性として求められる。

　とはいえ，子ども達はアナログの世界で生きている。いったん，デジ
タルの世界に導いたとしても，そこに迷い込んで実世界を見失わないよ
うに，再び，アナログの世界に手をつなぎ引き戻す配慮が必要だろう。
インターネットの普及やクラウド化の進展により，社会における情報量
は飛躍的に増大している。一般的には，インターネット上の情報検索で
は，キーワードによる自動検索システムが想起される。しかし，子ども
達にとって学校図書館は校内最大のビッグデータへの，壮大なる人力検
索システムである。コンピュータの都合に合わせてキーワードを無理に
絞り込むよりも，曖昧な知りたい気持ちをありのままに受け止めて，対

話しながら，探し求めていくプロセスこそが教育的であろう。司書教諭は選んだ理由を説明・共感できるが，検索システムではしくみは企業秘密である。デジタルとアナログのバランス感覚を保ちつつ，ふれあいの中で児童生徒や教員をサポートしていく役割が司書教諭や学校司書の専門性であり，学校図書館の機能強化こそが教育の情報化への近道となる。

5．学校図書館メディアの選択と収集

　学校図書館が所蔵している図書は蔵書と呼ばれる。情報資源の広がりに伴い学校図書館メディア全体に対してコレクションという語が使われることもある。学校図書館メディアをコレクションに加える一連の作業を収集といい，個々の学校図書館メディアの収集に関する決定判断を，選択という。

　選択はともすると，選択者個人の主観的判断や，特定の教員の意見により左右されがちであるものの，そのような選択が積み重なると，偏ったコレクションが形成されるだけでなく，メディアの重複や，メディアが利用されずに読者の手に届かない結果を生みかねない。また，客観的な選択を目指す場合であっても，図書自体が持つ教育的価値の高い図書を選択する価値論的な選択と，児童生徒の要求の高い図書を選択する要求論的な選択とのバランスをどのように確保していくのかは，むずかしい課題である。

　教育的価値の判断は，教育課程の展開に寄与し，児童生徒の健全な教養を育成するという学校図書館の目的との相関で決せられるのは当然としても，具体的かつ正確な内容で，著者の考えや体験が児童生徒に刺激を与え何かを発見させる内容であることが望まれる。その一方で，良い図書であるという理由で購入しても，一度も読まれなければ無意味である。読みたくなるような図書があってこそ，学校図書館に対するプラス

のイメージが共有され，児童生徒は学校図書館に集まる。読み手の成長
を信頼しながら，児童生徒が求める図書を十分に提供するとともに，要
求を先回りすることで読書意欲を刺激し掘り起こすことに努める必要が
ある。学校図書館にふさわしいバランスのとれたコレクションを大局的
に形成することに向けて，局部的な選択を繰り返すために，下記の方策
が不可欠である。

（1） 収集方針・選定基準・廃棄基準

　学校図書館のコレクションを構成していく方針を，収集方針という。
選択の目的や意義，決定組織や責任の所在，選択の手順，収集するメディ
アの範囲，除去・廃棄の基本的な考え方など，コレクションに関しての
基本的な考え方が集約されている。学校図書館の個性をメディアの側面
から定義したものであり，日常の選択・収集業務への指針となるととも
に，学校図書館をとりまくさまざまな関係者が理解し協力をする認識基
盤として機能する。したがって，収集方針を明文化して，教職員・児童
生徒および保護者・地域に周知することが望まれる。また，排除すべき
メディアを列挙することに注力するよりも，コレクションの目標や理想
を積極的に示すことに重点が置かれるべきである。

　収集方針に対して，個々のメディアの収集判断の際に使用される細か
な実務基準を，選定基準という。同様に，廃棄する際の実務基準として，
廃棄基準がある。参考になるのは，「全国学校図書館協議会図書選定基
準」「全国学校図書館協議会絵本選定基準」「全国学校図書館協議会コン
ピュータ・ソフトウェア選定基準」「学校図書館図書廃棄基準」「学校図
書館図書標準」「学校図書館メディア基準」である。注意すべきは，他
の学校，組織，団体・機関等が定めた基準を準用することに終始するの
ではなく，校内で協議して定めた基準を明文化する点である。自校の教

育目標・教育理念・カリキュラムや地域の特性を十分に把握し，学年・教科の意見を反映しながら，各学校が主体的にコレクションを形作っていくことが望ましい。また，担当者が交代した際でも一貫した選定ができるよう配慮するとともに，利用者の状況や時代のニーズ，教育課程の改変に対応して適時見なおす必要がある。

（2）選定組織

　メディア選定の際には，教職員・児童生徒の要望を考慮し，学校内の選定委員会で選定図書目録などの資料によって検討し，明文化された選定基準に則って予算に基づき選定することに留意すべきである。合議が必要な理由には，選書のバランスへの配慮はもちろんのこと，特定者への負担が集中することを避け，校内の幅広い要求や社会の複雑な変化に的確に応える意味もある。選定委員会は，司書教諭，図書館主任，学校司書のみならず，各学年や教科の教員とともに開催することが望ましい。また，選定委員会開催の際には，事前に候補リストを作成し委員会参加者に配布しておくほか，選定を補助する情報収集を行い提供することで，短時間での性急な選定を避け，深みのある議論を喚起する。最新の読み物や話題の図書に対して柔軟に対処するためには，月に1回以上選定会議を開催するとともに，選定会議を経なくても図書館担当者が独自に購入できる余地を残すという工夫も必要である。

（3）選定のためのツール

　自分のためにメディアを選ぶことと，学校図書館のためにメディアを選定することには，大きな違いがある。自分自身の探究心を私的に満たす場合は，書店の目当てのコーナーに直行することで足りるかもしれない。しかし，先にあげたランガナタンの「図書館学の五法則」のうち第

２法則「すべての読者に，その人の本を」と第３法則「すべての本を，その読者に」を公的に達成することは，容易なことではない。入手可能なすべてのメディアから，必要なメディアを選定するためには，専門的な感覚を磨くことが不可欠となる。とはいえ，世の中のあらゆるメディアを隅々まで読みこなすことは不可能であり，補助的なツールを使用しながら，出版物や視聴覚メディアの現況を敏感に把握していくことが必要である。

　学校図書館向けでは，『学校図書館速報版』（全国学校図書館協議会・月２回刊），『YA 図書総目録』（ヤングアダルト図書総目録刊行会・年刊）や，各出版社が発行する　PR 誌・パンフレット類の新刊情報や書評を積極的に入手し，目を通すことで，出版の動きに気を配ることが望ましい。

　これらの間接選択ツールを選定委員会に向けた参考資料として使うことは有効ではあるが，一方，現物のメディアを手に取りながら直接選択を行うことでメディアへの理解を深め続けることも不可欠である。文字組み，写真，挿絵などの内容面のみならず，児童生徒が自然と手にとるメディアを選ぶためには，装丁や判型（大きさ）も確認したい。書店や公共図書館において，品揃えを確認するのは当然のこと，積極的に相談も行いながらメディアをめぐる動向に関する情報交換を行う。また，出版取次や書店が主催する展示会への参加，見計らい（学校図書館に書店などから持ち込まれた現物をもとに行われる選択方法）の利用が期待される。手間を省き，責任を軽減するためではなく，主体的な選択ツールとして活用しつづけることで専門性を高めていくことが肝要である。

6. メディアのライフサイクル

　学校図書館メディアは，（1）収集作業：選択と受入，（2）整理作業：目録の作成・分類・件名の付与・装備・排架，（3）保存作業：蔵書点検・除籍というライフサイクルを持つのが一般的である。これらの資料（メディア）組織化は資料（メディア）提供を支援する間接サービスとして，技術的・実務的な側面が強いため，学習指導などの指導的な職務よりも重要性を感じにくいかもしれないが，特に整理作業は司書教諭の専門性の核を構成する。確かに，近年では学校司書が行ったり，外部委託される部分が増えつつある。しかし，このライフサイクルを十分に理解した上で，自館の整理規程によって組織化を行い，滞りなく安定的・継続的な学校図書館の経営をすることで，調和のとれた独自の図書館の形成が行われるのである。

　まず，（1）収集作業の中でも，学校図書館におけるメディアの受入は，書店や出版社等の販売ルートから購入する方法と，寄贈を受ける方法，交換・寄託がある。購入する場合は，発注の後，納品されたメディアを検収し，支払を行う。登録原簿に，受入年月日・受入番号・書誌的事項を記録し，蔵書点検や除籍に供するとともに，蔵書評価にも役立てることでコレクションを不断に向上させていく。寄贈に関しては選択手続を経た上であらかじめ学校側から寄贈申込をする場合と，申し込みなしに受贈したメディアを学校図書館として改めて選択手続きを行う場合がある。寄贈者には，礼状を送り謝意を伝える。

　受入メディアの（2）整理作業における目録とは，書誌的事項のほか，排架場所などの所蔵を記載したリストのことであり，これまではカード目録や冊子目録が使われてきた。著者名から検索するための著者目録や，タイトルから検索するための書名目録，分類記号順の分類目録，メディ

アの内容を表す言葉から引くための件名目録が，カード目録を複写するなどの整理技術とともに活用されてきた。

　一方，最近では場所をとらず加除が簡便で，複数の方式を組み合わせて検索できるコンピュータ目録が主流になりつつある。機械可読目録（MARC: MAchine-Readable Cataloging）をベースとした分担目録作業のオンラインシステムである書誌ユーティリティと接続される，目録提供・検索システム（OPAC: Online Public Access Catalog）が使われる場合もある。目録作成は主観的に行ったり，MARC を購入しそのまま使用するのではなく，日本目録規則（NCR: Nippon Cataloging Rules）に準じて自館のローカルデータも入力しつつ，標目，タイトル・出版者・出版年といった記述，所在記号，受入番号などの構成要素を記述する。件名についても，「小学校件名標目表」「中学・高校件名標目表」（ともに全国学校図書館協議会）「基本件名標目表」（日本図書館協会，BSH: Basic Subject Headings）のいずれかに従い，MARC から得た件名に自館で追加付与（データ入力）するのが望ましい。統制されたキーワード集ともいうべき件名標目表は，同義語・類義語を統一することを主な目的に，主題を表す件名の音順に配列されたツールである。特定の著者名や書名に関係なく，自分の調べたい主題のメディアを求める際に役立つ。例えば，『中学・高校件名標目表』では，「ホテル　ホテル→旅館」「ホニュウ　哺乳類　489」「ホネ　骨→骨格」と記載されている。

　メディアの書架への排架方法については，歴史的には，受入年月日順や，書架のサイズに合わせた寸法別，教科や学年別，件名による主題別の排架法も存在したが，現在では，「日本十進分類法」（NDC: Nippon Decimal Classification）による分類記号順の分類排架が原則として採用されている。NDC では，0 から 9 までの10のテーマに分けて，その 1 つ 1 つをさらに10に分けていくことを繰り返す。例えば，「アザラシ」は，

「4　自然科学」→「48　動物学」→「489　哺乳類」→「489.5　食肉類」→「489.59　アザラシ」のように細分化されていく。注意すべきなのはアザラシを「664.9　水産業」として分類する場合があり，どの分類を採用するのかは個々の学校図書館のコレクションの状況と方針により異なる点である。その意味でも，整理・分類の手法を十分に習得していくことが望ましい。桁数については，要目表（3桁）または細目表（4桁以上）によって分類することが理想的である。「日本十進分類法」以外の分類法や，購入順・全集ごとの分類，出版社名ごとの分類は特別な場合を除き避けた方が賢明である。

　メディアは装備，すなわち，所在記号（分類記号・請求記号とも呼ばれる）を記入したラベルを貼り付け，押印やバーコード添付を行い，透明ビニールシート状の粘着カバーで保護をして，排架される。

　（3）保存作業では，使用に伴う順序の乱れや，紛失・汚損を把握するために，書架整理や蔵書点検を行う。紛失，汚損があったり，所蔵する価値が下がったメディアは廃棄基準に従い除去し，登録原簿から抹消した上で廃棄を行う。年に2回以上，定期的に行うことが期待される。子どもたちがどの本を手にとってもおもしろいと思えるような魅力ある本棚を形作ためには積極的な廃棄もときには必要となり，購入よりもいっそう難しい判断に迫られることも多い。以上の専門的な事項については，他の司書教諭資格取得に資する科目「学校図書館メディアの構成」で詳しく学ぶことになる。

　たとえ身の回りの雑貨でも，整理整頓をして，いつでも取り出せるように場所を決めておかないと，いざという時に見つけられないのと同じように，学校の中に情報整理の専門家が存在しない限り，有用な情報が利用される機会を逸してしまう。インターネットの検索サイトも，一瞬で表示させるために，事前に膨大な分類整理の計算をして巨大な索引を

準備している。情報活用能力の育成に向けて，文集，卒業アルバム，研究紀要をはじめ，古い新聞の記事や博物館のチラシなど，今まで見逃されたり捨てられたりしてきた，多種多様な情報を保管し，迅速に取り出せる専門家が求められている。無価値と思われてきた物事を，高い価値に転換することも整理・分類の技術に含まれる。

参考文献

●全国学校図書館協議会「全国学校図書館協議会図書選定基準」・「全国学校図書館協議会絵本選定基準」「全国学校図書館協議会コンピュータ・ソフトウェア選定基準」・「学校図書館図書廃棄基準」（https://www.j-sla.or.jp/material/index.html）
●もりきよし編『日本十進分類法　新訂10版』（日本図書館協会　2014）
●全国学校図書館協議会件名標目表委員会・編『中学・高校件名標目表　第3版』（全国学校図書館協議会　1999）

10 | 学校図書館の活動①：概論

設楽　敬一

《**目標&ポイント**》　学校図書館の活動は，主に児童生徒と教職員を対象に展開する図書館サービスである。この章では具体的な内容と方法について論じるとともに，学校図書館活動の拡大についても取り上げる。また，学校図書館活動の展開に際して考慮すべき著作権の運用についても触れる。
《**キーワード**》　学校図書館活動，資料提供サービス，情報サービス，利用促進

1．学校図書館活動の対象と領域

（1）学校図書館活動の目的

　学校の設備である学校図書館は，学校教育目標を達成するために，教職員や児童生徒を対象に活動する。また，学校教育は，「一定の施設・設備と専門の教職員を有する計画的・組織的・継続的な教育機関」（新教育学大事典・第一法規）と定義されているので，学校図書館の経営や運営，メディアの整備などに関する活動計画は欠かせない。

　学校図書館には，2つの目的（教育課程の展開に寄与する，児童又は生徒の健全な教養を育成する）と3つの機能（読書センター，学習センター，情報センター）がある。特に前者は「学校図書館法」の第2条に明記されているものであり，学校教育目標の達成と整合性を保ちつつ教育計画や学年・教科等の指導計画などと一体化させることで効果が発揮できる。

（2）学校図書館活動の対象と領域

　現行の学習指導要領にある「主体的・対話的で深い学び」を実現する授業改善には，学校図書館の資料（メディア）や活動の充実が欠かせない。学校図書館活動は，2つの目的をもとに児童生徒が各教科等および教科以外での読書や研究などで学校図書館の利用に関わる活動，教職員が学校経営や学級経営のために学校図書館の利用に関わる活動および学校図書館の利用を活発化したり拡大したりするなどの活動から成る。司書教諭は，教育課程全体を俯瞰して全ての教員と連携し，校務分掌間の調整を行い組織的・計画的な学校図書館の経営と運営にあたる。2014（平成26）年に「学校図書館法」が改正され，学校図書館活動を充実するために，専ら学校図書館の職務に従事する職員として学校司書を置くことが努力義務として明記された（**本書付録1参照**）。このことにより，司書教諭と学校司書が連携協力した学校図書館活性化の道が開けたと言える。司書教諭と学校司書の役割分担を明確化することで，学校図書館が豊かになるものと確信する。

①児童生徒

　学校図書館の利用対象は，「学校図書館法」で「児童又は生徒及び教員」を利用対象者としているが，中心的な利用者は児童生徒である。また，同法に「教育課程の展開に寄与する」とあることから児童生徒の日常的な学習活動に対する支援が学校図書館活動の中心的な取組である。現行の「学習指導要領」総則に「学校図書館を計画的に利用しその機能の活用を図り，児童（生徒）の主体的，意欲的な学習活動や読書活動を充実すること」とあることから，学校図書館は，主体的，意欲的な学習活動を支援する多様で豊かな資料（メディア）を提供する学習センターや学びかたや信頼できる情報を提供する情報センター機能と豊かな心を育む読書活動を支援する読書センター機能の充実が欠かせない。更に，

児童生徒の深い学びに欠かせない情報の質と量，情報の信憑性を見極める批判的思考力の醸成なども重要な課題である。

②教職員

　「学校図書館法」では，教員も利用者として明記されている。このことから学校図書館は，授業を受ける児童生徒に加えて授業を設計する教員への支援が求められている。教材研究を通して，個別指導のための多様な資料（メディア）や学びを深めるための専門的な資料（メディア）など最新の資料（メディア）とともに年鑑のようなデータの経年変化を確認するための資料（メディア）などに，求めに応じていつでも出会えるようにしておくことが大切である。2009（平成21）年の子どもの読書サポーターズ会議「これからの学校図書館の活用の在り方等について（報告）」で「図書資料のレファレンスや他の図書館から資料を取寄せる等のサービスを行ったりする教員のサポート機能も，学校図書館が本来担うべき重要な役割の１つである」と明記している。また，2016（平成28）年の「学校図書館ガイドライン」では，「学校図書館は，教員の授業づくりや教材準備に関する支援や資料相談への対応など教員の教育活動への支援を行うよう努める」ことを明記している。今後，児童生徒が主体となって課題を見出し，資料（メディア）をもとに探究の過程を通して学んだことを的確にまとめて発表するなどの学習活動を豊かにしていくためにも教員の授業づくり等を支援する学校図書館の役割は大きい。

2．学校図書館活動の内容と方法

（1）資料（メディア）提供サービスと情報提供サービス

①閲覧・貸出

　学校図書館活動の中で，最も基本的なサービスが閲覧・貸出である。児童生徒が学習活動や読書活動で学校図書館を利用するとき，資料（メ

ディア）を閲覧して，必要なものは貸出の手続きをする。従って児童生徒が目的の資料（メディア）に効率的にたどり着くための工夫が欠かせない。児童生徒が登校してから下校するまでの間，自由に閲覧できるように常時開館しておくことが望ましい。加えて，発達段階に応じて資料を探しやすいように，見やすいサインや日本十進分類法（NDC（Nippon Decimal Classification））による分類などの標準的な排架を心がけることが大切である。

　貸出は，館外や家庭での学習活動で使う資料（メディア）や集中して読書を楽しむ活動などに欠かせないサービスである。学校図書館の資料（メディア）は，利用者全員で共有していることを徹底して指導する必要がある。つまり，貸出に際して，ルールとして資料（メディア）に書き込みをしたり破損したりしないようにすることは最も基本的な指導事項である。1つの資料（メディア）を長期間独占しないように貸出期間を長くても2週間程度にして，貸出数も2〜5冊程度にするなどの制限を設けている学校図書館も多い。なお，館内でのみ利用できる資料（メディア）を定める学校もある。例えば，百科事典，辞書，図鑑，年表などのレファレンスブックや貴重な郷土資料，新聞や雑誌の最新号，卒業アルバムや文集，児童・生徒会誌などである。こうした資料には「館内」「禁帯出」などのラベルを貼付する。

②レファレンスサービス

　『図書館情報学用語辞典（第5版）』（丸善出版，2020年）によるとレファレンスサービスは，「何らかの情報あるいは資料を求めている図書館利用者に対して，図書館員が仲介的立場から，求められている情報あるいは資料を提供ないし提示することによって援助すること，およびそれにかかわる諸業務。図書館における情報サービスのうち，人的で個別的な援助形式をとるものをいい，図書館利用者に対する利用案内（指導）

と情報あるいは資料の提供との二つに大別される」とある。

　学校図書館では，利用案内（指導）と，多種多様な情報源の作成・提供により児童生徒及び教職員の課題解決を促している。

　利用案内（指導）（**図10-1**）としては，学校図書館の入口に概要を掲示して，読書週間や読書マラソンなどの行事や取組特集なども併せて明記することで，学校図書館の利用が促進できる。

　多くの学校では，新学期に学校図書館オリエンテーションを実施している。このとき，利用のルールや館内配置図，利用の仕方や資料(メディア)の探し方などが指導される。コンピュータで蔵書管理をしている学校図書館では，コンピュータ目録（OPACなど）の使い方も指導したい。

　各教科や教科等横断的な授業において探究型学習を進めるには，学校図書館の資料（メディア）の活用が欠かせない。多くの場合，情報活用

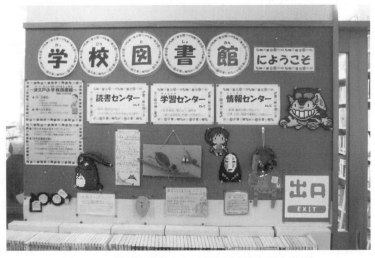

図10-1　学校図書館案内（新宿区立津久戸小学校）

能力の育成と関連して段階的に探究の過程を繰り返し指導する必要がある。どの段階でどの程度の情報活用能力を育むかについては，各学校の教育課程で計画的・組織的に編成する必要がある。全国学校図書館協議会の「情報資源を活用する学びの指導体系表」を参考にしてほしい。

　多様な情報源の作成については，ブックリストやパスファインダーの作成がある。ブックリストには，推薦図書リスト，授業関連のリスト，作家やテーマ別リストなど多様なリストがある。この場合，児童生徒向け（**図10−2**）なのか，教職員向けなのかや，それぞれ目的に応じて内容を精査する必要がある。リストには，書名，著者名，発行所，発行年等の書誌情報のほか，ブックリストの利用者が使いやすいようするための工夫も欠かせない。

　パスファインダーは，『図書館情報学用語辞典（第5版）』（丸善出版，2020年）によると「利用者に対して，特定の主題に関する各種情報資源

図10−2　発達段階に応じたブックリスト

や探索方法を紹介・提供する初歩的なツール。通常，その図書館のコレクションやサービスを対象として作成される。1969年に米国マサチューセッツ工科大学で考案された。当初は一枚物のリーフレットとして提供されたが，現在では図書館ウェブサイトから電子的にも提供される。個々の資料・情報資源が人為的に重み付けされた上で解題を付してリスト化され，調べ方に関する解説もなされているため，単なるリストやリンク集とは異なる。」とある。

　国立国会図書館のリーサーチ・ナビには「公共図書館パスファインダーリンク集」に，都道府県立図書館と政令指定都市立図書館別のリストがあるので，参考にしてほしい。

（2）広報活動や集会・行事などのサービス

　学校図書館が利用者へ直接働きかける方法として，広報活動や集会・行事などがある。これらを通して，学校図書館の機能を利用者である児童生徒や教職員が理解することで，学校図書館の利用や，学校図書館を活用した学習活動や読書活動が促進される。そのためには，学校図書館だよりや校内放送，学校図書館 Web サイト，SNS などを機会あるごとに活用して広報に努め，集会・行事を企画運営し，学校図書館への興味関心を喚起していきたい。

①広報活動

　定期的に学校図書館だよりを発行することで，学校図書館の活動や新着情報などを知らせることができ，学校図書館への興味関心が喚起できる。利用者に伝わりやすい紙面にするためには，一目で何が書いてあるか分かるようにタイトルやレイアウトなどを固定化して，毎月や隔月など定期的な発行を目指す。内容も利用状況の統計や，季節ごとの行事，教科学習と連携した特集，図書委員会の活動など多様だが，時間をかけ

ずに効果的な紙面づくりを目指す工夫も大切である。『作ろう！わくわく図書館だより』（2017年，太田敬子著）などが参考になる。同時に，学校図書館のWebサイトと連携することで，さらに効果を発揮する。ただ，紙媒体とWebサイトでは，著作権法上の取り扱いや個人情報の保護などに関して違いがあるので，留意する必要がある。

②集会・行事

　集会活動や学校図書館行事は，児童生徒に知る喜びを味わわせて学習意欲を刺激したり，豊かな心を育む読書意欲を喚起したりする機会として充実させたい。読書関係では，「絵本週間」（3月27日〜4月9日），「国際子どもの本の日」（4月2日），「教科書の日」（4月10日），「子ども読書の日」（4月23日），「子ども読書週間」（4月23日〜5月17日），「学校図書館の日」（6月11日），「文字・活字文化の日」（10月27日），「文化の日」（11月3日），「全国読書週間」（10月27日〜11月10日）などにあわせて，関連の行事を開催することで，学びや読解力への関心を醸成していく。その他，読み聞かせやお話会，ビブリオバトルなども欠かせない。こうした多様な活動を通して，学校図書館の機能を活用した児童生徒の学びや読書の充実を目指すことができる。

3．学校図書館活動の拡大・著作権

（1）図書館協力とネットワーク

　大学図書館や公共図書館では図書館間での協力やネット―ワークが充実している。しかし，学校図書館については，一部の地域において，学校図書館支援センターなどを設けてネットワーク化を進めている段階である。詳しくは第14章を参照されたい。

（2） 学校図書館の地域開放

　2009（平成21）年の子どもの読書サポーターズ会議「これからの学校図書館の活用の在り方等について（報告）」で「Ⅳ．学校図書館の活用高度化に向けた視点と推進方策」の中に「視点②：家庭や地域における読書活動推進の核として，学校図書館を活用する」と「視点⑥：放課後の学校図書館を地域の子どもたち等に開放する」が提言されている。このことは，同報告の「2．学校図書館の機能・役割」でも，「家庭・地域における読書活動の支援」として，

　　○学校図書館を，学校の児童生徒や教員だけでなく，地域住民全体のための文化施設として有効に活用できるようにすべきとする要請も多くなっている。

　　○このような要請の下，例えば，

　　　・家庭と連携して読書活動を進めるため，親子貸出しの実施など，保護者等の学校図書館利用を可能とする取組や，

　　　・学校図書館を地域住民全体の文化施設と位置付け，放課後や週末に，他校（他校種の学校）の児童生徒や地域の大人にも開放する取組などを通じ，地域における読書活動の核として，学校図書館の施設等やその機能の活用を図っている例もある。

　　など，具体例を示している。

（3） 学校図書館活動と著作権

　学校図書館における閲覧は自由に行うことができる。貸出も同様であるが，例外として映画や動画の著作物については，館内での視聴は可能であるが，貸出については権利者の許諾が必要となるので注意したい。

　また，「著作権法」第35条により，「教育を担任する者及び授業を受ける者は，その授業の過程における利用に供することを目的とする場合に

は，その必要と認められる限度において，公表された著作物を複製し，若しくは公衆送信（自動公衆送信の場合にあつては，送信可能化を含む。以下この条において同じ。）を行い，又は公表された著作物であつて公衆送信されるものを受信装置を用いて公に伝達することができる。ただし，当該著作物の種類及び用途並びに当該複製の部数及び当該複製，公衆送信又は伝達の態様に照らし著作権者の利益を不当に害することとなる場合は，この限りでない。」とされている。複製（コピー）する場合には，この規定を遵守しなければならない。

参考文献

●太田敬子著『作ろう！わくわく図書館だより』（全国学校図書館協議会　2017）

●「シリーズ学校図書館学」編集委員編『学校経営と学校図書館』（全国学校図書館協議会　2011）

●全国学校図書館協議会監修『司書教諭・学校司書のための学校図書館必携理論と実践　新訂版』（悠光堂　2021）

●「探究　学校図書館学」編集委員編『学校経営と学校図書館』（全国学校図書館協議会　2019）

●日本図書館情報学会用語辞典編集委員会編『図書館情報学用語辞典（第5版）』（丸善出版　2020）

●野口武悟・前田稔編著『改訂新版　学校経営と学校図書館』（放送大学教育振興会　2017）

●森田盛行著『みんなで学ぼう学校教育と著作権：著作権の基本から指導まで』（全国学校図書館協議会　2019）

11 | 学校図書館の活動②：小学校の事例

設楽　敬一

《**目標＆ポイント**》　学校図書館活動の実際について具体的事例を通して紹介する。この章では，小学校の学校図書館活動を取り上げる。
《**キーワード**》　学校図書館活動，小学校の学校図書館

本章は，小学校の学校図書館，特に司書教諭・学校司書の行う活動について，新宿区立津久戸小学校の具体的な事例をもとに述べる。

1．新宿区立津久戸小学校と学校図書館の概要

新宿区立津久戸小学校は，「神楽坂」という由緒のある地域に1904年に創立した歴史ある小学校である。津久戸小学校の特色の１つとして，図書館活用教育の充実がある。伝統的に，保護者・地域の協力で続いてきた読み聞かせ活動をもとにして，2005（平成17）年度から３年間校内研究として図書館活用教育に取り組んできた。2008（平成20）年度には，「読書活動優秀実践校」として文部科学省から表彰を受けている。現在も図書館の見学や図書館活用の取組への問い合わせが多く，高い評価を得ている。

また，津久戸小学校では，校長・副校長・主幹・司書教諭・学校図書館担当者による学校図書館運営委員会を組織していることも特徴である（**図11 - 1**）。

司書教諭は，学校図書館支援員（学校図書館スタッフ）や学校図書館ボランティアと活動計画に沿った多様な活動を行っている（**表11 - 1**）。

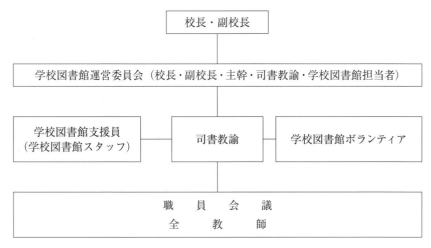

図11-1　学校図書館運営組織図

表11-1　学校図書館活動計画（新宿区立津久戸小学校）

4 月	開館準備，開館，指導計画作成，子ども読書の日（4月23日），オリエンテーション，ボランティアの会
5 月	図書購入　読書月間準備
6 月	読書月間（6／1～6／30）　津久戸一日読書の日（6月22日）
7 月	夏休みの読書案内と貸出・読書感想文指導資料配付　調べる学習コンクールに向けて案内，準備
8 月	夏休みの開館
9 月	読書感想文指導・読書感想文校内審査（全員参加を原則）学校代表は区へ　調べる学習コンクール出品
10月	読書活動推進
11月	読書活動推進
12月	冬休みの読書案内
1 月	年度末図書購入　　読書月間準備

2月	読書月間（2／1〜2／28）津久戸一日読書の日（2月22日） 年度の反省・活動の評価
3月	後輩への本の紹介，閉館準備，開館準備，ボランティアの会
年間	・学習・読書活動への支援（司書教諭の授業支援） ・環境整備・掲示・展示（学校図書館スタッフ，学校図書館支援員， 　　　　　　　　　　　　　学校図書館ボランティアの連携・協力） ・図書委員会活動…当番活動・広報活動・児童の創意による活動 ・レファレンス（図書やその他資料についての案内・相談） ・学校図書館ボランティアによる読み聞かせ ・新宿区立図書館との連携　　　　　　　　　　　　　　　など

（2）教職員の理解・協力の促進と学校図書館づくり

　学校図書館を読書センターとして活用している学校は多いが，学習センターや情報センターとして授業で活用するには，全教職員の理解と協力が欠かせない。津久戸小学校では，学校図書館経営計画で，「教育課程での位置づけ」を次のように明記している。

> 学校図書館は，教育課程の展開に寄与する。
> ○学校図書館活用のため指導及びブックトークなどの指導，読書感想文におけるきめ細かい指導，調べる学習コンクールへの参加意欲を高める指導，各教科等での調べ学習を充実させ，調べる力・読み取る力をはじめとした情報活用能力を身に付け，豊かな感性を養う。

「学習・情報センターとしての活用」を次のように明記している。

> ・各教科等で，学校図書館を有効に活用する。
> ・司書教諭の授業支援を推進する。
> ・学校図書館支援員・学校図書館スタッフ・司書教諭の連携を図る。
> ・新宿区立図書館との連携を深める。
> ・体験活動と学校図書館活用の相乗効果を追究する。

「読書センターとしての活用」を次のように明記している。

> ・使いやすく，居心地の良い学校図書館づくりをする。
> ・児童の健全な教養を育成するために読書活動を推進する。
> 　朝読書・4月23日「子ども読書の日」・読書月間・ボランティアの
> 　活動　など
> ・基礎となる読解力の育成のために学校図書館を有効に活用する。
> 　○国語科における読書指導や学習の発展としての読書の充実（並行
> 　　読書など）
> 　○読み聞かせや掲示・展示等，学校図書館支援員とスタッフの授業支援
> 　○各教科等における読書活動の推進
> 　○司書教諭による読書感想文指導資料の作成，各学級での読書感想
> 　　文の指導
> 　○読書感想文集「けやき」の活用　　など

表11-2　学校図書館活用年間指導計画（新宿区立津久戸小学校）

	1年	2年	3年	4年	5年	6年
4月	・おはなし たのしいな ○◆ ・こんな もの みつけたよ □ ［図書館利用の方法］ ・アレルギー【生活】◆ ・えのぐでかこう【図工】◆	・ふきのとう ○◆ ・図書館たんけん ［図書館利用の方法］□ ・野さいを育てよう【生活】◆	・どきん ○ ・きつつきの商売 ・図書館たんていだん ［図書館利用の方法］□	・春のうた ○◆ ・白いぼうし ○△◆ ［図書館の達人になろう］ ［図書館利用の方法］□ ・都道府県【社会】◆ ・津久戸アコスタジオ【総合】◆	・かんがえるのっておもしろい ○◆ ・なまえつけてよ ○△ ・図書館を使いこなそう ［図書館利用の方法］□ ・俳句【国語】◆	・春の河／小景異情 ○ ・帰り道 ○△◆ ・地域の施設を利用しよう ［公共施設利用の方法］ ・オリンピック・パラリンピック □ ・国会議事堂見学【社会】◆
5月	・としょかんへ いこう □ ［図書館利用の方法］ ・はさみ・ねんど【図工】◆ ・アサガオのたねをまこう【生活】◆	・いなばの 白うさぎ ○◆ ・たんぽぽの ちえ ○△◆	・言葉で遊ぼう／こまを楽しむ	・思いやりのデザイン／ アップとルーズで伝える ○△ ・ごみはどこへ【社会】◆	・見立てる／ 言葉の意味が分かること ◆	・笑うから楽しい／時計の時間と 心の時間 ○◆ ・津久戸の歴史【総合】◆ ・刺繍【家庭科】◆ ・家事：洗たく【家庭科】◆
6月	・あいうえおで あそぼう ○◆ ・おおきな かぶ ○△◆ ・むし歯 【生活】◆ ・防災：避難訓練【生活】◆ →ビッグブック貸出	・スイミー ○△◆ →ビッグブック貸出 ・レオ＝レオニの本 ○◆ →ビブリオバトル用貸出 ・ざりがに【生活】◆	・まいごのかぎ ○◆ ・こん虫を調べよう【理科】◆ ・店で働く人と仕事【社会】◆	・一つの花 ○◆ ・新聞を作ろう【調べ学習】◆	・みんなが過ごしやすい町へ 【調べ学習】◆ ・俳句／短歌 ◆ ・米作りのさかんな地域【社会】◆	・私たちにできること【調べ学習】◆
7月	・としょかんと なかよし ［図書館利用の方法、読書記録］ ・課題図書 △◆	・お気に入りの場しょ／かいじんよう ／ミリーのすてきなぼうし ○ ・課題図書 △◆	・仕事のくふう、見つけたよ 【調べ学習】◆ ・はじめて知ったことを知らせよう／ 自分になったきょうりゅうの話 ○ ・課題図書 △◆	・事実にもとづいて書かれた本を 読もう／ランドセルは海をこえて ◆ ・水はどこから【社会】◆ ・課題図書 △◆	・作者で広げるわたしたちの読書／ カレーライス ○△◆ ・水産業のさかんな地域【社会】◆	・私と本／森へ ○◆ ・課題図書 △◆
9月	・こえに だして よもう ○◆ ・うみの かくれんぼ ○△◆ ・時計の本【算数】◆	・どうぶつ園のじゅうい ○◆ ・うごくうごくわたしのおもちゃ ◆	・わたしと小鳥とすずと／ 夕日がせなかをおしてくる ○◆ ・ポスターを見て 【メディアの読み方】 ・ちいちゃんのかげおくり ○△◆	・忘れもの／ぼくは川 ○△◆ ・パンフレットを読もう 【メディアの読み方】 ・ごんぎつね ○△◆	・新聞を読もう【メディアの読み方】◆ ・たずねびと ○△ ・和食【総合】◆ ・世界の食文化【総合】◆	・伊藤【図工】◆ ・せんねん まんねん ○△◆ ・利用案内を作ろう 【メディアの読み方】 ・やまなし／イーハトーヴの夢 ○△ ・オリンピック・パラリンピック 【総合】◆
10月	・みてみてなかよし ○【図工】◆ ・ひつじかいのこども【道徳】◆ （イソップ童話）	・お手紙 ○◆ ・運動会の詩を作ろう；詩集 ◆ ・まちたんけん【生活】◆ ・九九【算数】◆	・本をつかって調べよう □	・世界にほこる和紙／□ 百科事典で調べよう □ 伝統工芸のよさを伝えよう 【調べ学習】◆ ・読み物をセレクチャー ◆	・固有種が教えてくれること／ 統計資料の読み方／ グラフや表を用いて書こう 【調べ学習】◆ ・自動車工業【社会】◆ ・和食【総合】◆	・葉っぱのフレディ【道徳】◆
11月	・じどう車ずかんを つくろう ○△◆ ・むかしばなしを よもう ◆ ・みてみておはなし【図工】◆	・まちたんけん【生活】◆	・すがたをかえる大豆／ 科学読み物で調べ方／ 【調べ学習】◆ ・ことわざ・故事成語 ○◆ ・生きものくらし【理科】◆	・津久戸文集：はねうた ○	・古典芸能の世界—語りで伝える ・和食のマナー【総合】◆	・「鳥獣戯画」を読む／ 調べた情報の用い方／ 日本文化を発信しよう【調べ学習】◆ ・古典芸能の世界—演じて伝える
12月	・みてみておはなし【図工】◆ ・てがみしらせよう ◇ハガキ	・わたしはおねえさん ○△◆ →すみれちゃんシリーズ紹介	・三年とうげ ○△◆	・プラタナスの木 ○△◆	・俳句：季語 ○ ・やせばたけ レ—アンパンマンの 勇気 ○△◆ ・はたらくどう考える【調べ学習】◆ ・伝記 ○△	
1月	・こえに 出して よもう ○ ・むかしあそび ○△◆ ・たぬきのいとぐるま ○	・ようすをあらわすことば ○△◆	・詩の くふうを楽しもう ○△◆ ・ありの行列 ○◆ ・かわる道具とくらし【社会】◆	・自分だけの詩集を作ろう ○△ ・ウナギのなぞを追って ○△◆	・生活の中で詩を楽しもう／ 想像力のスイッチを入れよう ○△◆ ・情報通信技術【社会】◆ ・行事食【家庭科】◆	・詩を朗読してしょうかいしよう ○ ・メディアと人間社会／ 大切な人と深くつながるために／ プログラミングで未来を創る ○△
2月	・どうぶつの 赤ちゃん ○△◆	・おにごっこ／本でのしらべ方 【調べ学習】 ○△◆		・もしものときにそなえよう 【調べ学習】	・この本、おすすめします／ 提案しよう、言葉とわたしたち 【調べ学習】	・日本とつながりの深い国々 【社会】◆
3月	・すうっと、ずっと、大すきだよ ○△◆	・スーホの白い馬 ○△◆	・モチモチの木 ○△◆	・初雪のふる日 ○	・大造じいさんとガン ○△◆	・海の命 ○△◆
巻末付録	・この本、よもう ○△◆	・本のせかいを広げよう ○△◆ ・知りたいことの見つけ方、しらべ 方【調べ学習】◆	・本の世界を広げよう ○△◆ ・知りたいことの見つけ方、調べ方 【調べ学習】	・本の世界を広げよう ○△◆ ・課題の見つけ方、調べ方 【調べ学習】	・課題の見つけ方、調べ方 【調べ学習】 ・本の世界を広げよう ○◆	・課題の見つけ方、調べ方 【調べ学習】 ・本の世界を広げよう ○◆

　このように，学校図書館経営計画に学校図書館の機能を明記すること
が大切である。これを受けて，学校図書館活用年間指導計画（表11-2）
を作成している。経営計画と指導計画がセットになって，学校図書館が
組織的・計画的に運営できることになる。

　また，月ごとの読書月間実施計画案では，ねらいに沿った取組内容を明
確にすることで，教職員間で情報を共通している（表11-3，図11-2）。

表11-3　6月読書月間実施案

6月読書月間実施案

　　　　　　　　　　　　令和3年5月24日　特活部（学校図書館担当）
1　ねらい　　読書に関する活動を，全校で展開することにより，本にふれる機会を増や
し，読書への関心や意欲を高める。
2　期　間　　6月1日（火）～6月30日（水）
3　取組内容
（1）おはなし会（1～3年）　　　　　　　各クラス1時間。通常の時間割と同じ時間で行う。
　ブックトーク（4～6年）　　　　　　　テーマは「オリンピック・パラリンピック」
　担当：1～3年…鈴木先生　　　4～6年…金子先生

	1校時	2校時	3校時	4校時	5校時	6校時
6月14日（月）		1-1	3-2	3-1		
6月15日（火）			4-1	6-2	5-1	5-2
6月17日（木）		2-1		2-2	1-2	
6月18日（金）	6-1		4-2			

・紹介した本を団体貸出で借りて，各クラスに1冊ずつ貸し出す。6月末に図書室に担
　任が返却する。
　　→教室で紛失してしまった年があるので，学級での管理を徹底する。
・紹介した本のリーフレットを配布する。
＊不都合がありましたら，早めに菊池までお知らせください。
（2）ファミリー読書　　　期間：6月7日（月）～6月13日（日）
方法：①家の人に読んでもらう
　　　②家の人に読んであげる
　　　③一緒に読む
　　　④交互に読む
　　　⑤同じ本を読んで感想を話し合う
　　　⑥おすすめの本を家庭で紹介し合う
　　　⑦家庭で読書タイムをつくり，みんなでゆっくり読書をする　　　など

　日程：6月1日（火）　　お知らせの手紙と「ファミリー読書の記録」配布
　　　　6月7日（月）～6月13日（日）　ファミリー読書期間
　　　　6月14日（月）　「ファミリー読書の記録」回収
＊回収後，クラスごとまとめて菊池へ提出してください。金子先生と鈴木先生が感想をま
とめてくださいます。まとめる作業が終わりましたら返却します。返却後は読書の記録
に貼ってください。
（3）先生方の「おすすめの本」紹介
「おすすめ本」の紹介文を書き，第一階段に掲示する。
　　・締め切り　5月31日（月）

（3）学習とのかかわり

　津久戸小学校では，低・中・高学年に分けて学び方指導に関する「情報・メディア活用能力育成計画」を作成している（**表11-4**）。この計画表は，探究型学習に即して「Ⅰ　課題の設定」「Ⅱ　メディアの利用」「Ⅲ　情報の活用」「Ⅳ　まとめと情報発信」の項目を立てて，具体的な「指導項目」「内容」「例示」に分けて明示している。この計画表を全職員で共有することにより，各単元の学習で情報とメディアの活用能力の育成を探究の過程に沿った形で進めている。現行の学習指導要領では，「主体的・対話的で深い学び」による授業改善が強く求められている。そのためには，児童一人ひとりが探究の過程を日々の授業で繰り返し体験することが必須となる。

図11-2　雨の日も多い6月の月間実施案に対応した学校図書館の展示

　探究型学習を進めるに当たっては，学校図書館の資料（メディア）が活用できるかを事前に確認したり，適切な学び方の指導方法を選択したりすることが欠かせない。事前に学校図書館支援員と相談して単元のねらいに即した資料（メディア）を探してもらったり公共図書館の団体貸

表11-4　情報・メディア活用能力育成計画

情報・メディア活用能力育成計画			
			令和3年度 新宿区立津久戸小学校 凡例　「◎」指導項目　「◇」内容　「＊」例示
Ⅰ　課題の設定	Ⅱ　メディアの利用	Ⅲ　情報の活用	Ⅳ　まとめと情報発信
 小学校低学年 ◎課題をつかむ 　◇教科学習の題材，日常生活の気付きから考える 　◇見学や体験での気付きから考える ◎学習計画を立てる 　◇学習の見通しをもつ 　◇テーマが適切かどうか考える 　◇テーマ設定の理由を書く	◎学校図書館の利用方法を知る 　＊図書館のきまり 　＊学級文庫のきまり 　＊本の借り方・返し方 　＊図書の分類の概要 　＊目次や索引の使い方 ◎学校図書館メディアの利用方法を知る 　＊絵本，簡単な読み物，自然科学の本，図鑑 　＊インターネット	◎情報を集める 　＊観察，見学，体験 　＊インタビュー 　＊図書資料，図鑑 　＊インターネット ◎記録の取り方を知る 　◇カードやワークシートに書き抜く 　◇タブレットやデジタルカメラで写真を撮る 　◇日付や資料の題名・著者名を記録する	◎学習したことを相手や目的に応じた方法でまとめ，発表する 　＊口頭，絵，文章 　＊絵カード，クイズ 　＊紙芝居，ペープサート，絵本，劇 　＊ミライシード，パワーポイントなどのツール ◎学習の過程と結果を評価する（自己評価・相互評価） 　◇調べ方を評価する 　◇まとめ方を評価する
 小学校中学年 ◎課題をつかむ 　◇学習の題材，日常生活の気付きから考える 　◇見学や体験での気付きから考える 　◇課題について話し合う 　◇フラワーカードなどを利用する ◎学習計画を立てる 　◇調べる方法を考える 　◇学習の見通しをもつ 　◇テーマが適切かどうか考える 　◇テーマ設定の理由を書く	◎学校図書館の利用方法を知る 　＊日本十進分類法（NDC）のしくみと配架のしかた 　＊レファレンスサービス 　＊ファイル資料 　＊地域資料，自校資料 ◎公共図書館の利用方法を知る 　＊検索のしかた，レファレンスサービス ◎学校図書館メディアの利用方法を知る 　＊図書資料，百科事典，国語辞典，漢字辞典，地図 　＊新聞，雑誌 　＊タブレット	◎情報を集める 　＊観察，見学，体験 　＊ゲストティーチャー，インタビュー 　＊図書資料，百科事典，国語辞典，地図，図表 　＊新聞，雑誌 　＊タブレット ◎記録の取り方を知る 　◇記録カードに記録する（抜き書き・要約） 　◇タブレットやデジタルカメラで写真を撮る 　◇集めた情報を目的に応じて分ける ◎情報の利用上の留意点を知る 　＊著作権，引用のしかた，出典の書き方 　＊個人情報の保護	◎学習したことを相手や目的に応じた方法でまとめ，発表する 　＊文章，新聞，ポスター，リーフレット 　＊クイズ 　＊絵本，劇 　＊発表会，展示 　＊ミライシード，パワーポイントなど ◎学習の過程と結果を評価する（自己評価・相互評価） 　◇メディアの使い方を評価する 　◇調べ方を評価する 　◇まとめ方を評価する 　◇発表のしかたを評価する 　◇ポートフォリオなどを利用する

| | ◎課題をつかむ
　◇学習の題材，日常生活での興味関心から考える
　◇ウェビングなどの発想法を利用する
　◇大テーマから中・小テーマを設定する

◎学習計画を立てる
　◇調べる方法を考える
　◇学習の見通しをもつ
　◇テーマ設定の理由を書く | ◎学校図書館の利用方法を知る
　＊日本十進分類法（NDC）のしくみと配架のしかた
　＊目録の利用のしかた
　＊レファレンスサービス

◎各種施設を使用する
　＊公共図書館
　＊博物館，資料館
　＊地域の施設

◎メディアの種類や特性を知る
　＊図書資料，参考図書（事典，年鑑）
　＊地図
　＊新聞，雑誌
　＊ファイル資料，視聴覚メディア
　＊電子メディア
　＊人的情報源，見学，観察，実験，体験 | ◎情報を集める
　＊図書資料，参考図書（事典，年鑑）
　＊地図，図表
　＊新聞，雑誌
　＊ファイル資料，視聴覚メディア
　＊電子メディア
　＊人的情報源，見学，観察，実験，体験

◎記録の取り方を知る
　◇記録カードに記録する（抜き書き・要約）
　◇タブレットやデジタルカメラで写真を撮る
　◇ファイル資料を作る
　◇ノートに記録する
　◇情報機器で記録する
　◇資料リストを作る

◎情報を比較して評価する
　◇複数の情報を比較，考察する
　◇必要な情報を選択する

◎情報の利用上の留意点を知る
　＊インターネット情報
　＊著作権，引用のしかた，出典の書き方
　＊情報モラル
　＊個人情報の保護 | ◎学習したことを相手や目的に応じた方法でまとめる
　◇集めた情報を整理する
　◇調べたことと自分の考えを区別する
　◇図表に表す
　◇写真や映像，音声を取り入れる
　◇資料リストを付ける

◎学習したことを相手や目的に応じた方法で発表する
　＊展示，掲示
　＊新聞，レポート
　＊発表会，実演
　＊タブレット

◎学習の過程と結果を評価する（自己評価・相互評価）
　◇メディアの使い方を評価する
　◇調べ方を評価する
　◇まとめ方を評価する
　◇発表のしかたを評価する
　◇ポートフォリオなどを利用する |
| 小学校高学年 | | | | |

＊参考文献　公益社団法人全国学校図書館協議会の「情報資源を活用する学びの指導体系表」（2019年1月1日）

　出を予約してもらったりするなどの方法がある。このとき司書教諭は，授業を担当する教員と学校図書館支援員の間に立ってコーディネーターとして打合せを進める。慣れてくると教員と学校図書館支援員だけで短時間に準備ができるようになる。

　一方，探究型学習を進める上で，児童が主体的に課題設定ができるようになるまで探究の過程に沿った指導をきめ細かく繰り返すことが必要である。最初は教員が提示した課題を探究の過程に沿って解決していく。次にいくつかの課題の中から選んで取り組むなど学び方指導に関する支援も司書教諭の役割である。

　児童が主体的に課題を見つけて取り組むことができるようになれば，「自由研究」も充実する。津久戸小学校では，自由研究におすすめの本を掲示することで，課題設定のヒントとしている（**図11 - 3**）。また，自由研究のまとめを掲示することで，探究学習の過程を視覚的に把握できる効果がある。

図11 - 3　自由研究のおすすめ

図11 - 4　読み聞かせ

（4）読書活動とのかかわり

　津久戸小学校では，年間を通して，毎週木曜日の朝の学習の時間に「15分間読書」を行っている。6月から全校朝会時には，教員による「おす

すめの本の紹介」も行い，図書館ボランティアによる本の紹介や分類・整理，おはなし会なども行っている（**図11-4**）。また，教員によるおすすめの本の紹介は，毎週2名ずつ月曜日の児童朝会のあとに行っている。こうした実践の成果として，児童の感想がWebサイトに公開されている。

> 　わたしは，がっこうの本を　いっぱい　よんだので，10分間どくしょのとき　本をよむのが　うまくなりました。うれしかったです。もっと　もっと　本をよみたいです。としょしつの本を　いっぱいよみたいです。本が，すきになりたい。としょしつの本を　ぜんぶ　よみたいです。6ねんかんの中で　ずっと　よみたいです。100さつ　よみたいです。　　　　（1年）

参考文献

- ●「シリーズ学校図書館学」編集委員編『学校経営と学校図書館』（全国学校図書館協議会　2011）
- ●「シリーズ学校図書館学」編集委員編『読書と豊かな人間性』（全国学校図書館協議会　2011）
- ●「探究　学校図書館学」編集委員編『学校経営と学校図書館』（全国学校図書館協議会　2019）
- ●「探究　学校図書館学」編集委員編『読書と豊かな人間性』（全国学校図書館協議会　2020）
- ●野口武悟・前田稔編著『改訂新版　学校経営と学校図書館』（放送大学教育振興会　2017）
- ●福田孝子著『初めての読書指導　アイディア25＋5〈小学校編〉』（全国学校図書館協議会　2019）

12 | 学校図書館の活動③
：中学校・高等学校の事例

平野　誠

《**目標＆ポイント**》　前章に引き続き，本章では中学校と高等学校の学校図書館活動について具体的に紹介する。
《**キーワード**》　学校図書館，中学校の図書館，高等学校の図書館

1. はじめに

　本章では，中学校と高等学校の学校図書館の活動について，特に司書教諭と学校司書の活動を中心に，具体的な事例を通してみていく。ここでは，東京都小金井市にある私立中央大学附属中学校・高等学校を取り上げる。

2. 学校と学校図書館の概要

（1）学校の概要

　中央大学附属中学校・高等学校は東京都小金井市に位置し，中学生約500名，高校生約1,000名が在籍する大学附属校である。中学生は全員が附属高校へ，高校生も大半が中央大学に内部推薦で進学することから，教科学習をはじめ，学校行事などの教育課程全般で課題解決型学習や探究活動が重視されてきた。加えて，教育の柱として位置づけられた学校設定科目「教養総合」が2013年度より高校3学年でスタート。現在では中学3学年から高校3学年まで継続的なカリキュラムとして展開されて

いる。中学3学年と高校1学年では，基礎的な探究の方法を学習。高校2学年では教科の枠を越えた教科横断型や分野融合型の授業の中で実習や実験，実地踏査を体験（**表12-1**）。高校3学年ではその集大成ともなる1万字以上の「卒業論文」，「卒業研究」に取り組み，その培った力や研究成果を元に他大学へ進学する生徒も増加している。学習センター・情報センターとして，これら探究活動のホームベース，ハブとなるのが中央大学附属中学校・高等学校図書館である。

表12-1　教養総合　高校2学年　講座例

講義名	実地踏査先
中世都市クラクフとアウシュヴィッツ=ビルケナウ強制収容所	クラクフ（ポーランド）
映画から考える韓国の現代	ソウル（韓国）
世界遺産と生きる	バリ島・ロンボク島（インドネシア）
国際化と日本	ハノイ（ベトナム）
地理情報システム入門	台湾
アントレプレナーシップ入門	サンフランシスコ（アメリカ）
音楽研究	都内の劇場，コンサートホール
光とオーロラの探究	ロヴァニエミ（フィンランド）
トレーニング科学	都内大学・研究施設
マレーシア・ボルネオのジャングル自然調査	ボルネオ島（マレーシア）
世界遺産知床と阿寒アイヌコタンで「自然」と「観光」を学ぶ	北海道
高校生によるSDGsプロジェクト	メルボルン（オーストラリア）
フクシマ・オキナワを通じて近代化・科学技術を考える	福島県，沖縄県
人工知能と人間	校内または都内の施設

　なお，読書活動・読書指導については，中央大学附属中学校・高等学校におけるもう1つの教育の柱として，1979年より国語科の「課題図書」システムで継続的に行ってきた。その目的は，1）読書の楽しさを知ること，2）豊かな教養を身につけること，3）考える力・判断する力を養うこと，の3点である。中学と高校共に年度を8期に分け各期ごとに文庫や新書を中心とした「課題図書」を発表して，生徒に購入・通読させる。3年間で中学生は60冊，高校生は100冊を読破するものである。古典的名作，現代作家の代表作・最新作，評論，授業内容や学校行事に関

連した作品，ミステリーやファンタジーなどエンターテイメント的な作品などから構成されている。通読した生徒であれば比較的容易に回答することができるレベルの問題を各定期試験等で出題することで，本を読む習慣の確立と読書領域の拡大に繋げている。

（2）図書館の概要

1963年に現在の小金井市へ校舎を移転した。当時の図書館は校舎の3階に設けられ普通教室2つ程度の広さであった。学校の規模から考えると大変狭く，図書館などを含めた文化的施設の新設が強く望まれ，現在の図書館本館の建設・開館に向けて，全校をあげての取組が始まった。その結果，教職員主導の下で建設計画が考えられ，現在の図書館本館として独立棟3階建ての図書館（約1,800㎡／閲覧席266席）が1978年に開館した。規模や授業利用を前提としたゾーニングなど「わが国図書館建築の範となるもの」として「第2回　日本図書館協会建築賞・特定賞」や「第5回　東京都建築士事務所協会最優秀賞」，「東京都都市計画局建築指導部長賞」を受賞している。その後，2010年の中学校開校に伴い新築された中学校舎の図書館（約240㎡／閲覧席55席）を分館と位置づけ，中央大学附属中学校・高等学校の図書館は本館と分館の2館で構成されている。その後，本館のリニューアルが行われ，本館では3クラス，分館では1クラスの同時授業が可能となった（図12-1～2）。館内の他，校内30室に配置された教職員図書を含めて図書資料は19万冊を超え，そのほぼ全てを開架すると共に，生徒と教職員が共有する。学校図書館としては恵まれた環境にある。

現在，図書館内で行われている授業は，年間800時限程度であり，多い年は1,000時限を超えている。館内ではさまざまな教科や学年の授業が展開され，複数のクラスが同時に授業を行うことも日常的である

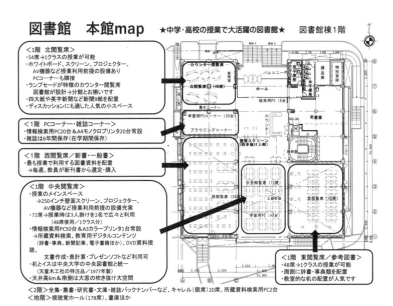

図12-1　図書館本館の館内案内図

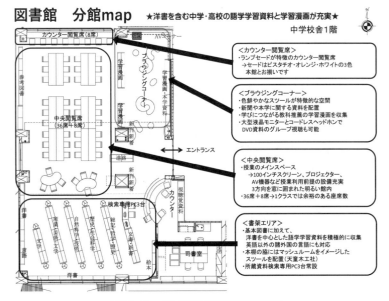

図12-2　図書館分館の館内案内図

（図12‐3）。学習の集大成として高校3学年に設定されている教養総合の卒業論文・卒業研究は，優先的に図書館内で授業が行えるように時間割作成時に最初にコマ入れが行われる（図12‐4）。館内で授業を行わない教科目についても，図書館資料の活用を前提とした課題が多く設定され，教材研究など教職員の利用も多い。このように，教育課程全般で図書館が活発に利活用されてきた要因は，開館以来，生徒と教職員の調査や研究に対応できる図書館資料を厳選して収集してきたこと。また，館内には授業利用を前提とした教卓やホワイトボード，プロジェクター，投影スクリーン，1人1台のネットワークに接続された学習用コンピュータなどが適宜配置され，利用環境が整備されたこと（図12‐5～10）。そして，レファレンスツールとして書誌データを整備した所蔵資料検索システム（OPAC: Online Public Access Catalog），情報探索を目的とした学習用ツールとしてのデータベースを始め，デジタルコンテンツを積極的に導入・活用してきたことに他ならない。ICT環境の整備前に比べると，館内で行う年間の授業数は約4倍に増加している。

　2022年度現在，司書教諭1名（教科の授業と担任を持たない専任）と学校司書6名（嘱託職員1名，パートタイム職員5名），並びに係教諭7名（各教科主任）で運営されている。学校司書が常時配置されるカウンターには，ユニバーサルデザインのツールとして，各色のリーディングトラッカーやリーディングルーペを常備している。誰でも自由に使え，アクセシビリティの高いデジタル資料と共に学校図書館における合理的配慮の提供となる。

館内で行う授業例（中学生）

中1　ワンデイ・エクスカーション（都心の史跡視察／資料収集）
中1　家庭（消費生活と環境についての課題学習／資料収集）
中2　総合英語（洋書多読／所蔵資料＋教科所有資料を利用）
中2　プロジェクト・イングリッシュ（居住地域を英語で紹介／資料収集）
中2　ワンデイ・エクスカーション（名所新聞づくり／資料収集）
中2　奈良・京都移動教室（事前学習・壁新聞づくり／資料収集）
中2　国語（小論文作成／資料収集）
中2　国語（美術館・博物館取材レポート／資料収集）
中2　理科②（環境新聞作成／資料収集）
中2　美術（アニメーション作成／資料収集）
中3　理科②（夏休み自由研究／資料収集）
中3　総合英語（洋書多読／所蔵資料利用）
中3　プロジェクト・イングリッシュ（沖縄の調べ学習／資料収集）
中3　沖縄修学旅行（事前学習・論文作成／資料収集）
中3　教養総合基礎（探究学習／資料収集）

館内で行う授業例（高校生）

高1　地理（1人1国を担当し調査・発表／資料収集）
高1　国語（2000字の課題レポート／資料収集）
高1　教養総合Ⅰ（探究学習／資料収集）
高2　古典（和歌の調査・発表／資料収集）
高2　生物（地球の生態系に関する発表学習／資料収集）
高2　保健体育（環境問題に関するレポート作成／資料収集）
高2　国語（博物館・資料館等の取材レポート／資料作成）
高2　国語（「こころ」論文執筆／資料収集）
高2　教養総合Ⅱ（各コースの探究学習／資料収集）
高3　英語（絵で見るオリンピック／資料収集）
高3　英語（アカデミック・エッセイ作成／資料収集）
高3　英語（トピック学習／資料収集）
高3　教養総合Ⅲ選択（各コースの探究学習／資料収集）
高3　教養総合Ⅲ必修（卒業論文、卒業研究／資料収集）

図12-3　図書館内で行われる授業例

<タイトル例>
・人間中心主義的自然観の反省と宮沢賢治の文学—「なめとこ山の熊」を通して—
・日本人の英語表現に見られる日本語的発想—なぜ日本人は「I think」を多用するのか—
・消費者ニーズから考えるパッケージデザイン—中央大学オリジナルミネラルウォーターを例として—
・三角形における包絡線により定まる楕円の性質—シュタイナーの内接楕円および外接楕円との関係—
・雑誌「ベストカー」と中年男性の消費社会—40年間の誌面から考える消費欲求の変遷—
・高架下空間の有効活用によって生じる地域活性化—武蔵小金井駅東側の空いた高架下空間に求められるものとは—
・未来に向けた性的マイノリティについての教育—高校教育現場が抱える課題とは—
・オーロラ帯における異常伝搬の特異性—日本との比較—
・企業で製造される製品の原価—「真実の原価」とはどうあるべきか—
・日本におけるeスポーツの現状と普及のための方策—新しいスポーツの魅力向上とマーケティング—
・まちづくりの中心となる西東京市図書館へ—武蔵野プレイスを手がかりにして—
・資金面から見た若者の国際交流—参加者による活動の可能性—
・新たな街灯の姿—景観保全と安全性との両立を可能にするためには—
・色覚的に平等な中央大学附属中学校・高等学校へ—ビブスへのカラーユニバーサルデザイン導入—
・鳥の滑空飛行のメカニズムについて
・レストラン街における「色物」専門店の未来—より継続的な繁盛を目指して—
・食と人で支える命—貧困下で生きる子どもを支援するためには—
・液体中における球体の運動とカルマン渦—より効果的なバレーボールのサーブを打つためには—
・日本人と「異質」なものとの関わり—「方言」の現代日本社会での扱われ方から見えること—
・商店街はどうしたら活性化するか—行政、商工会、事業主の役割—
・東日本大震災を踏まえた防災教育—浮き彫りとなった課題の解決に向けて—
・放置自転車を食い止める—調布駅西口駅前の対策術—
・図書館で学ぶということ—中大附属の検索システムを手がかりとして—
・学校給食における地場産食材—「せたがやそだち」の使用を拡大するために—
・公共図書館における貸出自動化—より良い使用方法への提言—
・消えゆく往来種野菜—歴史、現状とこれから—

図12-4　教養総合　高校3学年　卒業論文・卒業研究　タイトル例

192

図12-5　本館中央閲覧席の授業風景

図12-6　本館中央閲覧席の吹き抜け壁を利用した壁面スクリーン

図12-7　本館東閲覧席の授業風景

図12-8　本館北閲覧席の授業風景

図12-9　分館の授業風景

図12-10　アナログ資料とデジタル資料を有効活用した授業風景

3．図書館資料の収集と提供

（1）アナログ資料の収集

　開館以来，図書館本館では生徒と教職員の「調査・研究」に対応できる図書館としてあらゆる分野の資料を収集してきた。「教養総合」を統括する教員によると，「教養総合」が学校設定科目として成立し発展してきたのは中央大附属中学校・高等学校図書館の蔵書構成が大きな要因であるという。司書教諭は授業のシラバスを読み，卒業論文や卒業研究などを始め生徒の学習成果物を確認すると共に館内で行われる授業を見聞きすることで資料のニーズを把握する。その上で，レファレンスブックとして活用できる図書資料を中心に第1段階として司書教諭による選書・発注が行われる。狙いは，情報源として利用者が求める新刊書の迅速な提供にある。毎週届く新刊書の情報を集めた専門誌やWebサイトを含む出版社・書店などからの情報により，司書教諭が図書の内容や著者の経歴等を確認。日頃の利用状況や蔵書構成，ニーズなどを総合的に判断して，参考文献に値する資料を選書。1冊でも該当する資料があれば，週末に発注を完了することで翌週には納品される。学校司書の作業を経て，最短では選書から10日前後で館内に並び利用可能となる。その後，第2段階として係教諭，学校司書，教職員より推薦された資料や，現物確認を要した資料等を発注する。例年，購入図書資料の内，9割以上が第1段階での発注資料であり，生徒の求める図書資料も概ねリクエストが出る前に揃えることで，購入希望図書も10件程度に収まっている。司書教諭は，学校の教育課程を十分に把握しながら，必要とされる資料を迅速に提供しなければならない。

　一方，1クラス単位での授業が行えるように閲覧席を優先して配置した図書館分館は，蔵書スペースが1万冊程度と少なく，広汎な図書資料

を収集することには限界があった。分館での授業利用が多い英語科からの依頼を受けて，多読用洋書を収集。各言語の絵本などにも収集範囲を広げ，語学学習資料の充実を図っている。また，学習の理解を助ける「学習マンガ」については，従来より教科からの推薦が断続的にあった。語学学習資料の収集が一段落したこともあり，各教科に「学習マンガ」の選書を依頼して集中的に収集をしている。利用者ニーズに応じながら，蔵書スペースの少ない図書館分館に特色を持たせ，その有効活用を考えることも司書教諭の役割である。

なお，学習成果物や卒業アルバム，学校要覧，シラバス，学年だより，生徒手帳，修学旅行のしおり，文化祭・体育祭パンフレット，学校案内など自校で作成する資料も教職員の協力を得ながら図書館資料として収集している。

（2）デジタル資料の収集

デジタル資料については，情報の正確さと信頼性，提供の安定性から有料の商用データベースと公共機関が無料で提供しているデータベースを中心に図書館資料と同様に精査・選定をして，2003年より順次導入を始めた。授業時に1クラスの生徒が一斉に閲覧できること。随時データが更新されて図書資料より正確な情報であること。高い検索性を有すること。そして，アナログ資料として出版・発行される複数の辞書・事典や各社新聞紙による情報の比較が容易に行えることなどから，デジタル資料も必須の図書館資料として利活用されている。

なお，商用データベースは，本館・分館や校内での授業利用，教材研究などを想定して，同時接続許可数は100以上で契約。年間の利用料は，生徒・教職員1名あたりに換算すると総額でも新書1冊分程度である。

（3）アナログ資料の提供

　授業時間における図書館の利用では，探索した図書資料を教材とする学習活動が中心となる。従って，資料の探索に充てる時間が限られるケースが多い。また，生徒が利用できる資料は，本館内だけでも3フロアに渡り，分館や中学・高校約30の教科研究室等に排架された資料も含めると日本十進分類法による探索だけでは求める資料に辿り着けない。さらに，授業時間には学校司書がカウンターに常駐しているが，生徒は「調べたい事柄が記載されている」資料を探すことが主となるため，クラス単位の直接的なレファレンスには自ずと限界がある。そこで，図書資料探しの「エントランス」として所蔵資料検索システム（OPAC）の活用に着目した。

　生徒が調べたい事柄のキーワードを入力することで，検索ノイズを減らしながら求める資料を探せるように，図書館システムにより自動的に「分かち（分かち書き）」された単語を文節に直し，「前方一致検索」で検索。さらに，学校司書の長年に渡る経験に基づいた学習活動に関わるキーワードの付加を含め，図書資料1冊について2名体制で書誌情報の整備を行っている（図12-11〜12）。また，授業利用における同時一斉アクセスへの対応（50台を想定）や検索結果の絞り込みやソート機能，論理演算子（AND・OR・NOT）への適応，入力したキーワードのハイライト表示，分かち検索の他に全文検索，一致検索，分類検索など多様な検索様式への対応。そして，校内外でのアクセスを可能とするクラウド化など利用者の要望を反映した「教材・教具」としてのOPACを追求してきたことで，アナログ資料は利用者にとって，さらに身近なものとなった。

資料情報

女性と子どもの貧困　社会から孤立した人たちを追った

[著者／監修／文責]
樋田 敦子／著　<<この著者で検索>>

[出版者／単元元] 大和書房

[出版年／刊行] 2015.12　[出版地] 東京

状態

[状態]　貸出可能

紀伊國屋書店 のサイトで見る

> キーワード検索に対応した
> 書誌データの整備を
> 常時スタッフが実施
> ↓
> 生徒・教職員と所蔵資料を繋げる教具

> 学校司書が
> キーワードを追加

[内容紹介]
内容紹介：なぜ普通の主婦がヤミ金にまで手を出してしまうのか。なぜ普通の学生が奨学金を返さず借 ── るのか。社会から孤立した女性たち、子どもたちがおかれている貧困の実情に迫る渾身のルポ。『婦人公論』掲載を単行本化。

[ジャンル]
ジャンル名：社会・政治>社会・時事>女性・ジェンダー ジャンル名：社会・政治 ── 時事>児童・青少年 ジャンル名：社会・政治>社会・時事>社会病理・犯罪

[注記]
母子家庭　シングルマザー　生活保護　無戸籍　認知症　子どもへの虐待　不登校　フードバンク　子ども食堂　医療ネグレクト　命の教育「カンガルーのポケット」　ワーキングプア　ネットカフェ難民

著者紹介：1958年東京生まれ。明治大学法学部卒業。新聞記者を経て、フリーランスに。主に雑誌で、女性と子どもたちの問題をテーマに取材、執筆を務めるほか、テレビ、ラジオの情報番組の構成も担当。

資料情報

みる・よむ・あるく東京の歴史　4　地帯編　1　千代田区・港区・新宿区・文京区

[著者／監修／文責] 池/享 ‖ 編
櫻井/良樹 ‖ 編
陣内/秀信 ‖ 編
西木/浩一 ‖ 編
吉田/伸之 ‖ 編

[出版者／単元元] 吉川弘文館

[出版年／刊行] 2018.10　[出版地] 東京

状態

[状態]　貸出可能

紀伊國屋書店 のサイトで見る

> 学校司書が
> キーワードを追加

[内容]
年表：巻末p1〜3

[内容紹介]
史料を「みて」「よんで」その痕跡を「あるく」ことで東京の歴史を読み解く。4は、── を担いながら、過去の面影を残す千代田区、港区、新宿区、文京区を取り上げ、各地域固有の歴史を具体的な素材を通じて紹介する。

[ジャンル]
ジャンル名：歴史・地理・民俗>歴史>日本史>日本の地方史

[注記]
江戸城　駿河台周辺　ニコライ堂　御守殿門　赤門

一橋大学名誉教授。
麗澤大学教授。

図12-11　キーワード追加が OPAC に反映された様子

　図書の装備は，一部を除いて表面全体に貼付する透明なブックカバーフィルムを使用していない。カバーや表紙のデザイン，その手触りなどの装丁も，その図書の大切な情報の一部と考えている。同様に図書の紹介文などが書かれている「帯」は，廃棄せずに外して表紙の裏面に貼付することで提供している（**図12-13**）。

図12-12　書誌データ整備の様子

図12-13　貼付前に帯の内容を確認している様子

（4）デジタル資料の提供

　ネットワーク情報資源としてのデジタル資料の利用性を高めるために，OPACと共にアクセス利用が容易になるよう，それらのリンクボタンを配した図書館オリジナルのポータルサイト「図書館情報検索（図書館ホームページ）」を作成している（**図12-14**）。収録する各種データベースやそのリンクボタンの配置などは，教育課程に基づき考えられている。このポータルサイトは，図書館内に限らず校内ネットワークに接続された全てのコンピュータからいつでも利用が可能であり，図書館が提供する情報サービスを一元化した教材・教具として生徒・教職員から日々活用されている。

　また，館内の学習用コンピュータでは，ブラウザの初期画面をこのポータルサイトに設定することで，授業における情報探索の利便性を高め，

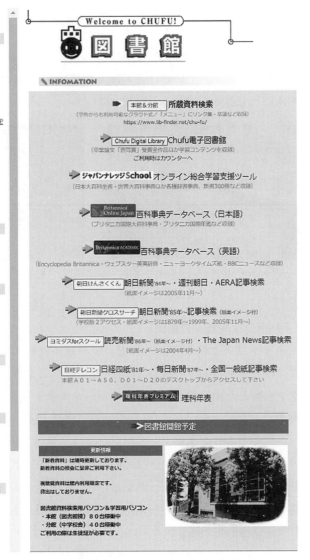

図12-14 図書館情報検索 TOP 画面

　その利活用が促進された。なお，「図書館情報検索」は商用データベースへのアクセス用として作られたことから校内利用に限定されている。前述のOPACがクラウド化されたことから，OPAC内に公共機関等が無料で提供しているデータベースのリンク集を作成することで校外からも精査・選定されたデジタル資料の利用が可能となった。

　BYAD（Bring Your Assigned Device）で1人1台に整備されるタブレットや個人所有のスマートフォンなどでは，QRコードの利用が一般的である。図書館内の書架にQRコードを入れたWebサイト紹介シートやテーマに沿ったQRコード集などを適切に配置することで，アナログ資料とデジタル資料のハイブリッドな利用が実現している（**図12 - 15**）。

図12 - 15　QRコードによるデジタル資料とアナログ資料の
　　　　　　ハイブリッドな利用例

4．生徒・教職員への直接支援

（1）生徒への利用案内

　多種多様な図書館資料を有効に活用するための情報リテラシー教育の一環として，司書教諭による授業を館内で行っている（**図12-16**）。中学と高校の新入生は新学期の早い段階で各クラス1コマを使い，正確で信憑性のある情報の探索方法やOPACの使い方，さまざまなオンライ

図12-16　司書教諭による情報探索演習の様子

ンデータベースの活用方法などを演習形式で学習する。また，学年や時期を問わず，教科学習指導の支援として学習進度に合わせた利用案内を適宜行っている。生徒に対する指導が目的であるが，授業担当教員のスキルアップに繋がるケースも多い。

　新入生には情報探索の基礎として以下の内容を案内している。

①基本情報の確認とキーワードの検討

　情報探索のスタートとして，調べたい事柄の基本情報について百科事典を収録したデータベースや新聞記事データベースで確認しながら適するキーワードを探す。

②基本情報の概観とキーワードの選定

　調べたい事柄の基本情報を概観するためには，入門書としての「新書」を確認し，より適切なキーワードを選定する。キーワードから「新書」を検索できる「新書マップ」を活用する。

③図書資料の探索

　キーワード検索に対応した自館の OPAC や「WebcatPlus」，「国立国会図書館リサーチ・ナビ」，「レファレンス協同データベース」による探索方法を学ぶ。

④図書資料の入手

　自館に未所蔵の場合は，各公共図書館が提供する「統合・横断検索」により，地域の公共図書館の所蔵を電子書籍も含めて確認する。

⑤ネットワーク情報資源の探索

　行政資料や統計情報などは，公共機関が提供するデータベースの「電子政府の総合窓口 e-Gov」，「政府統計の総合窓口 e-Stat」，「データカタログサイト DATA GO.JP」などから入手できる事を学ぶ。

（2）　教職員への支援

　授業利用では，ブラウジングの過程で生徒は館内に分散してしまう。教科担当教員1名では館内全てに目が届かない。授業中には司書教諭が適宜館内巡視を行い，生徒の学習を支援しながら，生徒指導も必要に応じて行っている。また，学校司書は授業前後に集中する貸出・返却への対応の他，レファレンスやレファレルサービスも行いながら，図書館で行われる授業がシラバス通りに円滑に進むよう支援している。

202

参考文献

●平野誠「データベースを授業で活用」『学校図書館』823号（2019）
●平野誠「司書教諭による学習指導への協力・支援」『学校図書館』729号（2011）
●平野誠「学校図書館におけるデータベースの活用」『学習情報研究』235号（2013）
●平野誠「改修工事にあわせた図書館の環境整備」『学校図書館』702号（2009）

13 | 学校図書館の活動④
：特別支援学校の事例

野口　武悟

《**目標&ポイント**》　11章，12章に続き，本章では特別支援学校の学校図書館活動について具体的に紹介する。また，その前提となる特別支援教育の現状と読書バリアフリー推進施策についても確認する。
《**キーワード**》　学校図書館活動，特別支援教育，読書バリアフリー，特別支援学校の学校図書館

---

1. はじめに

　本章では，特別支援学校での活動事例として，神奈川県横浜市にある横浜市立盲特別支援学校を取り上げる。その前に，前提となる日本の特別支援教育の現状と国による読書バリアフリー推進施策について確認しておきたい。

2. 特別支援教育の現状

　近年，特別支援教育を受ける児童生徒は増加傾向にある。**図13 - 1** に示すように，2009年度と2019年度を比べると，義務教育段階で特別支援教育を受ける児童生徒は 2 倍以上に増えていることがわかる。また，同じ**図13 - 1** を見ると，特別支援学校で学ぶ児童生徒よりも，小学校・中学校の特別支援学級や通級による指導で学ぶ児童生徒のほうが多いこともわかる。**図13 - 1** の中には高等学校は出てこないが，高等学校でも特

別支援教育へのニーズは高まっており，2018年度から通級による指導が制度化されている。障害の有無で分け隔てることなく可能な限り同じ場での学びを保障していく「インクルーシブ教育」が日本を含めて国際的に推進されており，今後も小学校・中学校・高等学校における特別支援教育のニーズが一層高まっていくものと推測される。

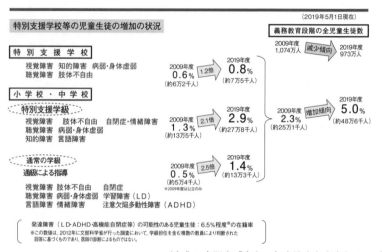

（出典：内閣府『令和3年度障害者白書』，2021年）

図13-1　義務教育段階における特別支援教育の現状

特別支援教育を受ける児童生徒のニーズに応えられるように，特別支援学校の学校図書館では，第4節の事例に見るように，さまざまな環境づくりや配慮に取り組んでいる。こうした取組は読書バリアフリーと呼ばれることもある。読書バリアフリーは，前述したような特別支援教育の現状にあって，特別支援学校の学校図書館だけでなく，小学校・中学校・高等学校の学校図書館においても求められている。

3．読書バリアフリー推進施策

　2014年の「障害者の権利に関する条約」への日本の批准と，2016年の「障害を理由とする差別の解消の推進に関する法律」（障害者差別解消法）の施行を受けて，国公立の学校においては合理的配慮の提供義務が課されることとなった(2021年の法改正で私立学校においても義務化)。また，合理的配慮の的確な提供のために必要な環境整備を進めることも，すべての学校に努力義務とされている。

　合理的配慮とは，学校教育の文脈に当てはめれば，「障害のある子どもが，他の子どもと平等に「教育を受ける権利」を享有・行使することを確保するために，学校の設置者及び学校が必要かつ適当な変更・調整を行うことであり，障害のある子どもに対し，その状況に応じて，学校教育を受ける場合に個別に必要とされるもの」であり，「学校の設置者及び学校に対して，体制面，財政面において，均衡を失した又は過度の負担を課さないもの」[1]といえる。なお，この合理的配慮の否定は，障害を理由とする差別に当たるとされているので，注意したい。

　合理的配慮と，それの的確な提供のために必要となる環境整備は，学校の中に設置された学校図書館にあっても不可欠である。これが，前節で述べた読書バリアフリーを推進する法的根拠の１つとなっている。障害者差別解消法が施行された2016年に文部科学省が通知した「学校図書館ガイドライン」の中には，次のような内容も盛り込まれた。「発達障害を含む障害のある児童生徒や日本語能力に応じた支援を必要とする児童生徒の自立や社会参画に向けた主体的な取組を支援する観点から，児童生徒一人一人の教育的ニーズに応じた様々な形態の図書館資料を充実するよう努めることが望ましい。例えば，点字図書，音声図書，拡大文

1　中央教育審議会初等中等教育分科会「共生社会の形成に向けたインクルーシブ教育システム構築のための特別支援教育の推進（報告）」，2012年（https://www.mext.go.jp/b_menu/shingi/chukyo/chukyo 3/044/attach/1321669. htm　最終アクセス：2022年２月１日）

字図書，LL ブック，マルチメディアデイジー図書，外国語による図書，読書補助具，拡大読書器，電子図書等の整備も有効である」。

　読書バリアフリーの推進にあたっては，2019年に制定・施行された「視覚障害者等の読書環境の整備の推進に関する法律」（読書バリアフリー法）と，この法律にもとづき，国が2020年に策定した「視覚障害者等の読書環境の整備の推進に関する基本的な計画」（読書バリアフリー推進基本計画）も重要である。この法律でいう視覚障害者等とは，視覚障害者だけでなく，障害により視覚による表現の認識が困難な者（肢体不自由者，発達障害者等）を指し，特別支援教育の対象者とほぼ重なるといってよい。「障害の有無にかかわらず全ての国民が等しく読書を通じて文字・活字文化の恵沢を享受することができる社会の実現に寄与すること」を目的とする読書バリアフリー法では，学校図書館を含めて視覚障害者等による図書館利用に係る体制の整備など9つの基本的施策を定めている。これら基本的施策をより具体化したものが読書バリアフリー推進基本計画ということになる。読書バリアフリー法では，都道府県，市町村（東京23区を含む）にも読書バリアフリー推進計画の策定を努力義務としているので，今後，策定するところが増えていくものと思われる。学校及び学校図書館にとっては，国の計画だけでなく，都道府県，市町村の計画も大きく関係してくるので，教育委員会のウェブサイトで策定状況などを小まめにチェックするようにしておくとよいだろう。

　では，学校図書館における読書バリアフリーの取組の実際を見ていきたい。

4．特別支援学校での活動―横浜市立盲特別支援学校を事例として―

（1）学校と学校図書館の概要

　横浜市立盲特別支援学校は，神奈川県横浜市内のほぼ中心部の閑静な

住宅地に立地する。同校は，視覚障害者（全盲または強度の弱視の人）を受け入れる特別支援学校であり，幼稚部から高等部専攻科まで設置されている。幼児から成人まで幅広い年齢層が在籍している。幼児児童生徒数は79人（幼稚部10人，小学部15人，中学部20人，高等部本科12人，高等部専攻科22人）であり，学級数は30学級（幼稚部3学級，小学部7学級，中学部8学級，高等部本科6学級，高等部専攻科6学級）である（2021年5月1日現在）。

　学校図書館は，「管財図書」という校務分掌に属し，2021年度現在，兼任の司書教諭2名（授業時数等の軽減はなし），専任の図書館運営職員1名，2015年度より新たに配置された学校司書1名による緊密な連携のもとに運営されており，各学部1～2名の教員も運営に携わっている。図書館運営職員と学校司書は学校図書館に常駐し，いつでも幼児児童生徒，教職員に対応できる体制となっている。特別な支援が必要な人たちに図書館サービスを提供する上では，常駐する職員の存在は特に不可欠である。学校図書館は，6教室分の広さを持つ閲覧室のほかに，1教室分の広さがある司書室，教材資料室（集密書架），対面朗読室から構成されている（**図13‐2～13‐4**）。蔵書冊数は24,626冊（点字図書，墨字図書，拡大文字図書，DAISY図書，マルチメディアDAISY図書，テキストデータを含む）である（2021年12月現在）。2021年度の年間予算は170万円，年間受入れ冊数は1,175冊，除籍冊数は1,080冊であった。在籍幼児児童生徒，教職員のほかに，保護者，卒業生，他校の教職員や特別支援学級の児童生徒などにも閲覧，貸出を行っている。つまり，地域の点字図書館としての側面も有しているのである。また，地域の特別支援教育のセンターとして位置づけられている同校では，学校図書館のメディアを必要に応じて地域の小学校，中学校にも貸出している。他の特別支援学校の学校図書館や公共図書館，点字図書館（視覚障害者情報提

208

図13-2 横浜市立盲特別支援学校図書
館の館内(1)

図13-3 横浜市立盲特別支援学校図書
館の館内(2)

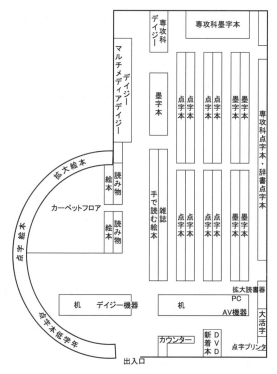

図13-4 図書館内の配置図

供施設）との連携・協力もメディア・情報資源の相互貸借を中心に行っ
ている。なお，連携・協力の際には，「サピエ」（https://www.sapie.or.jp）
を活用している。「サピエ」とは，全国規模の視覚障害者情報総合ネッ
トワークのことで，日本点字図書館がシステムを管理している。視覚障
害者等に対して，このネットワークに参加する各図書館の点字・録音図
書の所蔵状況の検索や，点字データ・音声 DAISY データ等のダウン
ロードなどの機能を提供している。

（2）視覚障害に対応した学校図書館づくり

　視覚障害特別支援学校では，視覚障害のある人たちに適した読書環境，
情報環境となるように学校図書館の環境整備を行い，合理的配慮を提供
している。

　施設・設備の面では，書見台（図13 - 5），拡大読書器（図13 - 6），
DAISY 再生機（図13 - 7），点字印刷機（図13 - 8），タブレット端末
（iPad），テキストデータ化作業に用いるスキャナー及び OCR ソフトな
どの視覚障害に対応した情報機器が整備されている。また，音声対応の
図書館管理ソフトを導入し，子どもでも一人で本の貸出，返却の手続き
ができるようにしている。さらに，視覚障害のある人には光がまぶしい
と感じる人が多いことから，常にカーテンで遮光し，代わりに蛍光灯の
照度を上げたり，電気スタンドを設置するなどの工夫をしている。この
ほかにも，さまざまな視覚障害への配慮がなされている。

　メディア・情報資源の面では，点字図書，墨字図書，拡大文字図書（拡
大写本，大活字本）（図13 - 9），DAISY 図書，手で読む絵本（触る絵
本）（図13 -10），新聞・雑誌（「テルミ」（図13 -11）等）などの多様な
メディア・情報資源が用意されている。点字図書は，点字（図13 -12）
という手で触って読む文字で印字された図書のことである。墨字図書は，

図13-5　書見台（同校図書館提供）

図13-6　拡大読書器（同校図書館提供）

図13-7　DAISY再生機（同校図書館提供）

図13-8　点字印刷機（同校図書館提供）

通常の文字で印刷された図書のことで，弱視の人はルーペ，単眼鏡，拡大読書器などの補助具を用いて文字を拡大して読んでいる。拡大文字図書は，弱視の人のための図書のことで，単に文字を拡大しただけのものではなく読みやすいようにポイント・フォント・行間・文字間等を工夫して作られた図書である。これには，手書きやパソコンで文字や絵を見やすく大きくした拡大写本と，文字や絵を大きく印刷した大活字本がある。DAISY図書（Digital Accessible Information SYstem）は，デジタル録音図書のことで，パソコンや専用の再生機で再生することができる。近年は，音声だけでなく，文字や画像を同期して再生することが可能な

図13-9　拡大文字図書（同校図書館提供）

図13-10　手で読む絵本（同校図書館提供）

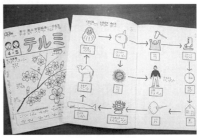

図13-11　発泡インクで印刷された点字・墨字併用の子ども雑誌「テルミ」（同校図書館提供）

マルチメディアDAISY図書（電子書籍の一種）（**図13-13**）も徐々に普及しつつあり，視覚障害者のみならず，知的障害者や学習障害者等にも有効なメディアとして国際的に認識されつつある。このほかにも，視覚障害のある幼児児童生徒が楽しめる手で読む絵本，音の出る絵本，拡大絵本，バリアフリー絵本（UD絵本），LLブックなどがある。近年いくつかの出版社から点字付きさわる絵本などが出版されるようになってきているが，所蔵するメディア・情報資源の多くはボランティアによる製作である。

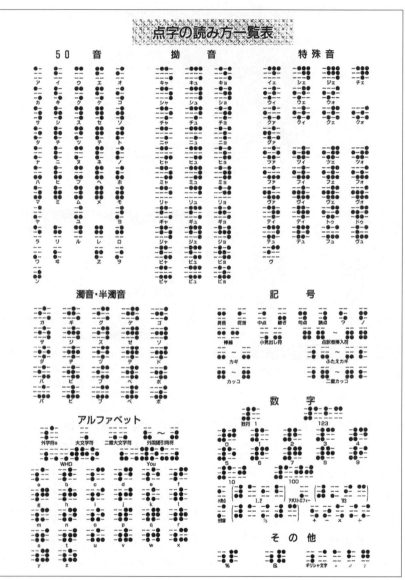

図13-12　点字一覧表（出典：毎日新聞社『点字毎日』より）

図13-13　マルチメディア DAISY 図書（同校図書館提供）

　この所蔵メディア・情報資源の製作に関連して，大きな法改正があった。それは，2009年6月の著作権法の一部改正である（2010年1月から施行）。この著作権法改正によって，特別支援学校だけでなく，すべての小学校，中学校，高等学校，義務教育学校，中等教育学校に設けられた学校図書館では，視覚障害者等のために市販の図書等を彼らが必要とする方式で複製等（点訳，音訳，拡大化，リライト等）することが著作権者に無許諾で行えるようになった（法第37条第3項）。つまり，すべての学校の学校図書館では，従来のように著作権者に許諾を取ることなく，視覚障害者等のために前述してきた各種の多様なメディア・情報資源を自由に製作（法的には複製）することができるようになったのである。ここでいう視覚障害者等には，視覚障害者だけでなく，障害により視覚による表現の認識が困難な者（肢体不自由者，発達障害者等）も含まれることになった。彼らの必要とするメディア・情報資源が各校の学

校図書館で製作，蓄積，提供されれば，彼らの学習活動，読書活動の幅
はさらに広がるものと期待される。

　サービスの面では，視覚障害特別支援学校の学校図書館ならではの図
書館サービスとして，対面朗読（**図13‐14**）が挙げられる。毎週決まっ
た時間に，対面朗読のボランティアに学校に来てもらい，対面朗読室で
利用者が必要としている図書などを読んでもらっている。DAISY図書
などの音声メディアは出来上がるまでにどうしてもタイムラグが生じて
しまうため，いま知りたいという情報を得るためには対面朗読は不可欠
なサービスである。

　以上の施設・設備，メディア・情報資源，サービスのいずれの面にお
いても，ボランティアが大きく関わっている。現在，横浜市立盲特別支
援学校の学校図書館には30グループ，400人近くのボランティアが関わっ

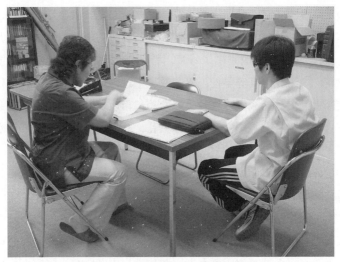

図13‐14　対面朗読（同校図書館提供）

ており，ボランティアそれぞれの専門に応じて，点訳，音訳，拡大化，手で読む絵本づくり，マルチメディア DAISY 図書製作，テキストデータ化などの支援を行っている。こうしたボランティアの支援によって支えられているのが視覚障害特別支援学校の学校図書館の実態であり，ボランティアの存在なくしては学校図書館の活動は成り立たないといっても過言ではない。特別支援学校の司書教諭や学校司書は，こうした数多くのボランティアのコーディネートが重要な仕事の１つとなっている。

　また，教職員の学校図書館への理解と協力は，学校図書館の円滑な運営と利用・活用の促進のために欠かせない。そのために，横浜市立盲特別支援学校の学校図書館では，各教科の教員に選書作業に加わってもらい，教科の授業に使えるメディア・情報資源を選択，収集している。こ

図13‑15　**職員室入口に設けられた掲示板**（同校図書館提供）

こには，学校図書館の蔵書についても，学校図書館任せにするのではな
く，全教職員に責任を持ってもらいたいという考えがあるという。加え
て，職員室の入り口に学校図書館の広報用掲示板を設置し，全教職員が
職員室に出入りするときには必ず掲示板を見なければならないように
なっている（**図13-15**）。掲示物は，毎週必ず張り替え，常に新鮮な話
題，情報を提供するように心がけているという。

（3）学習活動との関わり

　横浜市立盲特別支援学校の学校図書館では，ほとんどすべての教科の
学習活動に関わっている。なぜならば，すべての教科で視覚障害に応じ
た情報保障が必要だからである。具体的には，授業に使う教材，メディ
アを幼児児童生徒のニーズに対応して点字，拡大文字，音声などの形で
用意している。例えば，英語の授業のために単語帳を拡大文字化したり，
音訳してDAISY図書版を製作したりするなどである。そのために，新
年度が始まる前に，各教科の担当教員と必要となる教材，メディアにつ
いて綿密に打ち合わせを行っている。必要に応じて学校図書館のボラン
ティアに点訳，拡大化，音声訳を依頼したり，他の特別支援学校の学校
図書館や点字図書館などから取り寄せたりして，授業で使えるように準
備している。

　また，学校図書館内で行われる授業もあり，多くは，「調べ学習」や
学校行事（修学旅行，校外指導）に向けての資料づくりなどの指導の際
に利用されている。

（4）読書活動との関わり

　横浜市立盲特別支援学校が全校を挙げて取り組んでいるユニークな読
書活動に「本はともだちコンクール」がある（**図13-16**）。このコンクー

「本はともだちコンクール」開催要項

　皆様のご協力により、毎年実施しております「本はともだちコンクール」を本年度も開催いたします。
　幼児・児童・生徒たちが図書館に親しみ、心に残る本や情報に出会うために、ご協力とご支援をよろしくお願いいたします。

　1、感想文の部（墨字・点字・音声データ等も可）
　　①本や新聞記事、テレビ、ホームページ、音訳等を、読んだり聞いたり見たりしたことについての感想文。ジャンルは問いません。
　　②表現形式は墨字、点字（代筆も可とします。その場合は本人の氏名の後に、代筆であることを書き加えてください。）
　　③原稿等には所属学部・科・氏名を記入してください。
　　※点字原稿については、担任が墨字に直したものを一緒に提出してください。
　　※応募原稿は返却しません。必要があればコピーをとって提出してください。

　2、創作の部（墨字・点字・音声データ等も可）
　　①物語や小説、詩や俳句、短歌、随筆など、幼児・児童・生徒が創作したもの（一人2点まで）
　　②表現形式、提出の仕方は感想文の部と同じです。

　3、朗読の部（音声データ）
　　① 本や新聞記事等を朗読したもの。
　　② 一人だけでなく、教員、友だち、家の人などと一緒に朗読したものも応募できます。
　　③ データには朗読した作品名・朗読者の氏名・所属学部・科を書いたものを添えてください。（点字、墨字、代筆でもかまいません。）
　　④ 長さは10分程度でお願いします。
　　⑤ 応募データは返却しません。

　4、標語の部（墨字・点字・音声データ等も可）
　　①読書の意欲を高めるものや、図書館の利用をすすめるもの、または特定の本やジャンルをすすめる標語。（一人2点まで）
　　②表現形式、提出の仕方は感想文の部と同じです。

図13-16　本はともだちコンクール

ルは，幼児児童生徒が学校図書館に親しみ，心に残る物語や情報に出会うことをねらいとして，小学部から高等部までの児童生徒の全員参加の形で開催している。もともとは，「読書感想文コンクール」として始まったものであるが，賞をとる子どもが決まってしまったり，在籍児童生徒の障害の重複化が進んできたことなどから，現在のような形での開催となったという。今では，学校の主要行事の１つになっている。「本はともだちコンクール」は，感想文の部，創作の部，朗読の部，標語の部があり，どの部門に応募するかは児童生徒自身で選ぶことができる。また，応募する作品は，墨字，点字，音声データ，テキストデータのどの形態でもよいことになっている。例年７月から10月までの４か月間をかけて応募作品を仕上げ，11月に提出，表彰式を開催している。応募作品は，昼休みに校内放送で紹介している。

　また，中学部・高等部では，全学年で「読書」の時間が設定されており，学校図書館内で読み聞かせなどを行い，生徒が本に親しむ時間となっている。小学部でも，「読書」の時間の設定に努力している。

5．おわりに

　本章で取り上げた特別支援学校は，紙幅の関係もあり，視覚障害者を対象とする特別支援学校のみとなった。その他の特別支援学校における学校図書館活動の事例については，下記の参考文献に詳しく紹介されているので，あわせて参考にしてほしい。

付記
　本章執筆に際しては，横浜市立盲特別支援学校の野口豊子氏にご協力いただいた。ここに記して感謝申し上げる。

参考文献

●野口武悟・成松一郎編著『多様性と出会う学校図書館：一人ひとりの自立を支える合理的配慮へのアプローチ』（読書工房　2015）
●野口武悟・児島陽子・入川加代子著『多様なニーズによりそう学校図書館：特別支援学校の合理的配慮を例に』（少年写真新聞社　2019）
●野口武悟・植村八潮編著『改訂　図書館のアクセシビリティ：「合理的配慮」の提供へ向けて』（樹村房　2021）

14 | 図書館協力とネットワーク

野口　武悟

《**目標&ポイント**》　学校図書館活用への期待が高まる現在にあって，児童生徒や教職員の求めに応じてメディアや情報を確実に提供するためには，学校図書館同士の協力や公共図書館などとの協力が重要になってくる。図書館協力のねらいと意義，図書館ネットワーク形成の必要性とその実際などについて論じる。
《**キーワード**》　図書館協力，図書館ネットワーク，学校図書館支援センター

1. 図書館協力とは何か

（1） 図書館協力のねらいと意義

　学校図書館の現状は，担当職員（司書教諭，学校司書），所蔵メディア・情報資源，予算など，さまざまな面で多くの制約を受けている。そうした中で，1館の学校図書館単独で，児童生徒や教職員の求めに応じてメディアや情報を確実に提供することには困難も伴いやすい。学校図書館の利用・活用が盛んになり，求めるメディアや情報が増えれば増えるほど，この困難さは増大することになる。そこで必要になってくるのが，図書館協力である。

　図書館協力とは，2つ以上の図書館が「それぞれの図書館の機能を高め，利用者へのサービスを向上させるために図書館業務について行う公的な協力活動」[1]のことである。学校図書館においては，地域の公共図書館から不足する図書などのメディア・情報資源を団体貸出の形で借り受

1　日本図書館情報学会用語辞典編集委員会編『図書館情報学用語辞典（第5版）』丸善出版，2020年，p.177

けたり，レファレンスサービスの調査プロセスの過程で公共図書館の司書から助言を受けたりという，“公共図書館→学校図書館”の一方向の関係性を指して図書館協力と称していることが多いように思われる。しかし，これでは，学校図書館の公共図書館依存であって，本来の意味での図書館協力とはなっていない。本来の図書館協力とは，互いの図書館が双方向の関係性を有し，いわば，Win-Win の関係や助け合う関係になっていなければならない。学校図書館は規模が小さいのだから公共図書館に依存して当然という考えでは，円滑な図書館協力は成り立たない。どんなに規模が小さな学校図書館であっても，一方向的な依存に陥るのではなく，相手館の求めがあれば自館の活動に支障のない範囲で所蔵メディア等を貸出せるようにするなどの姿勢と対応が欠かせない。そのためには，制約が大きい中にあっても，可能な限り自館の整備に努めることが肝要であり，なおかつ，図書館協力の大前提であることを忘れてはならない。

（2）　図書館協力の法的根拠

　図書館協力については，「学校図書館法」に明記されている。「学校図書館法」では，第 4 条の中に「他の学校の学校図書館，図書館，博物館，公民館等と緊密に連絡し，及び協力すること」（同条第 1 項第 5 号）とある。学校図書館や公共図書館という図書館の枠を超えて，博物館などとの協力についても規定されているのである。今日，学習活動に必要かつ有効なメディア・情報資源は多岐にわたり，博物館が所蔵，展示している模型，標本などの実物メディアも含まれている。学習センター，情報センターである学校図書館は，必要に応じて，実物メディアを博物館から借り受けて提供できるようにするなど，図書館と類縁関係にある諸機関・施設とも協力を密にしておかなければならない。

　公共図書館について規定する「図書館法」においても，第3条の中で「他の図書館，国立国会図書館，地方公共団体の議会に附置する図書室及び学校に附属する図書館又は図書室と緊密に連絡し，協力し，図書館資料の相互貸借を行うこと」（同条第3号）及び「学校，博物館，公民館，研究所等と緊密に連絡し，協力すること」（同条第9号）と規定している。また，博物館について規定する「博物館法」でも，第3条の中で「学校，図書館，研究所，公民館等の教育，学術又は文化に関する諸施設と協力し，その活動を援助すること」（同条第1項第11号）と規定している。

（3）図書館協力の内容と現状

　学校図書館における図書館及び図書館と類縁関係にある諸機関・施設との協力関係は，各校の学校図書館によって異なるが，実践報告や論文などを見る限りにおいては，学校図書館同士，公共図書館，国立国会図書館[2]，大学図書館，点字図書館（視覚障害者情報提供施設），専門図書館，視聴覚ライブラリー，公民館図書室，博物館，美術館，文書館など多岐にわたっている。ただし，現状では，学校図書館同士及び公共図書館との協力関係が中心となっている。

　例えば，学校図書館と公共図書館の協力については，全国の小学校の86.0％，中学校の65.4％，高等学校の54.5％，特別支援学校の小学部で41.6％が実施している（2020年3月末現在）[3]。具体的な協力内容は，図書などのメディア・情報資源の貸借（小学校95.6％，中学校88.7％，高等学校91.7％，特別支援学校の小学部83.2％）をはじめとして，定期的な連絡会（情報交換など）の実施（小学校23.7％，中学校30.6％，高等

2　国立国会図書館の支部図書館の1つである国際子ども図書館（東京都台東区）では，図書の学校図書館向けセット貸出などの学校図書館支援を行っている。

3　文部科学省が2021年7月に公表した「令和2年度学校図書館の現状に関する調査」（https://www.mext.go.jp/a_menu/shotou/dokusho/link/1410430_00001.htm　最終アクセス：2022年2月1日）の結果による。

学校16.5％，特別支援学校の小学部9.5％），公共図書館の司書による学校への訪問（読み聞かせやお話し会などの開催）の実施（小学校26.5％，中学校21.5％，高等学校12.2％，特別支援学校の小学部25.4％）などとなっている。協力内容としては，メディア・情報資源の貸借が中心であり，情報の交換・共有や人の交流はまだこれからという状況にあることが窺える。

　図書館協力は，これまでスポット的なものが多かったが，近年，情報通信技術（ICT）の発達や学校図書館へのコンピュータの導入などの技術的基盤の整備をふまえて，総合目録等を構築して図書館ネットワークを形成し，その中で実施されるケースへと徐々に移行しつつある。

2. 図書館ネットワーク

（1）図書館ネットワークの形成

　今日，公共図書館や大学図書館にあっては，すでに全国的な図書館ネットワークが形成され，全国規模での図書館協力が実施されている。これによって，リソース・シェアリング（情報資源共有）が全国規模で可能となり，利用者へのサービスは大きく向上している。自館に所蔵していないメディア・情報資源は，全国のネットワーク参加館から貸借して，利用者に提供することができるのである。

　ただし，学校図書館においては，全国規模の図書館ネットワークはまだ存在していない。地域（自治体）単位ないしは複数の地域が連合して，学校図書館同士ないしは公共図書館なども含めた形での図書館ネットワークの形成が進められている段階である。いち早く取り組み始めたのは千葉県市川市であり，1989（平成元）年のことであった。

　図書館ネットワークを形成するためには，（1）当該自治体の教育委

員会や各学校等の理解と協力，（２）学校図書館内にネットワークに接続可能なコンピュータの設置，（３）各学校図書館の所蔵メディアのデータベース化と総合目録の構築，（４）ネットワーク参加館内の貸借メディアの物流体制の構築，（５）ネットワークの運営拠点の設置などが不可欠である。しかし，現状でも，学校図書館内へのコンピュータなどの情報端末の整備は，小学校27.9％，中学校29.9％，高等学校14.3％，特別支援学校小学部63.7％で行われていない（2020年５月１日現在）[4]。図書館ネットワークの形成どころか，学校図書館内へのコンピュータの導入自体がまだこれからという段階にある学校も決して少なくはないのである。

（２）学校図書館支援センター

　学校図書館同士ないしは公共図書館も含めた形での図書館ネットワークの運営拠点となるのが，学校図書館支援センターである。

　例えば，さいたま市では，合併前の旧浦和市で1990年代末より市内の全市立学校の学校図書館を参加館とする図書館ネットワークを形成し，2001（平成13）年の合併後は，旧大宮市，旧与野市，旧岩槻市の地区にもネットワークを拡大している。公共図書館内に設けられた学校図書館支援センターでは，関係する各学校等の連絡・調整，学校図書館向けメディア・情報資源の収集・貸出，レファレンスや所蔵調査，学校図書館への情報提供，図書館業務に関する質問・相談への対応などの活動を行っている[5]。

　当然のことであるが，学校図書館支援センターがあっても，そこに人が配置されていなければ，図書館ネットワークを機能させることはできない。専任の職員を配置することが必要である。

　森田盛行は，学校図書館支援センターには，次の職員が必要だとして

4　前掲３と同じ
5　さいたま市学校図書館支援センターのウェブサイト（http://www.saitama-city.
　ed.jp/08 sien/04 tosyoc.html　最終アクセス：2022年２月１日）

いる[6]。すなわち，（1）学校図書館の経営・運営や読書指導について専門的な知識を持ち，指導・助言を行う者，（2）学校図書館に関する専門的な知識を持ち，図書資料，AV資料等の学校図書館メディアに通暁し，適切に収集，整理，保存，提供できる者，（3）コンピュータ，情報ネットワーク，情報機器類に専門的な知識を持ち，コンピュータの操作，利用法，コンピュータ・ソフトウェアに関する相談にこたえられる者である。これらの職員に求められる資質としては，学校現場の事情に精通していること，専門的知識と経験を持っていることが挙げられる。

　なお，学校図書館支援センターは，公共図書館内に設けられるケース（さいたま市，新潟市，石川県白山市など）と，教育委員会事務局や教育センター内に設けられるケース（千葉県市川市，袖ケ浦市，滋賀県湖南市など）に大別できる[7]。

3．図書館協力とネットワークの実際

　図書館協力とネットワークの実際として，千葉県袖ケ浦市と島根県海士町の2事例を紹介したい。

（1）千葉県袖ケ浦市の場合

　千葉県袖ケ浦市は，1991（平成3）年に市制を施行した東京湾に面する人口約6.5万人の都市である。袖ケ浦市では，蔵書の有効活用を図ることと学校の教育機能を拡充することをねらいとして，1997（平成9）年度から学校図書館同士，そして学校図書館と公共図書館を結ぶ図書館

6　森田盛行「情報ネットワークの中の学校図書館」「新学校図書館学」編集委員会編『学校経営と学校図書館』全国学校図書館協議会，2006年，p.81-84

7　全国の学校図書館支援センターのうちウェブサイトを開設しているところについては，国立国会図書館国際子ども図書館のウェブサイト（https://www.kodomo.go.jp）内の「子どもの読書活動推進」＞「国際子ども図書館が主催する研修・交流と関連機関との連携協力」＞「関連機関へのリンク」＞「学校図書館関係団体・学校図書館支援センター等」にリンクされている（2022年2月1日現在）。参照されたい。

ネットワークをスタートさせた。当初は市内の小学校8校（分校を含む）の学校図書館と市立中央図書館を参加館としてスタートしたが，翌年度以降，参加館を増やしていき，2021年度現在では，市内の小学校8校（分校を含む），中学校5校の学校図書館と幼稚園1園，市立長浦おかのうえ図書館，市郷土博物館，市立総合教育センターを参加館とするネットワークに発展している（**図14−1**）。このネットワークの拠点として，2005（平成17）年度には市立総合教育センター内に学校図書館支援センター[8]が設けられている。

　このネットワークでは，学校図書館支援センターのウェブサイト上で必要な図書などの情報をやり取りし，所蔵している学校図書館，市立図書館，市郷土博物館などから必要としている学校図書館へ，ほぼ毎週1回参加各館を巡回する運搬車（民間業者に委託）が運んでくるというシステムを採っている。ネットワークには市郷土博物館も参加しており，実物メディアも学校図書館へ貸出しできるようになっている。また，このネットワークでは，図書などの相互貸借だけが行われているわけではない。学校図書館支援センターのウェブサイト上にはネットワークに参加する各館の司書教諭や学校司書などが質問や情報交換できる電子掲示板を設けているほか，同じくウェブサイト上で学校図書館を活用した授業事例を紹介したり，定期的に司書教諭や学校司書の研修会を開催するなど，参加各館との情報の交換・共有や人の交流も図っている。

　このネットワークの効果として，「児童生徒が主体的に学習に取り組む」「教師の教材研究・事前準備が進む」「学校図書館が学習情報センターとなり授業で必要な図書資料等の相互貸借が積極的に行われる」「調べ学習が活発になり，授業改善に資する」が挙げられている[9]。

　学校図書館支援センターは，2021年度現在，所長1名（市立総合教育

8　袖ケ浦市学校図書館支援センターのウェブサイト(https://www.fureai-cloud.jp/sodegaura-center/home/index/sclib/top/　最終アクセス：2022年2月1日)

9　袖ケ浦市教育委員会『第三次袖ケ浦市子どもの読書活動推進計画　平成28年度〜平成32年度』，2016年，p.9-10

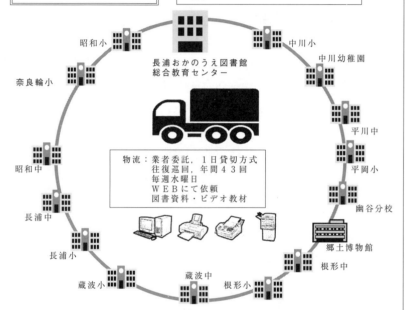

袖ケ浦市　**図書流通システム**（概要）

目　的
公共図書館と学校図書館，学校図書館相互が連携し，学校図書館を中心とした学校の教育機能を高め，児童生徒の「主体的に学ぶ力」及び「生きる力」を育み，生涯にわたって学び続ける市民の育成をめざす。

①蔵書の有効活用を図る。
・公共図書館と学校図書館，学校図書館相互を結び蔵書の有効活用を図る。
②学校の教育機能を拡充する。
・「読書教育」「調べ学習」を積極的に取り入れ，主体的に学ぶ児童生徒を育成する。

長浦おかのうえ図書館
総合教育センター

昭和小　中川小　中川幼稚園　奈良輪小　平川中　昭和中　平岡小　長浦中　幽谷分校　長浦小　郷土博物館　根形中　蔵波小　蔵波中　根形小

物流：業者委託，1日貸切方式
往復巡回，年間43回
毎週水曜日
WEBにて依頼
図書資料・ビデオ教材

◎事業の経緯
H. 8　オンライン化検討委員会設置
H. 9　中央図書館・小学校全校で実施
H. 10　中学校（1校）拡大
H. 11　中学校（4校）拡大（全13校）
H. 13　幼稚園（2園）拡大（全15校）
H. 16　郷土博物館，総合教育センターを追加
H. 18　郷土博物館教材パック流通開始
H. 21　物流の拠点を長浦おかのうえ図書館に移動
H. 31　幼稚園統合（2園→1園）

◎図書流通システムの効果
・児童生徒が主体的に学習に取り組む。
・豊富な資料が揃えられる。
・教師の教材研究，事前準備が進む。
・図書室が学習情報センターとなり，利用が増える。
・調べ学習が活発になり，授業改善に資する。

図14-1　図書流通システム（中村伸子氏提供）

センター所長の兼務），担当研究指導主事１名，専任スタッフ２名という体制である。センターでは，前述の図書館ネットワークのコーディネートに加え，読書教育全般への指導・助言，図書館業務に関する質問・相談指導，読書関係調査の実施などの多岐にわたる活動を行っている。

（2）島根県海士町の場合

島根県海士町は，隠岐諸島・中ノ島にある人口約２千人の１島１町の小規模な自治体である。海士町では，2007（平成19）年度から「島まるごと図書館」という図書館ネットワーク事業をスタートさせた（図14-2）。「"離島"であり"公立図書館"がないというまちの大きなハンディ

図14-2 「島まるごと図書館」マップ

〔出典：海士町中央図書館ウェブサイト（http://lib.town.ama.shimane.jp）掲載「島まるごと図書館」マップ〕

キャップを逆に活かし，学校図書館，地区公民館，港のターミナル，保健福祉センターなど人が多く集まる拠点をそれぞれ図書館分館と位置づけ，島全体をネットワーク化して1つの"図書館"と見立てるもの」であり，「高齢・過疎のまちにおいて誰もが等しく図書館サービスを受けることができるシステムの構築を目指し」たものである[10]。このネットワークには，4つの学校図書館（町立海士小学校，町立福井小学校，町立海士中学校，県立隠岐島前高等学校）も参加し，それぞれに学校図書館としての機能を高めるべく整備が進められている。同時に，小学校の学校図書館は児童サービスを担う「分館」，中学校と高等学校の学校図書館はヤングアダルトサービスを担う「分館」というように，「島まるごと図書館」の「分館」としての役割分担を明確化し，図書館メディア・情報資源の分担収集や相互貸借を行うことで予算や所蔵メディア・情報資源のリソース・シェアリングと有効活用を図っている。

　そもそも，海士町では，人口，特に若者の流出や後継者不足という地域課題に対して，地域で文化や産業を創りだせる人材の育成が必要との認識から，町の総合計画の柱の1つに「人づくり」を位置づけている。この人づくりには読書活動が重要であるとの認識から，「島まるごと図書館」をスタートさせたのである。スタートに当たって，文部科学省の「"読む・調べる"習慣の確立に向けた実践研究事業」に応募して財源を確保し，司書など職員3人も新たに採用した。

　「島まるごと図書館」がスタートする以前，町内にある小学校，中学校の学校図書館は，ほとんど手つかずで利用されていない状態であった。そこで，この事業がスタートしてまず着手したのは，各校の学校図書館の環境整備であった。具体的には，児童生徒がゆっくり読書や学習できるように館内のレイアウトを抜本的に変更するとともに，図書の新規購入，古い図書の廃棄，図書の分類などを行った。

10　海士町教育委員会作成「平成20年度地域の図書館サービス充実支援事業」に関する資料による。

図14-3　海士小学校図書館
（礒谷奈緒子氏提供）

図14-4　福井小学校図書館
（礒谷奈緒子氏提供）

図14-5　海士中学校図書館
（礒谷奈緒子氏提供）

　2021（令和３）年現在，海士小学校の学校図書館（**図14-3**）に約7,700冊，福井小学校の学校図書館（**図14-4**）に約9,000冊，海士中学校の学校図書館（**図14-5**）に約10,000冊，隠岐島前高等学校の学校図書館に約10,000冊の蔵書がそれぞれ整備され，「島まるごと図書館」のネットワークによって「本館」に当たる海士町中央図書館の蔵書（約38,000冊）も利用可能である。このほか，島根県立図書館からは年に１度のペースで両小学校に100冊程度を借り受けて提供している。

　「島まるごと図書館」がスタートし，学校図書館の整備が進んだことによって，学校図書館の利用・活用も本格化している。例えば，町内の

図14－6　海士町中央図書館で読書する子ども
（礒谷奈緒子氏提供）

　小学校２校では2016年度から共通の「図書館・情報活用スキル指導体系」
を学年別に策定し，図書館を活用した学習活動が体系的・計画的に展開
されている。また，海士小学校では，2007年度は年間347冊（児童１人
あたり８冊）だった貸出冊数が2020年度には年間4,629冊（児童１人あ
たり87冊）へと大幅に増加した。

　なお，「島まるごと図書館」の「本館」，すなわち図書館ネットワーク
の運営拠点は，海士町中央図書館（**図14－6**）が担っている。当初は，
公共図書館がなかったため，中央公民館の図書室が「本館」の役割を担っ
ていた。その後，「島まるごと図書館」の取組が町民に浸透する中で，多
くの町民から本物の公共図書館が欲しいとの要望を得て，2010（平成22）
年10月に中央図書館が開館するに至っている。

4. 図書館協力とネットワークの展望

　図書館ネットワークのメリットを最大限に活かしていくためには，その規模の拡大と協力内容の充実が図られるべきである。

　将来的には，学校図書館においても，全国規模の，ひいては世界規模での図書館ネットワークが形成されるべきであり，かつ公共図書館や大学図書館などの図書館ネットワークとも連携が進められるべきである。ネットワークの規模が大きくなればなるほど，シェアできるリソースの量も拡大し，学校図書館が提供できるメディア・情報資源の幅はこれまで以上に広がる。これを実現するためには，ネットワークの形成に不可欠な人的，財政的，技術的な面にわたっての国（文部科学省）による積極的な施策が必要であることは言うまでもない。

　また，スポット的なものであれ，図書館ネットワークを介したものであれ，現状の図書館協力の内容は，メディア・情報資源の貸借，すなわち，もののやり取りが中心を占めている。今後は，情報の交換・共有や人の交流にも一層力を注ぐ必要がある。例えば，情報の交換・共有の機会として，ICT を活用してネットワーク参加館の司書教諭や学校司書が書き込み，閲覧できる電子掲示板の開設，学校図書館を活用した学習活動，読書活動の実践事例データベースの構築など，人の交流の機会として，ネットワーク参加館の司書教諭や学校司書を対象とした研修会や参加館相互の見学会の開催などが考えられる。これらの一部は，事例で紹介した千葉県袖ケ浦市などですでに取り組まれており，参考になる。情報を交換・共有したり，他館の担当職員と交流したりする機会に乏しい状況下で司書教諭や学校司書が孤軍奮闘している学校図書館は多い。もののやり取りだけでなく，情報の交換・共有や人の交流が充実すれば，学校図書館の活性化にも大きく寄与するであろう。もの・情報・人をつ

なぐバランスのとれた図書館ネットワークの実現が求められる。

　情報の交換・共有に関しては，現在，「先生のための授業に役立つ学校図書館活用データベース」（http://www.u-gakugei.ac.jp/~schoolib/htdocs）など，複数の新たな取組が始まっており，実践の際に参考になる。「先生のための授業に役立つ学校図書館活用データベース」は，東京学芸大学学校図書館運営専門委員会が2009（平成21）年度から運営しているウェブサイトである。当初は東京学芸大学附属学校の学校図書館を活用した授業の実践事例のみを掲載していたが，現在は全国の学校から実践事例を広く募集し，全国規模のデータベースを目指して取組を進めている。

付記

　本章執筆に際しては，袖ヶ浦市教育委員会の中村伸子氏，同市立総合教育センターの髙橋貴子氏，海士町中央図書館の磯谷奈緒子氏にご協力いただいた。ここに記して感謝申し上げる。

参考文献

●「新学校図書館学」編集委員会編『学校経営と学校図書館』（全国学校図書館協議会　2006）
●天道佐津子・柴田正美編著『学校経営と学校図書館（三訂版）』（放送大学教育振興会　2009）
●日本学校図書館学会編『学校図書館支援センターの現在とこれから：教育委員会の学校への支援の在り方』（日本学校図書館学会　2011）
●野口武悟「岐路に立つ地方自治体と図書館経営（Ⅱ）：福島県矢祭町と島根県海士町の場合」『人文科学年報』40，2010，p.23-57

15 │ 学校図書館に関する研修・研究と展望

野口　武悟

《**目標＆ポイント**》　司書教諭，学校司書は，研修だけにとどまらず，学校図書館およびその隣接領域を俯瞰し，未来を見据えた学校図書館の研究活動に取り組んでいきたい。この章では，学校図書館に関する研修や研究の領域と方法を取り上げる。また，研究に必要な基本的な文献も紹介する。あわせて，学校図書館の展望についても触れたい。
《**キーワード**》　学校図書館に関する研修，学校図書館に関する研究，学校図書館に関する基本文献

変化の激しい今日にあって，社会情勢や学校教育をめぐる状況は，日々刻々と変わり，以前に修得した知識やスキルはすぐに古びてしまう。したがって，司書教諭や学校司書は，学校図書館に関する自らの専門性を絶えず維持・向上させるために，研修への積極的な参加や主体的な研究を通して，研鑽に努めなければならない。

1．学校図書館に関する研修

司書教諭は，管理職や研修担当の校務分掌組織と連携・協議しながら，学校図書館に関する校内研修を企画・運営し，全校の教職員の学校図書館に関する理解や活用スキルの向上を図ることが大切である。当然であるが，可能な限り校内研修の年間計画に盛り込むなど計画的に行うことが望ましい。

研修の形式としては，講演・講義，演習，ワークショップなどが考え

られる。また，内容としては，往々にして，すぐに役立つことを意図して実践的な，あるいは発展的な内容で研修を企画することが多い。しかし，こうした内容の研修は，全校の教職員に学校図書館に関する基礎的な理解が確かなものとなっていることが前提となる。まずは，基礎的な理解を向上させる研修から取り組みたい。

　研修は，司書教諭自身や校内の学校司書等が講師となって行うことが多いが，他校の実践豊富な司書教諭，学校司書や，学校図書館を専門に研究する研究者など外部の人材を講師として招聘して行うこともある。外部に講師となり得るどのような人材がいるのかは，教育委員会の担当指導主事に照会したり，本章3節に紹介するような基本文献や下記の学校図書館に関する各種団体のウェブサイトなどをチェックしたりして把握したい。なお，近隣他校で過去に実施された校内研修の内容や講師を参考情報として入手し，検討するのも一案である。

●学校図書館に関する主な団体（URL は2022年2月現在）
・全国学校図書館協議会（全国 SLA）：https://www.j-sla.or.jp
・各都道府県の学校図書館協議会（都道府県 SLA）
・日本図書館協会学校図書館部会：https://www.jla.or.jp
・学校図書館問題研究会（学図研）：http://www.gakutoken.net
・日本子どもの本研究会（JASCL）：https://www.jasclhonken.com
・日本学校図書館学会：https://jssls.info
　このほか，
・日本図書館情報学会：https://www.jslis.jp
・日本図書館研究会：https://www.nal-lib.jp
・日本読書学会：https://www.readingassoc.site
・三田図書館・情報学会：http://mslis.jp

・情報メディア学会：http://www.jsims.jp
・日本教育学会：http://www.jera.jp
　などでも，学校図書館に関する学術研究や実践報告が行われている。

　司書教諭や学校司書が自身の学校図書館に関する専門性を維持・向上するための研修も重要である。研修の機会としては，(1) 教育委員会主催の司書教諭研修や学校司書研修，(2) 前述の学校図書館に関する各種団体の年次大会や公開セミナーなどへの参加，(3) その他，に大別できる。(1) については，地域によって頻度や内容に差が大きく，現状では未実施の地域も少なくない。そのため，必然的に (2) が中心となる。全国学校図書館協議会のウェブサイトには「セミナー・研究会」の情報が他団体主催のものも含めて掲載されているので，参考にしたい。(3) は司書教諭や学校司書の自主的な研修であり，集団的なものから個人的なものまでさまざまである。こうした研修を支援する活動(例えば，SLiiiC（スリック）（http://www.sliiic.org）など）も行われている。

2. 学校図書館に関する研究

　司書教諭や学校司書の学校図書館に関する専門性を維持・向上するための取組は研修だけでは十分とはいえない。主体的な研究も欠かせない。研修が，どちらかといえば，新たな情報や知識，スキルのインプットであるのに対して，研究は自らの実践内容などをアウトプットし，他の司書教諭や学校司書，研究者と共有していく取組といえる。

　研究というと，学校や教科部会などの組織として１つのテーマのもとに取り組むというイメージを持つ人が多いだろう。しかし，司書教諭や学校司書が個人的に自ら設定したテーマを１年間ないし数年かけて掘り下げ，その成果を本章第１節で紹介した各種団体の年次大会などで発表

したり論文にまとめたりして，第3節に紹介するような雑誌に掲載することも研究である。年次大会での発表や雑誌に掲載された論文の内容は，全国にいる他の司書教諭や学校司書たちに共有され，学校図書館に関する新たな実践へとつながっていく。

　学校図書館に関する研究としては，(1) 学校図書館の経営・運営，(2) 学校図書館のメディア・情報資源（資料），(3) 学校図書館の職員，(4) 教育課程・方法と学校図書館，(5) 教科教育における学校図書館活用，(6) 情報活用能力の育成，(7) 読書活動・読書指導，(8) 教育法規・行政と学校図書館，(9) 学校図書館の歴史，など理論と実践の両面にわたって実に多様なテーマが設定可能である。学問領域としては，図書館情報学はもちろんのこと，教育学，教育方法学，教育工学，情報科学など多岐にわたる。学校図書館に関してすでにどのような研究が行われ，論文が公表されているかは，CiNii Research（https://cir.nii.ac.jp）を用いることで検索可能である。ぜひ検索してみてほしい。

　主な研究方法としては，以下のようなものがある[1]。研究テーマによって，1つないし複数の方法を組み合わせて研究を行う。

①**観察法**：さまざまな事象等を研究目的に応じて観察，記録する方法である。比較的行いやすく，実際に事象等を観察するために効果は大きい。その反面，個人の主観が入りやすく，研究する者の経験や力量によって同じ事象においても解釈に相違がでるおそれもある。

②**文献研究法**：先行研究や関連する文献，データ等を評価・分析・検討して，これを自分の研究の資料にして研究する方法である。研究テーマに適した利用価値の高い文献・データの選択，収集を必要とするが，その作業には慎重さが求められる。

③**質問紙法**：学校図書館の研究で最も多く取られる方法であり，いわゆるアンケート調査のことである。多くの対象に対して一度に調査できる。

1　森田盛行「研究および課題と展望」野口武悟・前田稔編著『新訂　学校経営と学校図書館』放送大学教育振興会，2013，p.248-249

定量的な調査に適しており，質問紙の設計を慎重に行うことで，回収後の統計処理も容易である。個人情報，プライバシーに触れるような調査項目がある場合には，その配慮が不可欠である。

④**面接法**：対象者に対して一定の事象について質問項目（チェックリスト）に基づいて尋ね，その回答を記録していく方法である。いわゆるインタビュー調査ないしヒアリング調査といわれるものである。対象者の能力等に左右されることなく，回答を得られる。対象者の人数や質問項目によっては相当の時間がかかる。質問紙法と同様に個人情報，プライバシーに触れる内容については配慮が必要である。

⑤**事例研究法**：1つないし複数の事例を調査・検討し，研究を進める方法である。質問紙法による定量的な分析が困難なテーマには適している。事例の選択，研究する者の経験や力量により調査結果は異なることがある。共同研究等で複数の者による研究を行うと，信頼のおける結果となりやすい。

　学校図書館を専門的に研究する研究者は現状では少ない。学校図書館に関する研究を振興し，その成果をさらに蓄積・発展していくには，現場の司書教諭，学校司書の研究活動にかかっているといっても過言ではない。

　なお，本格的な研究活動への入り口として大学院へ進学する方法もある。今日では，全国各地に教職大学院が整備されつつあり，教職大学院以外にも教育学を専攻できる大学院は少なくない。しかも，夜間・休日開講など現職のままでの進学に配慮している大学院は増えている。ただし，図書館情報学を専攻できる大学院となると，以下のような一部の大学に限られている。

●**図書館情報学を専攻できる主な大学院**

【国立】

・筑波大学大学院人間総合科学学術院人間総合科学研究群情報学学位プログラム
・東京大学大学院教育学研究科
・東京学芸大学大学院教育学研究科
・京都大学大学院教育学研究科
・大阪教育大学大学院教育学研究科
・九州大学大学院統合新領域学府

【私立】

・慶應義塾大学大学院文学研究科
・青山学院大学大学院教育人間科学研究科
・東洋大学大学院社会学研究科
・中央大学大学院文学研究科
・明治大学大学院文学研究科
・愛知淑徳大学大学院文化創造研究科

3. 学校図書館に関する基本文献

　学校図書館に関する研修や研究に資する基本的な文献を以下に紹介する。もちろん，これ以外にもさまざまな文献がある。CiNii Books（https://ci.nii.ac.jp/books）などを用いることで効率よく把握できるので，必要に応じて検索してみてほしい。

●**主な辞典・事典**

・『新読書指導事典』阪本一郎［ほか］編，第一法規，1981年
・『現代学校図書館事典』深川恒喜［ほか］編，ぎょうせい，1982年

・『新学校図書館事典』室伏武［ほか］編，第一法規，1983年
・『新・こどもの本と読書の事典』黒澤浩［ほか］編，ポプラ社，2004年
・『最新図書館用語大辞典』図書館用語辞典編集委員会，柏書房，2004年
・『図書館用語集（4訂版）』日本図書館協会用語委員会編，日本図書館協会，2013年
・『図書館ハンドブック（第6版補訂2版)』日本図書館協会ハンドブック編集委員会編，日本図書館協会，2016年
・『図書館人物事典』日本図書館文化史研究会編，日外アソシエーツ，2017年
・『図書館情報学用語辞典（第5版)』日本図書館情報学会用語辞典編集委員会編，丸善出版，2020年

●主な図書

・『学校図書館50年史』学校図書館50年史編集委員会編，全国学校図書館協議会，2004年
・『学校図書館メディアセンター論の構築に向けて：学校図書館の理論と実践』日本図書館情報学会研究委員会編，勉誠出版，2005年
・『学校図書館への研究アプローチ』日本図書館情報学会研究委員会編，勉誠出版，2017年
・『「学校図書館ガイドライン」活用ハンドブック　解説編』堀川照代編，悠光堂，2018年
・『「学校図書館ガイドライン」活用ハンドブック　実践編』堀川照代編，悠光堂，2019年
・『学校図書館基本資料集　改訂版』野口武悟編・全国学校図書館協議会監修，全国学校図書館協議会，2020年
・『司書教諭・学校司書のための学校図書館必携：理論と実践　新訂版』

全国学校図書館協議会監修，悠光堂，2021年

●主な雑誌

・『学校図書館』全国学校図書館協議会，月刊

・『学校図書館速報版』全国学校図書館協議会，月2回刊

・『子どもの図書館』児童図書館研究会，月刊

・『子どもの本棚』日本子どもの本研究会，月刊

・『現代の図書館』日本図書館協会，季刊

・『図書館雑誌』日本図書館協会，月刊

・『日本図書館情報学会誌』日本図書館情報学会，季刊

・『Library and Information Science』三田図書館・情報学会，季刊

・『図書館界』日本図書館研究会，隔月刊

・『情報メディア研究』情報メディア学会，年刊

・『読書科学』日本読書学会，季刊

・『学校図書館学研究』日本学校図書館学会，年刊

4. 学校図書館の展望

　「主体的，対話的で深い学び」（いわゆるアクティブラーニング）が指向される今日の学校教育において，学校図書館の果たす役割は一層増すばかりである。学校においては，学校図書館に対する認識が「本を静かに読む部屋」から「探究的な授業を行うアクティブな空間」へと徐々に変わってきている。「鍵のかかっている古い本の置き場」という姿は，昔の話となりつつある。

　このように古い学校図書館観が払拭されつつあるが，今でも学校図書館には多くの課題が残されているのも事実である。その中でも司書教諭と学校司書をめぐる課題は，長年の懸案であったし，いまもなお懸案で

あり続けている。それは，学校に教職員がいなくてはその機能が成り立たないのと同様に，学校図書館に司書教諭と学校司書がいなくてはその機能を発揮し得ないからである。

　司書教諭をめぐっては，いまだに11学級以下の規模の学校には「置かないことができる」とされたままである。また，司書教諭の設置が義務化されている12学級以上の規模の学校にあっても，教職員定数の中に司書教諭の定数が措置されていないために，教諭の兼任という実態が続いている。しかも，司書教諭の活動をするために授業負担を軽減する措置を講じる学校は小学校，中学校，高等学校ではいずれも1割台，特別支援学校にあっては1割にも満たない現状にある（文部科学省「令和2年度学校図書館の現状に関する調査」）。これでは，司書教諭がその専門性や力量を十分に発揮することは難しい。

　学校司書についても，改正された「学校図書館法」の施行によって2015（平成27）年にようやく法的根拠を得たとはいえ，その設置は努力義務にとどまっている。また，常勤で勤務する学校司書は小学校，中学校にあっては1割前後にとどまるのが現状である（文部科学省の前掲調査）。

　こうした懸案の課題に対して，文部科学省が設置した国民の読書推進に関する協力者会議による報告書「人の，地域の，日本の未来を育てる読書環境の実現のために」（2011年）では，「11学級以下の学校には置かないことができるとされている司書教諭を全ての学校に必置とし，その専任化を推進する」「学校図書館担当職員（いわゆる「学校司書」）の配置やその常勤化を推進する」などとしている。この報告書が出されてからすでに10年以上が経過した現在においても，残念ながら，そこに示された内容は実現されていない。実現に向けて，文部科学省による今後の取組に期待したい。

　もちろん，学校図書館の抱える諸課題を解決するためには，行政施策

の充実はもちろんのこと，学校教育・学校図書館関係者や団体による地
道な不断の努力が欠かせない。また，保護者をはじめとした多くの市民
に応援してもらうことも大切である。そのためには，学校図書館の意義
や必要性を理解してもらうべく，司書教諭や学校司書は，「保護者向け
図書館だより」の発行などを通して，家庭（保護者）や地域に向けての
情報発信も進めていきたいものである。

付録

1. 学校図書館法

（沿革）　昭和28年8月8日法律第185号制定
平成27年6月24日法律第46号最終改正

第1条（この法律の目的）　この法律は，学校図書館が，学校教育において欠くことのできない基礎的な設備であることにかんがみ，その健全な発達を図り，もつて学校教育を充実することを目的とする。

第2条（定義）　この法律において「学校図書館」とは，小学校（義務教育学校の前期課程及び特別支援学校の小学部を含む。），中学校（義務教育学校の後期課程，中等教育学校の前期課程及び特別支援学校の中学部を含む。）及び高等学校（中等教育学校の後期課程及び特別支援学校の高等部を含む。）（以下「学校」という。)において，図書，視覚聴覚教育の資料その他学校教育に必要な資料(以下「図書館資料」という。)を収集し，整理し，及び保存し，これを児童又は生徒及び教員の利用に供することによつて，学校の教育課程の展開に寄与するとともに，児童又は生徒の健全な教養を育成することを目的として設けられる学校の設備をいう。

第3条（設置義務）　学校には，学校図書館を設けなければならない。

第4条（学校図書館の運営）　学校は，おおむね左の各号に掲げるような方法によつて，学校図書館を児童又は生徒及び教員の利用に供するものとする。

1　図書館資料を収集し，児童又は生徒及び教員の利用に供すること。

2　図書館資料の分類排列を適切にし，及びその目録を整備すること。

3　読書会，研究会，鑑賞会，映写会，資料展示会等を行うこと。

4　図書館資料の利用その他学校図書館の利用に関し，児童又は生徒に対し指導を行うこと。

5　他の学校の学校図書館，図書館，博物館，公民館等と緊密に連絡し，及び協力すること。

2　学校図書館は，その目的を達成するのに支障のない限度において，一般公衆に利用させることができる。

第5条（司書教諭）　学校には，学校図書館の専門的職務を掌らせるため，司書教諭を置かなければならない。

2　前項の司書教諭は，主幹教諭（養護又は栄養の指導及び管理をつかさどる主幹教諭を除く。），指導教諭又は教諭（以下この項において「主幹教諭等」という。）をもつて充てる。この場合において，当該主幹教諭等は，

司書教諭の講習を修了した者でなければならない。

3　前項に規定する司書教諭の講習は，大学その他の教育機関が文部科学大臣の委嘱を受けて行う。

4　前項に規定するものを除く外，司書教諭の講習に関し，履修すべき科目及び単位その他必要な事項は，文部科学省令で定める。

第6条（学校司書）　学校には，前条第1項の司書教諭のほか，学校図書館の運営の改善及び向上を図り，児童又は生徒及び教員による学校図書館の利用の一層の促進に資するため，専ら学校図書館の職務に従事する職員（次項において「学校司書」という。）を置くよう努めなければならない。

2　国及び地方公共団体は，学校司書の資質の向上を図るため，研修の実施その他の必要な措置を講ずるよう努めなければならない。

第7条（設置者の任務）　学校の設置者は，この法律の目的が十分に達成されるようその設置する学校の学校図書館を整備し，及び充実を図ることに努めなければならない。

第8条（国の任務）　国は，学校図書館を整備し，及びその充実を図るため，左の各号に掲げる事項の実施に努めなければならない。

1　学校図書館の整備及び充実並びに司書教諭の養成に関する総合的計画を樹立すること。

2　学校図書館の設置及び運営に関し，専門的，技術的な指導及び勧告を与えること。

3　前各号に掲げるものの外，学校図書館の整備及び充実のため必要と認められる措置を講ずること。

附　則　抄
1　（施行期日）　この法律は昭和29年4月1日から施行する。
2　（司書教諭の設置の特例）　学校には，平成15年3月31日までの間（政令で定める規模以下の学校にあつては，当分の間），第5条第1項の規定にかかわらず，司書教諭を置かないことができる。

附　則（昭和33年5月6日法律第136号）抄
1　この法律は，公布の日から施行し，昭和33年4月1日から適用する。

附　則（昭和41年6月30日法律第98号）抄
1　（施行期日）　この法律は，昭和41年7月1日から施行する。（以下略）

附　則（平成9年6月11日法律第76号）
この法律は，公布の日から施行する。

附　則（平成10年6月12日法律第101号）抄
第1条　（施行期日）この法律は，平成11年4月1日から施行する。（後略）

附　則（平成11年12月22日法律第160号）抄

第1条　（施行期日）この法律（第2条及び第3条を除く。）は，平成13年
　1月6日から施行する。

附　則（平成13年3月30日法律第9号）抄

第1条　（施行期日）この法律は，公布の日から施行する。（後略）

附　則（平成15年7月16日法律第117号）抄

第1条　この法律は，平成16年4月1日から施行する。（後略）

附　則（平成18年6月21日法律第80号）抄

第1条　（施行期日）この法律は，平成19年4月1日から施行する。（後略）

附　則（平成19年6月27日法律第96号）抄

第1条　（施行期日）この法律は，公布の日から起算して6月を超えない
　範囲内において政令で定める日から施行する。ただし，次の各号に掲げ
　る規定は，当該各号に定める日から施行する。

1　第2条から第14条まで及び附則第50条の規定　平成20年4月1日

附　則（平成26年6月27日法律第93号）

1　（施行期日）　この法律は，平成27年4月1日から施行する。

2　（検討）　国は，学校司書（この法律による改正後の学校図書館法（以
　下この項において「新法」という。）第6条第1項に規定する学校司書
　をいう。以下この項において同じ。）の職務の内容が専門的知識及び技
　能を必要とするものであることに鑑み，この法律の施行後速やかに，新
　法の施行の状況等を勘案し，学校司書としての資格の在り方，その養成
　の在り方等について検討を行い，その結果に基づいて必要な措置を講ず
　るものとする。

附　則（平成27年6月24日法律第46号）抄

第1条　（施行期日）この法律は，平成28年4月1日から施行する。

2．学校図書館司書教諭講習規程

（沿革）　昭和29年8月6日　文部省令第21号
　　　　　平成19年3月30日　文部科学省令第5号最終改正

第1条（この省令の趣旨）　　学校図書館法第5条に規定する司書教諭の講習
（以下「講習」という。）については，この省令の定めるところによる。

第2条（受講資格）　　講習を受けることができる者は，教育職員免許法（昭
和24年法律第147号）に定める小学校，中学校，高等学校若しくは特別支援
学校の教諭の免許状を有する者又は大学に2年以上在学する学生で62単位
以上を修得した者とする。

第3条（履修すべき科目及び単位） 司書教諭の資格を得ようとする者は，講習において，次の表の上欄に掲げる科目について，それぞれ，同表の下欄に掲げる数の単位を修得しなければならない。

科　　目	単位数	科　　目	単位数
学校経営と学校図書館	2	読書と豊かな人間性	2
学校図書館メディアの構成	2	情報メディアの活用	2
学習指導と学校図書館	2		

2　講習を受ける者が大学において修得した科目の単位又は図書館法（昭和25年法律第118号）第6条に規定する司書の講習において修得した科目の単位であつて，前項に規定する科目の単位に相当するものとして文部科学大臣が認めたものは，これをもって前項の規定により修得した科目の単位とみなす。

　（単位計算の基準）

第4条　前条に規定する単位の計算方法は，大学設置基準（昭和31年文部省令第28号）第21条第2項に定める基準によるものとする。

　（単位修得の認定）

第5条　単位修得の認定は，講習を行う大学その他の教育機関が，試験，論文，報告書その他による成績審査に合格した受講者に対して行う。

　（修了証書の授与）

第6条　文部科学大臣は，第3条の定めるところにより10単位を修得した者に対して，講習の修了証書を与えるものとする。

　（雑則）

第7条　受講者の人数，選定の方法並びに講習を行う大学その他の教育機関，講習の期間その他講習実施の細目については，毎年官報で公告する。但し，特別の事情がある場合には，適宜な方法によつて公示するものとする。

　附　則

　　この省令は，公布の日から施行する。（以下，略）

3. 子どもの読書活動の推進に関する法律

（沿革）　平成13年12月12日法律第154号制定

第1条（目的）　この法律は，子どもの読書活動の推進に関し，基本理念を定め，並びに国及び地方公共団体の責務等を明らかにするとともに，子どもの読書活動の推進に関する必要な事項を定めることにより，子どもの読

書活動の推進に関する施策を総合的かつ計画的に推進し，もって子どもの健やかな成長に資することを目的とする。

第2条（基本理念） 子ども（おおむね18歳以下の者をいう。以下同じ）の読書活動は，子どもが，言葉を学び，感性を磨き，表現力を高め，創造力を豊かなものにし，人生をより深く生きる力を身に付けていく上で欠くことのできないものであることにかんがみ，すべての子どもがあらゆる機会とあらゆる場所において自主的に読書活動を行うことができるよう，積極的にそのための環境の整備が推進されなければならない。

第3条（国の責務） 国は，前条の基本理念（以下「基本理念」という。）にのっとり，子どもの読書活動の推進に関する施策を総合的に策定し，及び実施する責務を有する。

第4条（地方公共団体の責務） 地方公共団体は，基本理念にのっとり，国との連携を図りつつ，その地域の実情を踏まえ，子どもの読書活動の推進に関する施策を策定し，及び実施する責務を有する。

第5条（事業者の努力） 事業者は，その事業活動を行うに当たっては，基本理念にのっとり，子どもの読書活動が推進されるよう，子どもの健やかな成長に資する書籍等の提供に努めるものとする。

第6条（保護者の役割） 父母その他の保護者は，子どもの読書活動の機会の充実及び読書活動の習慣化に積極的な役割を果たすものとする。

第7条（関係機関等との連携強化） 国及び地方公共団体は，子どもの読書活動の推進に関する施策が円滑に実施されるよう，学校，図書館その他の関係機関及び民間団体との連携の強化その他必要な体制の整備に努めるものとする。

第8条（子ども読書活動推進基本計画） 政府は，子どもの読書活動の推進に関する施策の総合的かつ計画的な推進を図るため，子どもの読書活動の推進に関する基本的な計画（以下「子ども読書活動推進基本計画」という。）を策定しなければならない。

2 政府は，子ども読書活動推進基本計画を策定したときは，遅滞なく，これを国会に報告するとともに，公表しなければならない。

3 前項の規定は，子ども読書活動推進基本計画の変更についても準用する。

第9条（都道府県子ども読書活動推進計画等） 都道府県は，子ども読書活動推進基本計画を基本とするとともに，当該都道府県における子どもの読書活動の推進の状況等を踏まえ，当該都道府県における子どもの読書活動の推進に関する施策についての計画（以下「都道府県子ども読書活動推進計画」という。）を策定するよう努めなければならない。

2 市町村は，子ども読書活動推進基本計画（都道府県子ども読書活動推進

計画が策定されているときは，子ども読書活動推進基本計画及び都道府県子ども読書活動推進計画）を基本とするとともに，当該市町村における子どもの読書活動の推進の状況等を踏まえ，当該市町村における子どもの読書活動の推進に関する施策についての計画（以下「市町村子ども読書活動推進計画」という。）を策定するよう努めなければならない。

3　都道府県又は市町村は，都道府県子ども読書活動推進計画又は市町村子ども読書活動推進計画を策定したときは，これを公表しなければならない。

4　前項の規定は，都道府県子ども読書活動推進計画又は市町村子ども読書活動推進計画の変更について準用する。

第10条（子ども読書の日）　国民の間に広く子どもの読書活動についての関心と理解を深めるとともに，子どもが積極的に読書活動を行う意欲を高めるため，子ども読書の日を設ける。

2　子ども読書の日は，4月23日とする。

3　国及び地方公共団体は，子ども読書の日の趣旨にふさわしい事業を実施するよう努めなければならない。

第11条（財政上の措置等）　国及び地方公共団体は，子どもの読書活動の推進に関する施策を実施するため必要な財政上の措置その他の措置を講ずるよう努めるものとする。

附　則

この法律は，公布の日から施行する。

4．文字・活字文化振興法

（沿革）　平成17年7月29日法律第91号制定

第1条（目的）　この法律は，文字・活字文化が，人類が長い歴史の中で蓄積してきた知識及び知恵の継承及び向上，豊かな人間性の涵養並びに健全な民主主義の発達に欠くことのできないものであることにかんがみ，文字・活字文化の振興に関する基本理念を定め，並びに国及び地方公共団体の責務を明らかにするとともに，文字・活字文化の振興に関する必要な事項を定めることにより，我が国における文字・活字文化の振興に関する施策の総合的な推進を図り，もって知的で心豊かな国民生活及び活力ある社会の実現に寄与することを目的とする。

第2条（定義）　この法律において「文字・活字文化」とは，活字その他の文字を用いて表現されたもの（以下この条において「文章」という。）を読み，及び書くことを中心として行われる精神的な活動，出版活動その他

の文章を人に提供するための活動並びに出版物その他のこれらの活動の文化的所産をいう。

第3条（基本理念）　文字・活字文化の振興に関する施策の推進は，すべての国民が，その自主性を尊重されつつ，生涯にわたり，地域，学校，家庭その他の様々な場において，居住する地域，身体的な条件その他の要因にかかわらず，等しく豊かな文字・活字文化の恵沢を享受できる環境を整備することを旨として，行われなければならない。

2　文字・活字文化の振興に当たっては，国語が日本文化の基盤であることに十分配慮されなければならない。

3　学校教育においては，すべての国民が文字・活字文化の恵沢を享受することができるようにするため，その教育の課程の全体を通じて，読む力及び書く力並びにこれらの力を基礎とする言語に関する能力（以下「言語力」という。）の涵養に十分配慮されなければならない。

第4条（国の責務）　国は，前条の基本理念（次条において「基本理念」という。）にのっとり，文字・活字文化の振興に関する施策を総合的に策定し，及び実施する責務を有する。

第5条（地方公共団体の責務）　地方公共団体は，基本理念にのっとり，国との連携を図りつつ，その地域の実情を踏まえ，文字・活字文化の振興に関する施策を策定し，及び実施する責務を有する。

第6条（関係機関等との連携強化）　国及び地方公共団体は，文字・活字文化の振興に関する施策が円滑に実施されるよう，図書館，教育機関その他の関係機関及び民間団体との連携の強化その他必要な体制の整備に努めるものとする。

第7条（地域における文字・活字文化の振興）　市町村は，図書館奉仕に対する住民の需要に適切に対応できるようにするため，必要な数の公立図書館を設置し，及び適切に配置するよう努めるものとする。

2　国及び地方公共団体は，公立図書館が住民に対して適切な図書館奉仕を提供することができるよう，司書の充実等の人的体制の整備，図書館資料の充実，情報化の推進等の物的条件の整備その他の公立図書館の運営の改善及び向上のために必要な施策を講ずるものとする。

3　国及び地方公共団体は，大学その他の教育機関が行う図書館の一般公衆への開放，文字・活字文化に係る公開講座の開設その他の地域における文字・活字文化の振興に貢献する活動を促進するため，必要な施策を講ずるよう努めるものとする。

4　前三項に定めるもののほか，国及び地方公共団体は，地域における文字・活字文化の振興を図るため，文字・活字文化の振興に資する活動を行う民

間団体の支援その他の必要な施策を講ずるものとする。

第8条（学校教育における言語力の涵養）　国及び地方公共団体は，学校教育において言語力の涵養が十分に図られるよう，効果的な手法の普及その他の教育方法の改善のために必要な施策を講ずるとともに，教育職員の養成及び研修の内容の充実その他のその資質の向上のために必要な施策を講ずるものとする。

2　国及び地方公共団体は，学校教育における言語力の涵養に資する環境の整備充実を図るため，司書教諭及び学校図書館に関する業務を担当するその他の職員の充実等の人的体制の整備，学校図書館の図書館資料の充実及び情報化の推進等の物的条件の整備等に関し必要な施策を講ずるものとする。

第9条（文字・活字文化の国際交流）　国は，できる限り多様な国の文字・活字文化が国民に提供されるようにするとともに我が国の文字・活字文化の海外への発信を促進するため，我が国においてその文化が広く知られていない外国の出版物の日本語への翻訳の支援，日本語の出版物の外国語への翻訳の支援その他の文字・活字文化の国際交流を促進するために必要な施策を講ずるものとする。

第10条（学術的出版物の普及）　国は，学術的出版物の普及が一般に困難であることにかんがみ，学術研究の成果についての出版の支援その他の必要な施策を講ずるものとする。

第11条（文字・活字文化の日）　国民の間に広く文字・活字文化についての関心と理解を深めるようにするため，文字・活字文化の日を設ける。

2　文字・活字文化の日は，10月27日とする。

3　国及び地方公共団体は，文字・活字文化の日には，その趣旨にふさわしい行事が実施されるよう努めるものとする。

第12条（財政上の措置等）　国及び地方公共団体は，文字・活字文化の振興に関する施策を実施するため必要な財政上の措置その他の措置を講ずるよう努めるものとする。

　附　則

この法律は，公布の日から施行する。

5. 視覚障害者等の読書環境の整備の推進に関する法律

（沿革）　令和元年法律第四十九号

第一章　総則
（目的）

第一条　この法律は，視覚障害者等の読書環境の整備の推進に関し，基本理念を定め，並びに国及び地方公共団体の責務を明らかにするとともに，基本計画の策定その他の視覚障害者等の読書環境の整備の推進に関する施策の基本となる事項を定めること等により，視覚障害者等の読書環境の整備を総合的かつ計画的に推進し，もって障害の有無にかかわらず全ての国民が等しく読書を通じて文字・活字文化（文字・活字文化振興法（平成十七年法律第九十一号）第二条に規定する文字・活字文化をいう。）の恵沢を享受することができる社会の実現に寄与することを目的とする。

（定義）

第二条　この法律において「視覚障害者等」とは，視覚障害，発達障害，肢体不自由その他の障害により，書籍（雑誌，新聞その他の刊行物を含む。以下同じ。）について，視覚による表現の認識が困難な者をいう。

2　この法律において「視覚障害者等が利用しやすい書籍」とは，点字図書，拡大図書その他の視覚障害者等がその内容を容易に認識することができる書籍をいう。

3　この法律において「視覚障害者等が利用しやすい電子書籍等」とは，電子書籍その他の書籍に相当する文字，音声，点字等の電磁的記録（電子的方式，磁気的方式その他人の知覚によっては認識することができない方式で作られる記録をいう。第十一条第二項及び第十二条第二項において同じ。）であって，電子計算機等を利用して視覚障害者等がその内容を容易に認識することができるものをいう。

（基本理念）

第三条　視覚障害者等の読書環境の整備の推進は，次に掲げる事項を旨として行われなければならない。

一　視覚障害者等が利用しやすい電子書籍等が視覚障害者等の読書に係る利便性の向上に著しく資する特性を有することに鑑み，情報通信その他の分野における先端的な技術等を活用して視覚障害者等が利用しやすい電子書籍等の普及が図られるとともに，視覚障害者等の需要を踏まえ，引き続き，視覚障害者等が利用しやすい書籍が提供されること。

　二　視覚障害者等が利用しやすい書籍及び視覚障害者等が利用しやすい電子書籍等（以下「視覚障害者等が利用しやすい書籍等」という。）の量的拡充及び質の向上が図られること。

　三　視覚障害者等の障害の種類及び程度に応じた配慮がなされること。

（国の責務）

第四条　国は，前条の基本理念にのっとり，視覚障害者等の読書環境の整備の推進に関する施策を総合的に策定し，及び実施する責務を有する。

（地方公共団体の責務）

第五条　地方公共団体は，第三条の基本理念にのっとり，国との連携を図りつつ，その地域の実情を踏まえ，視覚障害者等の読書環境の整備の推進に関する施策を策定し，及び実施する責務を有する。

（財政上の措置等）

第六条　政府は，視覚障害者等の読書環境の整備の推進に関する施策を実施するため必要な財政上の措置その他の措置を講じなければならない。

　　　第二章　基本計画等

（基本計画）

第七条　文部科学大臣及び厚生労働大臣は，視覚障害者等の読書環境の整備の推進に関する施策の総合的かつ計画的な推進を図るため，視覚障害者等の読書環境の整備の推進に関する基本的な計画（以下この章において「基本計画」という。）を定めなければならない。

2　基本計画は，次に掲げる事項について定めるものとする。

　一　視覚障害者等の読書環境の整備の推進に関する施策についての基本的な方針

　二　視覚障害者等の読書環境の整備の推進に関し政府が総合的かつ計画的に講ずべき施策

　三　前二号に掲げるもののほか，視覚障害者等の読書環境の整備の推進に関する施策を総合的かつ計画的に推進するために必要な事項

3　文部科学大臣及び厚生労働大臣は，基本計画を策定しようとするときは，あらかじめ，経済産業大臣，総務大臣その他の関係行政機関の長に協議しなければならない。

4　文部科学大臣及び厚生労働大臣は，基本計画を策定しようとするときは，あらかじめ，視覚障害者等その他の関係者の意見を反映させるために必要な措置を講ずるものとする。

5　文部科学大臣及び厚生労働大臣は，基本計画を策定したときは，遅滞なく，これをインターネットの利用その他適切な方法により公表しなければならない。

6　前三項の規定は，基本計画の変更について準用する。

（地方公共団体の計画）

第八条　地方公共団体は，基本計画を勘案して，当該地方公共団体における視覚障害者等の読書環境の整備の状況等を踏まえ，当該地方公共団体における視覚障害者等の読書環境の整備の推進に関する計画を定めるよう努めなければならない。

2　地方公共団体は，前項の計画を定めようとするときは，あらかじめ，視覚障害者等その他の関係者の意見を反映させるために必要な措置を講ずるよう努めるものとする。

3　地方公共団体は，第一項の計画を定めたときは，遅滞なく，これを公表するよう努めなければならない。

4　前二項の規定は，第一項の計画の変更について準用する。

第三章　基本的施策

（視覚障害者等による図書館の利用に係る体制の整備等）

第九条　国及び地方公共団体は，公立図書館，大学及び高等専門学校の附属図書館並びに学校図書館（以下「公立図書館等」という。）並びに国立国会図書館について，各々の果たすべき役割に応じ，点字図書館とも連携して，視覚障害者等が利用しやすい書籍等の充実，視覚障害者等が利用しやすい書籍等の円滑な利用のための支援の充実その他の視覚障害者等によるこれらの図書館の利用に係る体制の整備が行われるよう，必要な施策を講ずるものとする。

2　国及び地方公共団体は，点字図書館について，視覚障害者等が利用しやすい書籍等の充実，公立図書館等に対する視覚障害者等が利用しやすい書籍等の利用に関する情報提供その他の視覚障害者等が利用しやすい書籍等を視覚障害者が十分かつ円滑に利用することができるようにするための取組の促進に必要な施策を講ずるものとする。

（インターネットを利用したサービスの提供体制の強化）

第十条　国及び地方公共団体は，視覚障害者等がインターネットを利用して全国各地に存する視覚障害者等が利用しやすい書籍等を十分かつ円滑に利用することができるようにするため，次に掲げる施策その他の必要な施策を講ずるものとする。

　一　点字図書館等から著作権法（昭和四十五年法律第四十八号）第三十七条第二項又は第三項本文の規定により製作される視覚障害者等が利用しやすい電子書籍等（以下「特定電子書籍等」という。）であってインターネットにより送信することができるもの及び当該点字図書館等の有する視覚障害者等が利用しやすい書籍等に関する情報の提供を受け，これら

をインターネットにより視覚障害者等に提供する全国的なネットワーク
の運営に対する支援

二　視覚障害者等が利用しやすい書籍等に係るインターネットを利用した
サービスの提供についての国立国会図書館，前号のネットワークを運営
する者，公立図書館等，点字図書館及び特定電子書籍等の製作を行う者
の間の連携の強化

（特定書籍及び特定電子書籍等の製作の支援）

第十一条　国及び地方公共団体は，著作権法第三十七条第一項又は第三項本
文の規定により製作される視覚障害者等が利用しやすい書籍（以下「特定
書籍」という。）及び特定電子書籍等の製作を支援するため，製作に係る
基準の作成等のこれらの質の向上を図るための取組に対する支援その他の
必要な施策を講ずるものとする。

2　国は，特定書籍及び特定電子書籍等の効率的な製作を促進するため，出
版を行う者（次条及び第十八条において「出版者」という。）からの特定
書籍又は特定電子書籍等の製作を行う者に対する書籍に係る電磁的記録の
提供を促進するための環境の整備に必要な支援その他の必要な施策を講ず
るものとする。

（視覚障害者等が利用しやすい電子書籍等の販売等の促進等）

第十二条　国は，視覚障害者等が利用しやすい電子書籍等の販売等が促進さ
れるよう，技術の進歩を適切に反映した規格等の普及の促進，著作権者と
出版者との契約に関する情報提供その他の必要な施策を講ずるものとす
る。

2　国は，書籍を購入した視覚障害者等からの求めに応じて出版者が当該書
籍に係る電磁的記録の提供を行うことその他の出版者からの視覚障害者等
に対する書籍に係る電磁的記録の提供を促進するため，その環境の整備に
関する関係者間における検討に対する支援その他の必要な施策を講ずるも
のとする。

**（外国からの視覚障害者等が利用しやすい電子書籍等の入手のための環境の
整備）**

第十三条　国は，視覚障害者等が，盲人，視覚障害者その他の印刷物の判読
に障害のある者が発行された著作物を利用する機会を促進するためのマラ
ケシュ条約の枠組みに基づき，視覚障害者等が利用しやすい電子書籍等で
あってインターネットにより送信することができるものを外国から十分か
つ円滑に入手することができるよう，その入手に関する相談体制の整備そ
の他のその入手のための環境の整備について必要な施策を講ずるものとす
る。

（端末機器等及びこれに関する情報の入手の支援）

第十四条　国及び地方公共団体は，視覚障害者等が利用しやすい電子書籍等を利用するための端末機器等及びこれに関する情報を視覚障害者等が入手することを支援するため，必要な施策を講ずるものとする。

（情報通信技術の習得支援）

第十五条　国及び地方公共団体は，視覚障害者等が利用しやすい電子書籍等を利用するに当たって必要となる情報通信技術を視覚障害者等が習得することを支援するため，講習会及び巡回指導の実施の推進その他の必要な施策を講ずるものとする。

（研究開発の推進等）

第十六条　国は，視覚障害者等が利用しやすい電子書籍等及びこれを利用するための端末機器等について，視覚障害者等の利便性の一層の向上を図るため，これらに係る先端的な技術等に関する研究開発の推進及びその成果の普及に必要な施策を講ずるものとする。

（人材の育成等）

第十七条　国及び地方公共団体は，特定書籍及び特定電子書籍等の製作並びに公立図書館等，国立国会図書館及び点字図書館における視覚障害者等が利用しやすい書籍等の円滑な利用のための支援に係る人材の育成，資質の向上及び確保を図るため，研修の実施の推進，広報活動の充実その他の必要な施策を講ずるものとする。

第四章　協議の場等

第十八条　国は，視覚障害者等の読書環境の整備の推進に関する施策の効果的な推進を図るため，文部科学省，厚生労働省，経済産業省，総務省その他の関係行政機関の職員，国立国会図書館，公立図書館等，点字図書館，第十条第一号のネットワークを運営する者，特定書籍又は特定電子書籍等の製作を行う者，出版者，視覚障害者等その他の関係者による協議の場を設けることその他関係者の連携協力に関し必要な措置を講ずるものとする。

附　則

この法律は，公布の日から施行する。

6. 学校図書館ガイドライン

（沿革）　平成28年11月29日文科初第1172号別添

（1）学校図書館の目的・機能

- 学校図書館は，学校図書館法に規定されているように，学校教育において欠くことのできない基礎的な設備であり，図書館資料を収集・整理・保存し，児童生徒及び教職員の利用に供することによって，学校の教育課程の展開に寄与するとともに児童生徒の健全な教養を育成することを目的としている。
- 学校図書館は，児童生徒の読書活動や児童生徒への読書指導の場である「読書センター」としての機能と，児童生徒の学習活動を支援したり，授業の内容を豊かにしてその理解を深めたりする「学習センター」としての機能とともに，児童生徒や教職員の情報ニーズに対応したり，児童生徒の情報の収集・選択・活用能力を育成したりする「情報センター」としての機能を有している。

（2）学校図書館の運営

- 校長は，学校図書館の館長としての役割も担っており，校長のリーダーシップの下，学校経営方針の具現化に向けて，学校は学校種，規模，児童生徒や地域の特性なども踏まえ，学校図書館全体計画を策定するとともに，同計画等に基づき，教職員の連携の下，計画的・組織的に学校図書館の運営がなされるよう努めることが望ましい。例えば，教育委員会が校長を学校図書館の館長として指名することも有効である。
- 学校は，必要に応じて，学校図書館に関する校内組織等を設けて，学校図書館の円滑な運営を図るよう努めることが望ましい。図書委員等の児童生徒が学校図書館の運営に主体的に関わることも有効である。
- 学校図書館は，可能な限り児童生徒や教職員が最大限自由に利活用できるよう，また，一時的に学級になじめない子供の居場所となりうること等も踏まえ，児童生徒の登校時から下校時までの開館に努めることが望ましい。また，登校日等の土曜日や長期休業日等にも学校図書館を開館し，児童生徒に読書や学習の場を提供することも有効である。
- 学校図書館は，学校図書館便りや学校のホームページ等を通じて，児童生徒，教職員や家庭，地域など学校内外に対して，学校図書館の広報活動に取り組むよう努めることが望ましい。
- 学校図書館は，他の学校の学校図書館，公共図書館，博物館，公民館，地域社会等と密接に連携を図り，協力するよう努めることが望ましい。ま

た，学校図書館支援センターが設置されている場合には同センターとも密接に連携を図り，支援を受けることが有効である。

（3）学校図書館の利活用

- 学校図書館は，児童生徒の興味・関心等に応じて，自発的・主体的に読書や学習を行う場であるとともに，読書等を介して創造的な活動を行う場である。このため，学校図書館は児童生徒が落ち着いて読書を行うことができる，安らぎのある環境や知的好奇心を醸成する開かれた学びの場としての環境を整えるよう努めることが望ましい。

- 学校図書館は，児童生徒の学校内外での読書活動や学習活動，教職員の教育活動等を支援するため，図書等の館内・館外貸出しなど資料の提供を積極的に行うよう努めることが望ましい。また，学校図書館に所蔵していない必要な資料がある場合には，公共図書館や他の学校の学校図書館との相互貸借を行うよう努めることが望ましい。

- 学校は，学習指導要領等を踏まえ，各教科等において，学校図書館の機能を計画的に利活用し，児童生徒の主体的・意欲的な学習活動や読書活動を充実するよう努めることが望ましい。その際，各教科等を横断的に捉え，学校図書館の利活用を基にした情報活用能力を学校全体として計画的かつ体系的に指導するよう努めることが望ましい。

- 学校は，教育課程との関連を踏まえた学校図書館の利用指導・読書指導・情報活用に関する各種指導計画等に基づき，計画的・継続的に学校図書館の利活用が図られるよう努めることが望ましい。

- 学校図書館は，教員の授業づくりや教材準備に関する支援や資料相談への対応など教員の教育活動への支援を行うよう努めることが望ましい。

（4）学校図書館に携わる教職員等

- 学校図書館の運営に関わる主な教職員には，校長等の管理職，司書教諭や一般の教員（教諭等），学校司書等がおり，学校図書館がその機能を十分に発揮できるよう，各者がそれぞれの立場で求められている役割を果たした上で，互いに連携・協力し，組織的に取り組むよう努めることが望ましい。

- 校長は，学校教育における学校図書館の積極的な利活用に関して学校経営方針・計画に盛り込み，その方針を教職員に対し明示するなど，学校図書館の運営・活用・評価に関してリーダーシップを強く発揮するよう努めることが望ましい。

- 教員は，日々の授業等も含め，児童生徒の読書活動や学習活動等において学校図書館を積極的に活用して教育活動を充実するよう努めることが望ましい。

- 学校図書館がその機能を十分に発揮するためには，司書教諭と学校司書が，それぞれに求められる役割・職務に基づき，連携・協力を特に密にしつつ，協働して学校図書館の運営に当たるよう努めることが望ましい。具体的な職務分担については，各学校におけるそれぞれの配置状況等の実情や学校全体の校務のバランス等を考慮して柔軟に対応するよう努めることが望ましい。

- 司書教諭は，学校図書館の専門的職務をつかさどり，学校図書館の運営に関する総括，学校経営方針・計画等に基づいた学校図書館を活用した教育活動の企画・実施，年間読書指導計画・年間情報活用指導計画の立案，学校図書館に関する業務の連絡調整等に従事するよう努めることが望ましい。また，司書教諭は，学校図書館を活用した授業を実践するとともに，学校図書館を活用した授業における教育指導法や情報活用能力の育成等について積極的に他の教員に助言するよう努めることが望ましい。

- 学校司書は，学校図書館を運営していくために必要な専門的・技術的職務に従事するとともに，学校図書館を活用した授業やその他の教育活動を司書教諭や教員とともに進めるよう努めることが望ましい。具体的には，1 児童生徒や教員に対する「間接的支援」に関する職務，2 児童生徒や教員に対する「直接的支援」に関する職務，3 教育目標を達成するための「教育指導への支援」に関する職務という3つの観点に分けられる。

- また，学校司書がその役割を果たすとともに，学校図書館の利活用が教育課程の展開に寄与するかたちで進むようにするためには，学校教職員の一員として，学校司書が職員会議や校内研修等に参加するなど，学校の教育活動全体の状況も把握した上で職務に当たることも有効である。

- また，学校や地域の状況も踏まえ，学校司書の配置を進めつつ，地域のボランティアの方々の協力を得て，学校図書館の運営を行っていくことも有効である。特に特別支援学校の学校図書館においては，ボランティアの協力は重要な役割を果たしている。

（5）学校図書館における図書館資料

1　図書館資料の種類

- 学校図書館の図書館資料には，図書資料のほか，雑誌，新聞，視聴覚資料（CD，DVD等），電子資料（CD−ROM，ネットワーク情報資源（ネットワークを介して得られる情報コンテンツ）等），ファイル資料，パンフレット，自校独自の資料，模型等の図書以外の資料が含まれる。

- 学校は，学校図書館が「読書センター」，「学習センター」，「情報センター」としての機能を発揮できるよう，学校図書館資料について，児童生徒の発達段階等を踏まえ，教育課程の展開に寄与するとともに，児童生徒の健全

な教養の育成に資する資料構成と十分な資料規模を備えるよう努めること
が望ましい。

- 選挙権年齢の引下げ等に伴い，児童生徒が現実社会の諸課題について多
面的・多角的に考察し，公正に判断する力等を身につけることが一層重要
になっており，このような観点から，児童生徒の発達段階に応じて，新聞
を教育に活用するために新聞の複数紙配備に努めることが望ましい。
- 小学校英語を含め，とりわけ外国語教育においては特に音声等の教材
に，理科等の他の教科においては動画等の教材に学習上の効果が見込まれ
ることから，教育課程の展開に寄与するデジタル教材を図書館資料として
充実するよう努めることが望ましい。
- 発達障害を含む障害のある児童生徒や日本語能力に応じた支援を必要と
する児童生徒の自立や社会参画に向けた主体的な取組を支援する観点か
ら，児童生徒一人一人の教育的ニーズに応じた様々な形態の図書館資料を
充実するよう努めることが望ましい。例えば，点字図書，音声図書，拡大
文字図書，LL ブック，マルチメディアデイジー図書，外国語による図書，
読書補助具，拡大読書器，電子図書等の整備も有効である。

2 図書館資料の選定・提供

- 学校は，特色ある学校図書館づくりを推進するとともに，図書館資料の
選定が適切に行われるよう，各学校において，明文化された選定の基準を
定めるとともに，基準に沿った選定を組織的・計画的に行うよう努めるこ
とが望ましい。
- 図書館資料の選定等は学校の教育活動の一部として行われるものであ
り，基準に沿った図書選定を行うための校内組織を整備し，学校組織とし
て選定等を行うよう努めることが望ましい。
- 学校は，図書館資料について，教育課程の展開に寄与するという観点か
ら，文学（読み物）やマンガに過度に偏ることなく，自然科学や社会科学
等の分野の図書館資料の割合を高めるなど，児童生徒及び教職員のニーズ
に応じた偏りのない調和のとれた蔵書構成となるよう選定に努めることが
望ましい。
- 学校図書館は，必要に応じて，公共図書館や他の学校の学校図書館との
相互貸借を行うとともに，インターネット等も活用して資料を収集・提供
することも有効である。

3 図書館資料の整理・配架

- 学校は，図書館資料について，児童生徒及び教職員がこれを有効に利活
用できるように原則として日本十進分類法（NDC）により整理し，開架
式により，配架するよう努めることが望ましい。

- 図書館資料を整理し，利用者の利便性を高めるために，目録を整備し，蔵書のデータベース化を図り，貸出し・返却手続及び統計作業等を迅速に行えるよう努めることが望ましい。また，地域内の学校図書館において同一の蔵書管理システムを導入し，ネットワーク化を図ることも有効である。
- 館内の配架地図や館内のサイン，書架の見出しを設置するなど，児童生徒が自ら資料を探すことができるように配慮・工夫することや，季節や学習内容に応じた掲示・展示やコーナーの設置などにより，児童生徒の読書意欲の喚起，調べ学習や探究的な学習に資するように配慮・工夫するよう努めることが望ましい。また，学校図書館に，模型や実物，児童生徒の作品等の学習成果物を掲示・展示することも有効である。
- 学校図書館の充実が基本であるが，児童生徒が気軽に利活用できるよう，図書館資料の一部を学級文庫等に分散配架することも有効である。なお，分散配架した図書も学校図書館の図書館資料に含まれるものであり，学校図書館運営の一環として管理するよう努めることが望ましい。

4 図書館資料の廃棄・更新

- 学校図書館には，刊行後時間の経過とともに誤った情報を記載していることが明白になった図書や，汚損や破損により修理が不可能となり利用できなくなった図書等が配架されている例もあるが，学校は，児童生徒にとって正しい情報や図書館資料に触れる環境整備の観点や読書衛生の観点から適切な廃棄・更新に努めることが望ましい。
- 図書館資料の廃棄と更新が適切に行われるよう，各学校等において，明文化された廃棄の基準を定めるとともに，基準に沿った廃棄・更新を組織的・計画的に行うよう努めることが望ましい。
- 廃棄と更新を進めるに当たって，貴重な資料が失われないようにするために，自校に関する資料や郷土資料など学校図書館での利用・保存が困難な貴重な資料については，公共図書館等に移管することも考えられる。

（6）学校図書館の施設

- 文部科学省では，学校施設について，学校教育を進める上で必要な施設機能を確保するために，計画及び設計における留意事項を学校種ごとに「学校施設整備指針」として示している。この学校施設整備指針において，学校図書館の施設についても記述されており，学校図書館の施設については，学校施設整備指針に留意して整備・改善していくよう努めることが望ましい。
- また，これからの学校図書館には，主体的・対話的で深い学び（アクティブ・ラーニングの視点からの学び）を効果的に進める基盤としての役割も

期待されており，例えば，児童生徒がグループ別の調べ学習等において，課題の発見・解決に向けて必要な資料・情報の活用を通じた学習活動等を行うことができるよう，学校図書館の施設を整備・改善していくよう努めることが望ましい。

（7）学校図書館の評価

- 学校図書館の運営の改善のため，PDCA サイクルの中で校長は学校図書館の館長として，学校図書館の評価を学校評価の一環として組織的に行い，評価結果に基づき，運営の改善を図るよう努めることが望ましい。

- 評価に当たっては，学校関係者評価の一環として外部の視点を取り入れるとともに，評価結果や評価結果を踏まえた改善の方向性等の公表に努めることが望ましい。また，コミュニティ・スクールにおいては，評価に当たって学校運営協議会を活用することも考えられる。

- 評価は，図書館資料の状況（蔵書冊数，蔵書構成，更新状況等），学校図書館の利活用の状況（授業での活用状況，開館状況等），児童生徒の状況（利用状況，貸出冊数，読書に対する関心・意欲・態度，学力の状況等）等について行うよう努めることが望ましい。評価に当たっては，アウトプット（学校目線の成果）・アウトカム（児童生徒目線の成果）の観点から行うことが望ましいが，それらを支える学校図書館のインプット（施設・設備，予算，人員等）の観点にも十分配慮するよう努めることが望ましい。

7. 特別支援学校制度の創設に伴う「学校図書館図書標準」の改正について（通知）

（沿革）　平成19年4月2日文科初第1272号
各都道府県教育委員会教育長あて初等中等教育局長通知

　平成18年6月21日に，「学校教育法等の一部を改正する法律（平成18年法律第80号）」が公布され，平成19年4月1日から，盲学校，聾学校及び養護学校が特別支援学校へ移行することとなりました。

　これに伴い，学校図書館の図書の整備を図る際の目標として，「「学校図書館図書標準」の設定について」（平成5年3月29日付け文部省初等中等教育局長通知）により設定した「学校図書館図書標準」中の，盲学校，聾学校及び養護学校に係る標準（当該通知中のウからク）について，別紙のように改正しましたので，引き続き，当該標準を目標として，図書の整備を進めるようお願いします。

　なお，貴域内の市（区）町村教育委員会に対し，このことを周知し，適切な指導及び助言等を行うようお願いいたします。

ア 小学校

学級数	蔵 書 冊 数
1	2,400
2	3,000
3 ～ 6	3,000＋520×(学級数－2)
7 ～12	5,080＋480×(学級数－6)
13～18	7,960＋400×(学級数－12)
19～30	10,360＋200×(学級数－18)
31～	12,760＋120×(学級数－30)

イ 中学校

学級数	蔵 書 冊 数
1 ～ 2	4,800
3 ～ 6	4,800＋640×(学級数－2)
7 ～12	7,360＋560×(学級数－6)
13～18	10,720＋480×(学級数－12)
19～30	13,600＋320×(学級数－18)
31～	17,440＋160×(学級数－30)

ウ 特別支援学校（小学部）

学級数	蔵 書 冊 数	
	①専ら視覚障害者に対する教育を行う特別支援学校	②視覚障害者に対する教育を行わない特別支援学校
1	2,400	2,400
2	2,600	2,520
3 ～ 6	2,600＋173×(学級数－2)	2,520＋104×(学級数－2)
7 ～12	3,292＋160×(学級数－6)	2,936＋96×(学級数－6)
13～18	4,252＋133×(学級数－12)	3,512＋80×(学級数－12)
19～30	5,050＋67×(学級数－18)	3,992＋40×(学級数－18)
31～	5,854＋40×(学級数－30)	4,472＋24×(学級数－30)

※ 視覚障害を含めた複数の障害種別に対応した教育を行う特別支援学校の蔵書冊数については，当該特別支援学校の全学級数をそれぞれの学級数とみなして①又は②の表を適用して得た蔵書冊数を，視覚障害者に対する教育を行う学級の数及び視覚障害以外の障害のある児童に対する教育を行う学級の数により加重平均した蔵書冊数とする（端数があるときは四捨五入）。

エ　特別支援学校（中学部）

学級数	蔵　書　冊　数	
	①専ら視覚障害者に対する教育を行う特別支援学校	②視覚障害者に対する教育を行わない特別支援学校
1～2	4,800	4,800
3～6	4,800＋213×（学級数－2）	4,800＋128×（学級数－2）
7～12	5,652＋187×（学級数－6）	5,312＋112×（学級数－6）
13～18	6,774＋160×（学級数－12）	5,984＋96×（学級数－12）
19～30	7,734＋107×（学級数－18）	6,560＋64×（学級数－18）
31～	9,018＋53×（学級数－30）	7,328＋32×（学級数－30）

※　視覚障害を含めた複数の障害種別に対応した教育を行う特別支援学校の蔵書冊数については，当該特別支援学校の全学級数をそれぞれの学級数とみなして①又は②の表を適用して得た蔵書冊数を，視覚障害者に対する教育を行う学級の数及び視覚障害以外の障害のある生徒に対する教育を行う学級の数により加重平均した蔵書冊数とする（端数があるときは四捨五入）。

8.　図書館の自由に関する宣言
——1979年改訂——

社団法人　日本図書館協会
（1979年5月30日　総会決議）

　図書館は，基本的人権のひとつとして知る自由をもつ国民に，資料と施設を提供することを，もっとも重要な任務とする。

1　日本国憲法は主権が国民に存するとの原理に基づいており，この国民主権の原理を維持し発展させるためには，国民ひとりひとりが思想・意見を自由に発表し交換すること，すなわち表現の自由の保障が不可欠である。

　　知る自由は，表現の送り手に対して保障されるべき自由と表裏一体をなすものであり，知る自由の保障があってこそ表現の自由は成立する。

　　知る自由は，また，思想・良心の自由をはじめとして，いっさいの基本的人権と密接にかかわり，それらの保障を実現するための基礎的な要件である。それは，憲法が示すように，国民の不断の努力によって保持されなければならない。

2　すべて国民は，いつでもその必要とする資料を入手し利用する権利を有する。この権利を社会的に保障することは，すなわち知る自由を保障することである。図書館は，まさにこのことに責任を負う機関である。

3　図書館は，権力の介入または社会的圧力に左右されることなく，自らの責任にもとづき，図書館間の相互協力をふくむ図書館の総力をあげて，収

集した資料と整備された施設を国民の利用に供するものである。

4　わが国においては，図書館が国民の知る自由を保障するのではなく，国民に対する「思想善導」の機関として，国民の知る自由を妨げる役割さえ果たした歴史的事実があることを忘れてはならない。図書館は，この反省の上に，国民の知る自由を守り，ひろげていく責任を果たすことが必要である。

5　すべての国民は，図書館利用に公平な権利をもっており，人種，信条，性別，年齢やそのおかれている条件等によっていかなる差別もあってはならない。

　　外国人にも，その権利は保障される。

6　ここに掲げる「図書館の自由」に関する原則は，国民の知る自由を保障するためであって，すべての図書館に基本的に妥当するものである。

この任務を果たすため，図書館は次のことを確認し実践する。

第1　図書館は資料収集の自由を有する。

1　図書館は，国民の知る自由を保障する機関として，国民のあらゆる資料要求にこたえなければならない。

2　図書館は，自らの責任において作成した収集方針にもとづき資料の選択および収集を行う。

　　その際，

(1)　多様な，対立する意見のある問題については，それぞれの観点に立つ資料を幅広く収集する。

(2)　著者の思想的，宗教的，党派的立場にとらわれて，その著作を排除することはしない。

(3)　図書館員の個人的な関心や好みによって選択をしない。

(4)　個人・組織・団体からの圧力や干渉によって収集の自由を放棄したり，紛糾をおそれて自己規制したりはしない。

(5)　寄贈資料の受け入れにあたっても同様である。

　　図書館の収集した資料がどのような思想や主張をもっていようとも，それを図書館および図書館員が支持することを意味するものではない。

3　図書館は，成文化された収集方針を公開して，広く社会からの批判と協力を得るようにつとめる。

第2　図書館は資料提供の自由を有する。

1　国民の知る自由を保障するため，すべての図書館資料は，原則として国民の自由な利用に供されるべきである。

　　図書館は，正当な理由がないかぎり，ある種の資料を特別扱いしたり，資料の内容に手を加えたり，書架から撤去したり，廃棄したりはしない。

提供の自由は，次の場合にかぎって制限されることがある。これらの制限は，極力限定して適用し，時期を経て再検討されるべきものである。

(1) 人権またはプライバシーを侵害するもの。

(2) わいせつ出版物であるとの判決が確定したもの。

(3) 寄贈または寄託資料のうち，寄贈者または寄託者が公開を否とする非公刊資料。

2 図書館は，将来にわたる利用に備えるため，資料を保存する責任を負う。図書館の保存する資料は，一時的な社会的要請，個人・組織・団体からの圧力や干渉によって廃棄されることはない。

3 図書館の集会室等は，国民の自主的な学習や創造を援助するために，身近にいつでも利用できる豊富な資料が組織されている場にあるという特徴をもっている。

図書館は，集会室等の施設を，営利を目的とする場合を除いて，個人，団体を問わず公平な利用に供する。

4 図書館の企画する集会や行事等が，個人・組織・団体からの圧力や干渉によってゆがめられてはならない。

第3 図書館は利用者の秘密を守る。

1 読者が何を読むかはその人のプライバシーに属することであり，図書館は，利用者の読書事実を外部に漏らさない。ただし，憲法第35条にもとづく令状を確認した場合は例外とする。

2 図書館は，読書記録以外の図書館利用事実に関しても，利用者のプライバシーを侵さない。

3 利用者の読書事実，利用事実は，図書館が業務上知り得た秘密であって，図書館活動に従事するすべての人びとは，この秘密を守らなければならない。

第4 図書館はすべての検閲に反対する。

1 検閲は，権力が国民の思想・言論の自由を抑圧する手段として常用してきたものであって，国民の知る自由を基盤とする民主主義とは相容れない。

検閲が，図書館における資料収集を事前に制約し，さらに，収集した資料の書架からの撤去，廃棄に及ぶことは，内外の苦渋にみちた歴史と経験により明らかである。

したがって，図書館はすべての検閲に反対する。

2 検閲と同様の結果をもたらすものとして，個人・組織・団体からの圧力や干渉がある。図書館は，これらの思想・言論の抑圧に対しても反対する。

3　それらの抑圧は，図書館における自己規制を生みやすい。しかし図書館は，そうした自己規制におちいることなく，国民の知る自由を守る。

第5　図書館の自由が侵されるとき，われわれは団結して，あくまで自由を守る。

1　図書館の自由の状況は，一国の民主主義の進展をはかる重要な指標である。図書館の自由が侵されようとするとき，われわれ図書館にかかわるものは，その侵害を排除する行動を起こす。このためには，図書館の民主的な運営と図書館員の連帯の強化を欠かすことができない。

2　図書館の自由を守る行動は，自由と人権を守る国民のたたかいの一環である。われわれは，図書館の自由を守ることで共通の立場に立つ団体・機関・人びとと連携して，図書館の自由を守りぬく責任をもつ。

3　図書館の自由に対する国民の支持と協力は，国民が，図書館活動を通じて図書館の自由の尊さを体験している場合にのみ得られる。われわれは，図書館の自由を守る努力を不断に続けるものである。

4　図書館の自由を守る行動において，これにかかわった図書館員が不利益をうけることがあってはならない。これを未然に防止し，万一そのような事態が生じた場合にその救済につとめることは，日本図書館協会の重要な業務である。

索 引

●配列は五十音順。＊は人名を示す。

分担執筆者紹介

（執筆の章順）

設楽　敬一（したら・けいいち）
・執筆章→ 7, 10, 11

1979年　群馬大学教育専攻科（理科）修了
現　在　公益社団法人全国学校図書館協議会理事長
主な著書　『新・学校図書館学入門：子どもと教師の学びをささえる』
　　　　　（共著　草土文化）
　　　　　『学校図書館システムガイド2』（共著　日外アソシエーツ）
　　　　　『学校の危機管理とセーフティーネット』（共著　教育開発
　　　　　研究所）
　　　　　『学校図書館活用名人になる：探究型学習にとりくもう』
　　　　　（共著　国土社）
　　　　　『シリーズ学校図書館学第5巻　情報メディアの活用』（共
　　　　　著　全国学校図書館協議会）

村上　恭子（むらかみ・きょうこ）
・執筆章→ 8

1977年　国立図書館短期大学卒業（図書館情報大学→筑波大学に吸
　　　　収）
現　在　東京学芸大学附属世田谷中学校司書
　　　　2009年から「先生のための授業に役立つ学校図書館活用
　　　　データベース」の運営に関わる
主な著書　『先生と司書が選んだ調べるための本』（共著　少年写真新
　　　　　聞社）
　　　　　『鍛えよう読むチカラ』（共著　明治書院）
　　　　　『学校図書館に司書がいたら』（少年写真新聞社）
　　　　　『学校司書の役割と活動』（共著　学文社）
　　　　　『図書委員アイデアブック』（監修　あかね書房）

平野　誠（ひらの・まこと）

・執筆章→ 12

1986年	東京農業大学農学部卒業
1988年	東京農業大学大学院農学研究科修了　修士（農学）
現　在	中央大学附属中学校・高等学校司書教諭
	東京学芸大学非常勤講師
専　攻	図書館情報学，作物学
主な論文	「データベースを授業で活用」（『学校図書館』823号，2019年）
	「中・高等学校でのデータベースの活用」（『学校図書館』777号，2015年）
	「学校図書館におけるデータベースの活用」（『学習情報研究』235号，2013年）
	「司書教諭による学習指導への協力・支援」（『学校図書館』729号，2011年）
	「改修工事にあわせた図書館の環境整備」（『学校図書館』702号，2009年）

編著者紹介

野口　武悟 （のぐち・たけのり）

・執筆章→ 1・2・13・14・15

2001年　埼玉大学教育学部卒業
2003年　筑波大学大学院教育研究科修了　修士（教育学）
2006年　筑波大学大学院図書館情報メディア研究科修了　博士（図書館情報学）
現　在　専修大学文学部教授
専　攻　図書館情報学，教育学
主な著書　『学びの環境をデザインする学校図書館マネジメント』（共編著　悠光堂）
　　　　『変化する社会とともに歩む学校図書館』（単著　勉誠出版）
　　　　『多様なニーズによりそう学校図書館：特別支援学校の合理的配慮を例に』（共著　少年写真新聞社）
　　　　『改訂　図書館のアクセシビリティ：「合理的配慮」の提供へ向けて』（共編著　樹村房）

前田　稔 （まえだ・みのる）

・執筆章→ 3・4・5・6・9

2004年　筑波大学大学院博士課程経営・政策科学研究科（法律学）単位取得退学
現　在　東京学芸大学教授
専　攻　学校図書館学・表現の自由・教育の情報化
主な著書　『学校図書館サービス論』（共著　放送大学教育振興会）
　　　　『情報メディアの活用』（共著　全国学校図書館協議会）
　　　　『構造転換期にある図書館　その法制度と政策』（共著　日本図書館研究会）
　　　　『知る自由の保障と図書館』（共著　京都大学図書館情報学研究会）
　　　　『法の支配の現代的課題』（共著　憲法理論研究会）
　　　　『図書館・図書館研究を考える』（共著　京都大学図書館情報学研究会）
　　　　『図書館・表現の自由・サイバースペース：知っておくべき知識』（共訳　日本図書館協会）

放送大学教材　1291980-1-2311（テレビ※）

改訂二版　学校経営と学校図書館

発　行　　2023 年 6 月 20 日　第 1 刷

編著者　　野口武悟・前田　稔

発行所　　一般財団法人　放送大学教育振興会
　　　　　〒105-0001　東京都港区虎ノ門 1-14-1　郵政福祉琴平ビル
　　　　　電話　03（3502）2750

※テレビによる放送は行わず，インターネット配信限定で視聴する科目です。
市販用は放送大学教材と同じ内容です。定価はカバーに表示してあります。
落丁本・乱丁本はお取り替えいたします。

Printed in Japan　ISBN978-4-595-32427-7　C1300